내가 검찰을 떠난 이유

검찰 부패를
국민에게 고발하다

내가 검찰을 떠난 이유

이연주 지음
김미옥 논평

포르체

일러두기

1 이 책에 실린 글은 2018년 10월부터 2020년 9월까지 이연주 변호사가 자신의 페이스북에
   게시한 글을 정리해 엮은 것이다.

2 본문의 글은 이연주가, 글에 등장하는 사건과 인물에 관해 설명하는 '팩트 체크' 내용은
   김미옥이 썼다.

차례

프롤로그 조율 한번 해 주세요_이연주   9
그들의 소리에 귀를 기울여라_김미옥   12

1 그런 척 아닌 척 | 조직의 불합리, 스폰, 도덕적 해이

배당의 미학과 기술   16
공기인형들   21
보복을 하거나 충성을 얻거나   25
졸렬과 수치는 자신을 반성하지 않고   30
다시 사랑도 명예도 이름도 남김없이   35
좀비 개미와 검사   41
돈과 자리를 물어다주는 '악어새'   46
검사들이 숨 쉬는 공기   50
검사의 뇌를 이해하는 법   54
국민과 싸우는 검사들   59
검사들의 헬조선   65
망한 인터뷰를 대신하여   71
조직을 사랑한 검사 vs 인간을 사랑한 검사   77
당신들의 과거   84
역병의 시대와 리더십   90
당신과 나 사이   94
쇠퇴하는 사람들의 허튼 분노, 허튼소리   100
구원은 어떻게 오는가   105
검찰 혹은 검사 따라잡기   110
무엇을 상상하든 그 이상을 보여줄 것이야   115

검사들의 무의식은 진실을 드러낸다 121

메두사와 검찰 126

자기 고백의 함정 131

검찰과 갈라파고스 136

거울 속의 검찰 141

검찰의 정유라들 146

국민에게 죽을 것인가, 검찰에 죽을 것인가 150

'수사'라는 이름의 폭력 156

2 나만 잘살면 돼 | 검언유착, 제 식구 감싸기, 무소불위 권력

환상의 또는 환장의 복식조 164

검사를 사랑한 혹은 검사가 된 기자 170

예감은 틀리지 않는다 178

오염된 혀 185

열정의 변질 190

전관 변호사는 어떻게 검찰의 비선실세가 되는가 196

누가 장모님을 자유롭게 했나 201

검찰공화국의 열사들 206

국민의 인권을 수호한다는 '거대한 사기극' 213

불량자원이여, 안녕 218

난장이의 꿈 226

어떤 해로운 정의 230

택군의 시간 235

권력과 품위 240

나의 가장 소중히 지니인 것 244

울고 있던 사람은 어떻게 스스로를 구원하는가 250

금줄을 치고 움직이는 그들 256

희망의 이유 262

3 조작의 기술 | 증거, 사건, 기록 조작

미치광이의 칼날 268

검찰 잔혹극의 종말 274

검사들의 과학 278

울지 않는 새를 죽이다 285

나는 네가 2012년에 한 일을 알고 있다 292

조작은 나의 힘 299

기록 속에 지어 올린 세상 304

오지 않은 꿈 309

누구의 잘못도 아닌 타인의 고통 315

엘리트들의 콜라보레이션 320

어제의 관용이 오늘의 고통이 되다 324

4 떠나거나 혹은 싸우거나 | 여자 그리고 검사로 일한다는 것

선택적 정의와 선택적 처벌 334

무엇이 같고 무엇이 다른가 339

공정함에 대한 감각 343

이것은 검찰 이야기가 아니다 347

그들의 서사 352

심판할 자격, 처벌할 권리 359

결혼의 사회학 365

불면의 밤을 다녀간 사람 370

분투하는 사람에 대한 경의 374

임은정 검사는 왜 홍반장이 되었는가 379

조율 한번 해 주세요

2016년 겨울, 광화문광장에서 들었던 노래를 떠올려봅니다.

문제 무엇이 문제인가
가는 곳 모르면서
그저 달리고만 있었던 거야
지고 지순했던 우리네 마음이
언제부터 진실을 외면해 왔었는지

잠자는 하늘님이여
이제 그만 일어나요

그 옛날 하늘빛 처럼

조율 한번 해 주세요

—한영애, <조율>, 《한영애 1992》.

권력이 국민을 겁박하고 핍박하던 야만의 시대는 마치 하느님이 마음먹고 조율한 듯이 누구도 예상하지 못한 극적인 방식으로 종말을 고했습니다. 과거의 권위주의 정부가 회귀한 듯이 여겨지던 10여 년의 세월에 때로 숨이 쉬어지지 않는 듯한 고통을 느꼈습니다. 2009년 검찰의 핍박에 고통스러워하던 전직 대통령이 자신을 벼랑 아래로 내던졌을 때, 2014년 차가운 봄 바다에 여리디여린 생명들이 묻혔을 때 눈물이 끝없이 쏟아졌습니다. 이 절망의 시대를 어떻게 건너갈지 엄두가 나지 않았고, 체념과 무기력만 켜켜이 쌓였습니다.

그러던 제게, 2016년 광장에서 낮은 곳으로부터 번져온 수많은 눈물방울이 점점이 모인 촛불의 섬이 되어 어둠을 밀어냈던 일은 살아오는 동안 경험한 가장 위대한 기적이 되었습니다. 사는 동안 역사의 발전을 낙관하는 체험을 한다는 것은 너무나 큰 행운입니다. 그 고양된 경험이 자신을 새로운 경지로 데려다 놓을 수 있기 때문입니다.

공동체의 정치적·사회적 각성이 검찰 내로는 침투하지 않는다는 사실, 검찰과 시민을 경계 짓는 성벽은 여전히 높고도 두꺼우며 그들의 의식과 행태는 결코 공동체와 조응하지 않은 채 관성의 경로를 가고 있다는 사실을 알게 되었을 때 검찰에 관한 글을 써야겠다고 마음먹었습니다. 이것이 숫기 없고 소심한 제가 2017년 페이스북에 검찰에 관한 글을 쓰기 시작하면서 세상에 툭 튀어나오게 된 계기입니다.

독자들이 이 책을 읽고 검찰이 진정으로 국민을 위한 조직이 되기 위하여 검찰 조직과 검찰권을 어떻게 조율하여야 할지 생각하게 되면 좋겠습니다. 그것으로 이 부족한 책의 효용은 다한 것이라 생각합니다.

이연주

그들의 소리에 귀를 기울여라

이연주 변호사의 글을 처음 읽었을 때 비명을 들었다. 그 비명은 벼랑으로 향하는 눈멀고 귀 막은 사람들을 위한 외침이었다. 어느덧 나는 그의 외침에 동조하고 있었다.

나는 그가 언급한 사건의 개요만 쓰려 했다. 독자가 쉽게 읽을 수 있도록 역사적 정황을 기계처럼 쓰는 일이었다. 글을 쓰면서 괴로웠다. 진실을 알면서도 구경꾼은 되지 말아야 한다. 이것이 내가 글을 쓰게 된 이유다.

우리가 촛불을 들고 외쳤던 세상의 변화는 검찰부터 시작되어야 했다. 국민에게 검찰은 정의였고 최후의 보루였다. 그런데 그들은 우리가 아는 정의가 아니었다. 그들에게 법은 상황논리에 따라 수시로 달라졌다. 약자에게 강하고 강자에게 약한 것은 법이 아니다.

무서운 건 자신이 무엇을 잘못했는지 모른다는 것이다. 이 집단 무감각은 오랜 관습의 스폰서 문화와 전관예우, 상명하복의 철저한 조직 정신으로 부하의 성性 마저 복종의 대상으로 취급한다. 또한 조직의 구성원까지 소모품으로 취급한다. 이렇게 유동적이고 탄력적인 법 감각을 가진 자들이 정계로, 관료로 진출하고 있다. 검찰 조직이 출세지향의 발판이 되어선 안 된다.

검찰 안에 임은정이 있다면 검찰 밖에 이연주가 있다. 그들의 소리에 귀를 기울여야 한다.

글을 쓸 때 주로 고전음악을 듣는다. 내가 이 글을 쓰면서 들었던 음악은 미키스 테오도라키스의 〈모두의 노래〉였다.

김미옥

그런 척 아닌 척

조직의 불합리,

스폰,

도덕적 해이

1

배당의 미학과 기술

2020년 4월 초봄. 휴가에서 돌아온 윤석열 총장이 채널에이 기자와 한동훈 검사장의 유착 의혹 조사를 대검찰청 인권부에 맡겼다. 형사사건을 배당할 때 민감한 사건은 차장검사가 말 잘 듣는 검사에게 손 배당[1]을 하거나 속 썩이는 검사에게는 깡치[2]를 왕창 맡겨 벌 배당을 한다. 윤 총장이 채널에이 조사를 대검 인권부에 맡긴 것은 이러한 선별적 배당이나 마찬가지다. 게다가 한동훈 검사장은 감찰 사건이 개시되면 '대검찰청 감찰본부

1 　차장검사가 사건을 직접 나눠주는 일을 일컫는 말.
2 　어렵고 복잡하며 해결해도 크게 눈에 띄지 않는 사건을 가리키는 법조계 은어.

설치 및 운영 규정' 제16조에 따라 감찰 협조 의무를 지게 된다. 답변도 꼬박꼬박 제출하고 출석에도 응해야 하며 휴대전화도 제출해야 한다. 불응 행위가 또 다른 감찰 사안이 되기 때문이다. 그런데 인권부의 조사는 그런 것이 없다.

2016년 5월 김홍영 검사[3]가 자살했을 때 대검 감찰본부는 직접 조사하지 않고 서울 남부지검에 자체 조사를 맡겼다. 김진모 검사장과 조상철 차장검사는 검사들을 한 명씩 불러서 "이 새끼, 저 새끼 정도가 무슨 욕이냐", "언론이 과장해서 떠드는 데 부화뇌동하지 말라"라고 했다. 이게 바로 대검이 노린 것이다. 자살의 직접적인 원인인 김대현 부장검사에 대한 지휘 및 감독의 책임을 추궁당할 처지의 검사장과 차장검사가 어떻게 할지는 뻔하고, 대검이 따로 뭔가를 지시해야 하는 부담도 없으니 말이다. 이 사건은 결국 대검 감찰본부가 감찰을 개시하게 되는데, 그것도 거저 된 것은 아니었다. 김홍영 검사의 부모가 대검찰청과 청와대에 탄원서를 제출하고, 김 검사의 사법연수원 동기가 기자회견을 열어 대검찰청에 성명서를 제출한 끝에 이루어진 일이었다. 너무나 잔인하지 않은가. 아들의 죽음에 마음이 갈기갈기 찢어질 듯 아픈 부모가 제대로 애도할 시간도 없이 "우리 아들의 죽음을 밝혀주세요"라면서 사정해야 했다는 것이

---

3 서울남부지검 형사 2부에 근무하던 검사로 김대현 부장검사의 상습적인 폭언과 폭행으로 스스로 목숨을 끊었다. 그러나 김대현 검사는 검사직에서 해임됐을 뿐 어떤 처벌도 받지 않았다. 2020년 현재 검찰수사심의위원회 권고로 재판이 신행될 예정이다.

다. 그것도 가해자와 한패인 사람들에게 말이다. 이 일로 김진모 검사장은 검찰총장 경고를 받았는데, 오히려 김대현의 직속 상관인 조상철 차장검사는 아무런 징계를 받지 않았다. 누가 봐도 이상한 일이었다.

한편 분실한 고소장을 간 크게 위조하고 무단결근을 수시로 하고도 금융지주 회장인 아버지의 뒷배로 무탈했던 윤혜령 전 검사를 보자. 윤 전 검사가 부장검사실에서 불려가 사건에 대한 보강 지시를 받은 어느 날이었다. 그는 지적당한 것에 화가 나 부장실을 나오자마자 공판 카드를 내던지고 부장검사가 지시 사항을 적어 붙여놓은 포스트잇을 떼서 버렸다. 보다 못한 부장검사가 징계하자고 강력하게 주장했는데 그 일로 미움을 받아 그 후 부장 보직을 못 받게 되었다는 풍문이 있다. 인지부서에 가고 싶어 실적에 유독 신경을 쓴 윤 전 검사가 인지 실적을 올리려고 무리한 일도 있었다. 윤 전 검사는 공판에 출석했던 어떤 증인을 불러 위증죄를 조사했다. 그리고 부인을 하는데도 자백을 했다고 허위의 인지 사건 보고서를 작성해 결재를 받았다. 그 피의자가, "내가 자백을 언제 했냐"라고 항의해서 인지는 철회되었다. 윤 전 검사는 너무나 훌륭한 아버지를 둔, 누가 "너그 아부지 머하시노"라고 물을 필요도 없는 검사라서 징계를 받지 않았다.

마지막으로 조희팔 측근과 유진기업으로부터 돈을 받은 김광준 전 검사의 경우도 있다. 이 사람은 검찰 내부에서 '우리 시대의 마지막 검사'라 불렸다. 수사관과 부하 검사들에게 거한 인심을 자주 써서 스폰을 받고 있다는 게 뻔했지만 다들 감사해하며 열심히 얻어먹고만 다녔다. 경찰이 조희팔의 계좌를 추적하던 도중에 김광준의 차명계좌를 확인했고 그제야 부득이 수사 및 감찰이 이루어졌다.

2019년 10월 24일 대검찰청은 그간의 감찰 관행을 바로잡으려는 척하면서, '검찰 자체감찰 강화 방안 마련'을 발표한다. 여기서 핵심은 '척하면서'다. 검사들에게는 이 '척'이 매우 중요하다. 발표한 내용을 보면 알 수 있다. "그동안 검찰은 감찰 업무의 공정성과 투명성을 높이기 위해 노력해왔으나 국민의 눈높이에 미치지 못하고 있다는 지적이 많았습니다. (중략) 마지막으로, 법무부와 감찰 협업을 강화하겠습니다. 검찰 자체 감찰로는 공정성을 인정받기 어려운 사안에 대해 선제적으로 법무부에 감찰을 요청하는 한편, 감찰에 필요한 정보와 자료 공유를 확대하겠습니다."

그러나 이따위 발표를 누가 신경이나 쓰겠는가. 다시 2020년으로 돌아와 보자. 어느 법조 출입 기자가 "어제 M본부 보도 때문에 한동훈 검사장님이 많이 심란하신 것 같아요"라고 하더니 급기야는 "한동훈 검사장님이 아니라는데요"란다. 윤 총장도, 법조 기자들도 한동훈이 아니라고 하면 그냥 아닌 거다. 그저 '아아, 이것이야말로 진짜 사랑이로구나'라고 생각하면 된다.

팩트 체크

검찰 내부에서 사건 배당은 어떻게 이루어질까. 일반적으로 사건이 접수되면 검사들에게 순차적으로 배당되는 것으로 알고 있다. 심지어 행정조직도 민원이나 진정은 컴퓨터에 접수된 순서대로 담당자에게 분배한다. 그러나 검찰은 공공연히 사건을 임의로 부서에 손 배당한다. 채널에이의 검언유착 의혹 조사를 일례로 들 수 있다. 감찰 사건인 이 사건은 규정에 의하면 감찰 협조 의무를 진다. 답변과 출석, 휴대전화 제출을 해야 하고 불응하면 또 다른 감찰 사안이 된다. 그런데 인권부에 배당되면서 그 협조 의무가 없어졌다. 사건 무마 지시를 거부하는 골치 아픈 검사에 대한 응징이 바로 사건을 재배당하는 것이다. 검찰 내부에서 공정성과 적법성을 외치는 검사들이 있지만 상명하복을 거부하는 순간 여러 이유로 보복 조치를 당하는데 불공정한 사건 배당 관습도 그중 하나다. 그러니 조직 내부에서 외치는 성찰의 목소리가 줄어들 수밖에 없다.

공기 인형들

아는 검사 출신이 선거에 출마하거나 정치권에 기웃거리는 걸 보면 '검찰에 그나마 갇혀 있던 바이러스가 저기로까지 퍼지는 구나'라는 생각이 든다. 초임 여검사를 호텔로 불러내던 검사장도, 부산의 나이트클럽 사장에게서 소개받은 젊고 예쁜 여자를 지역유지에게 빌린 요트에 태워 통영으로 여행 간 추억을 자랑하던 부장검사도 모두 국회의원 선거에 출마했다. 그중 한 사람은 당선되기까지 했다. 그 부장검사는 아래 검사들에게 이런 신조를 전파했다. "사람들이 가장 좋아하는 공무원은 먹고 해주는 공무원이다. 다음은 먹고 안 해주는 공무원, 그다음이 안 먹고 해주는 공무원. 어, 안 먹고 해주면 안 되지. 사람들 심리란 게, 먹고 안 해주면 그래도 애는 썼구나 하며 고마워하는데, 안 먹고 해주면 고마워할 줄 몰라. 가장 싫어하는 공무원은 당연히 안 먹고 안 해주는 공무원이지." 스폰받은 자랑에 '그거 뇌물죄잖아요'라며 어이없어하는 상대의 얼굴을 눈치챘는지 "야, 공무원의 가장 큰 죄는 재수 없는 죄야"라고 하던 양반. '잡초론'도 주장했다. 어디에나 일정량의 잡초는 존재하고 잡초를 다 뽑으려고 하면 더 사달이 난다는 것. 이런 양반들이 "부패와 낡은 정치를 청산하겠다. 쇼하는 정치, 척하는 정치, 으름장 정치를 배척하고 청렴정치, 도덕정치, 평등정치를 강력히 추진해나가겠다"라거나 "유권자의 위임과 신뢰를 가슴에 안고 오로지 지역 발전과 구민의 영광을 위해 마지막 순간까지 뼈를 묻겠다는 각오로 이번 선거에 임할 것"이라고 출마 포부를 밝히면 발가락 끝이 저릴 만큼 웃기다.

국회의원 출마를 노렸으나 당내 경선에서 떨어진 어느 검사장 출신 인물도 있다. 이 사람은 차장검사 시절 주임검사를 불러다가 기소유예를 하라고 압박하는 자리에서 스폰서로부터 걸려온 전화를 스스럼없이 받았다. "네, 제가 지금 불러서 잘 단도리하고 있습니다. 걱정하지 마십시오"라고. 이 검사가 주군으로 모시던 사람은 신촌에 있던 백화점을 현대백화점에 매각하고 그 자금으로 저축은행을 인수하려고 기웃거리던 사람이었다. 이들은 45인의 형제가 서로 끌어주고 밀어주고 봐주고 하는 '사랑을 실천하는 형제들의 모임' 소속이었다. 아무튼 이 검사는 검찰의 자기 식구 봐주기로 수사받는 것은 면했으나, 한 직으로 가게 되는 등 눈치를 받으면서도 안 나가고 버텼다. 한창 본인 구명 운동을 하던 도중에는 "검사장까지 오른 사람이 특정인의 하수인 역할을 할 정도로 부패했다면 저를 검사장으로 임명해준 검찰과 대한민국의 미래는 없다고 생각한다"라고 인터뷰를 하기도 했다. '특정인의 하수인'이라……. 자신의 정체성을 아주 적확한 단어로 표현한 점은 높이 살 만하다. 한 검찰청에서 같은 시기의 검사장, 차장검사, 부장검사가 모두 이 모양이었으니 평검사는 어땠을까. 검사 2년 차이던 연수원 동기가 수사 목적으로 이용하는 주민등록번호를 조회해서 전에 사귀던 여자친구의 주소를 알아내 "내가 잘못했다. 돌아와다오"라는 편지를 보냈다. 심지어 여자는 이미 결혼한 상태였는데 말이다. 그 얘기를 하면서 동기들에게 자신의 순정을 호소하는데, 대단히 역겨운 경험이었다. 이 사람도 계속 정치판을 기웃거리고 있다.

무엇을 상상하던 그 이상의 것이 일어나는 곳. 그렇기에 순천지청 소속 부부장검사 성매매 적발 건[4] 따위는 놀랍지도 않다.

나는 이런 사람들은 '공기인형'이라 생각한다. 안은 텅텅 비고 바람 부는 대로 나부끼면서 자신을 꼿꼿이 세워줄 수 있는

---

4 2020년 1월 서울 마포구의 한 오피스텔에서 성매매한 혐의로 광주지검 순천지청 소속 부부싱급 김사가 헌징에시 채포된 시긴. 벌금 200만 인, 진지 3개월이 처번로 마무리됐다

것은 오로지 권력이라 여겨 그 권력으로 펌프질하려는 처지. 의로움을 말하고 행하다가 상처받아 안으로부터 생각이 단단히 여문 사람들, 배척당해서 외로운 처지에 떨어져 봤기 때문에 사람들을 가장 사랑할 수 있게 된 그런 사람들이 그 자리에 있었으면 하는 바람은 너무 큰 열망일까.

팩트 체크

자신의 직분을 망각하고 도덕적 해이에 무감각한 검사들이 많다. "공무원의 가장 큰 죄는 재수 없는 죄"라는 부장검사의 말은 들키지만 않으면 된다는 뜻이다. 문제는 이런 인식이 팽배해 있다는 것이다. 그런 이들이 정치계를 기웃거리고 당선이 되기도 한다. 스폰서에게 충성하다 들켜도, 성매매하다 들켜도, 성추행이 발각되어도 검찰의 자기 식구 봐주기로 어떤 처벌도 받지 않는다면 분명히 문제가 많은 조직이다. 이렇게 되면 법은 누구에게나 공정하지 않고 힘없고 약한 자에게만 엄격한 것으로 전락한다. 소신 없고 철학없는 검사들은 오직 권력을 향해 나부끼는 공기인형과 다름없다. 그들을 향해 개탄의 시선을 보내면서도 저자는 검찰에 남아 의로움을 말하고 행하다가 조직의 배척을 받은 몇몇 검사에게 희망을 건다. 그들이 끝까지 살아남아서 공정한 세상을 만들어주기를 많은 사람이 염원하고 있다.

보복을 하거나 충성을 얻거나

"검사가 수사권 가지고 보복하면 그게 깡패지, 검사입니까."[5]

윤석열 총장의 어록에 있는 말이다. 그러나 내부의 검사들마저 인사로 보복하는 검사들이 국민에게 수사로 보복하지 않으리라는 보장이 없다. '고무줄 같다'와 '먼지 털기'가 수사에만 쓰이는 말이 아니다. 검사들은 재직 기간 7년을 단위로 적격심사를 실시한다. 2015년 적격심사에서 떨어진 것으로 소송해

---

5 2013년에 국정원 댓글 사건을 수사하는 과정에서 박근혜 정부에게 찍혀 한직을 전전하던 윤석열 검사가 2016년 박근혜·최순실 게이트를 조사하게 되자 일각에서 정권에 대한 보복 수사를 우려했고 그에 대해 윤석열 검사는 "검사가 수사권을 가지고 보복하면 그게 깡패지, 검사냐"고 반문했다.

승소한 후 복귀한 박병규 검사가 있다. 박 검사는 대상 기간인 2008년부터 2014년까지의 복무평정에서 2008년도부터 2013년까지는 A 또는 B를 받았다. 그런데 2014년에 갑자기 검사 하위 5퍼센트가 받는 D를 받는다. 고등법원 판결문에는 임은정 검사에 대한 징계, 검찰총장 사퇴 등을 다룬 비판적인 글을 그 무렵 이프로스6에 집중적으로 올린 것이 영향을 미쳤다고 나와 있다. 박 검사는 이프로스에 국정원 댓글 수사에 관한 글, '무죄를 무죄라 부르지 못하는 검사'라는 제목의 글 등을 올렸다. 변론기일에 재판부가 소송 수행자 검사에게 물었다. "대상 기간 중 6년간은 복무평정이 상당히 양호합니다. 최후 1년의 평가가 갑자기 떨어진 게 이해되지 않는데, 해당 평가가 공정하더라도 그 1년의 평가만으로 직무 수행이 어렵다고 볼 수 없지 않습니까. 하위 5퍼센트는 항상 D를 받는데 그 D를 받은 사람들을 다 퇴직시킵니까?" 그랬더니 질문을 받은 검사가 "7년간의 평가 기간 중 최초 또는 중간에 D를 받았다가 향상되었다면 개선의 여지가 있습니다. 그러나 마지막 해에 D를 받는다면 업무 능력이 계속 하향선을 긋는다고 볼 수밖에 없을 것입니다"라고 했다. 그렇다. 검사들 수준이 이렇다.

두 번째로, 박 검사의 사건 처리 과오 건수가 합계 46건이라

---

6 검찰 구성원만 접속할 수 있는 내부 망. 업무 자료, 지시 사항, 커뮤니티 활동이 이루어지며, 검찰 관련 이슈에 관한 다양한 의견 또한 개진된다.

동기보다 현저히 높다는 것도 적격심사에서 탈락한 사유다. 연수원의 같은 기수 검사들이 7년간 처리한 사건 총수가 적은 이는 100건, 많은 검사는 1만 건이다. 무려 100배 차이가 난다. 이건 어느 검사는 매번 기획부서나 인지부서에 배치되어 주목받고 잘나가는 반면 어느 검사는 형사부에서 매일매일 사건 처리에 허덕이기 때문에 나오는 통계다. 박 검사는 약 7,900건을 처리했는데, 동기들 중에서 건수가 많은 편이다. 처리 건수가 많아지면 오류를 저지를 위험에 더 노출되는 건 당연하다. 그래서 재판부는, 과오 건수로 직무 수행 능력을 부정 평가한 데 대해 "피평가자들의 7년간 사건 처리 건수 차이를 반영하지 못한 절대적 수치이므로 공정하거나 객관적이지 않다"라고 했다.

한편 검찰은 박 검사를 어떻게든 조직에서 제거하기 위해 특정사무감사를 실시한다. 소위 '먼지 털기'에 들어간 것이다. 임은정 검사도 10년간의 사건 처리를 모두 뒤졌다는 말이 있다. 재판부는 박 검사가 특정사무감사 대상으로 선정된 데 대해 이렇게 말한다. "해마다 복무평정 결과 등이 최하위인 대상자가 있을 수밖에 없고 그동안 징계받은 검사도 상당하다는 점을 고려할 때 어떠한 기준에 의하여 집중 검토 대상자로 선정되어 특정사무감사를 받게 된 것인지 불분명하다."

앞에서 기획부서나 인지부서에 배치된 검사와 형사부 검사의 빛과 어둠이 극명하다는 얘기를 했는데, 예전에 자기가 잘나가는 검사인지 확인하려면 가보라는 검사 감별기 검사가 있었다. 어느 젊은 검사가, 잘나가는 선배들에게만 인사를 하고 그렇지 않은 선배는 인사도 하지 않고 모른 척했다. 이런 분위기를 보면 C. S. 루이스의 말이 틀림없다. "모든 열정 중에서 이너 서클을 향한 열정이야말로 악하지 않던 사람을 악하게 만드는 무서운 위력을 발휘한다."

2020년 1월에 간부 인사가 나고 나서 검사 몇몇은 이프로스에 주군을 잃은 분노를 풀었다. 어떤 이유인지는 모르겠지만 검사들이 유독 장례식장에서 사고를 많이 치는데, 2017년 8월에 윤대진 검사가 자기가 이번 인사를 다 했다고 으스댄 곳도 어느 검사의 모친 장례식장이었다. 그 윤 검사가 사법연수원 부원장으로 발령받은 것이다. 사법연수원은 사법시험의 폐지와 더불어 폐원 예정인 곳이다. 물론 폐원 예정 전에도 한직이었다. 사법연수원은 법원 산하 조직이라 검사는 주인이 될 수 없기 때문이다. 당연히 '갑질'도 안 된다. 그런 인사 결과에 본인도 화가 났겠지만, 그 사람을 동아줄로 여기고 있던 검사들도 '주군 없는 하늘 아래'가 되어 이프로스 게시판에 악다구니를 늘어놓았다.

검사에 관한 다음과 같은 명언이 〈PD수첩〉에 나온 적이 있다. "사건을 잘 파면 명예를 얻고 사건을 잘 덮으면 부를 얻는다." 그동안의 검사들 인사에 대해서 나는 이렇게 말하고 싶다. "징계로 보복하고, 보직을 하사해 충성을 얻는다." 마지막으로는 윤 총장에게 이 말을 돌려줘야 한다. "검사가 인사권 가지고 보복하면 그게 깡패지, 검사입니까."

팩트 체크

조직에서 가장 큰 죄는 괘씸죄라는 말이 있다. 일을 잘하고 못하고의 문제가 아니다. 2015년 박병규 검사는 무능하다고 해고당했는데 소송을 통해 부당해고로 인정받아 복귀했다. 지난 2014년 7월 박병규 검사는 이프로스에 '무죄를 무죄라 부르지 못하는 검사'라는 제목의 글을 올렸다. 그 글은 과거사 재심 사건에서 검찰 내부 방침을 어기고 무죄를 구형한 임은정 검사를 지지하는 글이었다. 박 검사는 2014년 말 검사 직무 수행 능력을 평가하는 검사 적격심사에서 탈락해 퇴출됐다. 탈락자가 나온 것은 제도가 도입된 지 14년 만이었다. 박 검사는 퇴출이 부당하다며 소송을 제기했고, 대법원은 평가가 객관적이지 않았다고 판단했다. 법원의 판결문에 의하면 임은정 검사 징계 비판 글, 검찰총장 사퇴 요구 등 수위 높은 글을 자주 올린 것이 영향력을 미쳤다고 보았다. 이 말은 괘씸죄 적용이라고 읽으면 된다. 검찰 조직의 행태를 비판하거나 그 비판에 동조하는 이들에게 차가운 시선을 던지는 동료들의 기준은 권력이다. 실세의 눈에서 벗어나는 순간 평범한 동료들이 등을 돌리고 적으로 바뀌는 것이다. 어찌 검찰뿐이겠는가. 여러 조직에서 진실을 말하는 사람에게 돌을 던지는 행동대원들은 그의 동료들이다. 한나 아렌트의 '평범한 악'이 떠오른다. 상층부를 향한 열정은 평범한 사람도 악인으로 만든다.

졸렬과 수치는 자신을 반성하지 않고

무타구치 렌야를 아는가. 일본의 군인인 그는 1944년 버마 전선에서 무리하게 임팔 전투를 실시해 전쟁 역사상 찾아보기 어려운, 일본군의 대전멸을 가져왔다. 그 덕에 본의 아니게 한국인들로부터 사랑을 듬뿍 받고 있다. 한국에서 그의 별칭은 '일본군을 가장 많이 죽인 독립투사', '대한광복군 비밀공작요원'으로, 독립무공훈장을 수여 해야 한다거나 동작동 국립묘지로 모셔와야 한다고 농담하는 이들도 있다.

검찰 안에도 무타구치 렌야 같은 존재들이 있다. 국민의 검찰 개혁 요구를 실현시키기 위해 암약하시는 분들이다. 그분들의 이름은 감히 드러낼 수 없다. 그 많은 검찰 내 어둠의 조력자

중 한 분이 나의 페이스북 글을 보고 길길이 뛰며 고소하겠다 했다. 그분의 명예를 위하여 익명으로 싣기까지 했는데 그렇게 길길이 뛴다니, 이야기 한 조각이 슬쩍 떠오른다.

내가 검사로 있던 시절, 강간 사건 하나가 수사 지휘차 경찰에서 올라왔다. 그런데 야근 중이던 그날 밤에 그 검사가 나에게 그 사건 기록을 가져오라고 했다. 업무 관련 목적이면 용도를 밝혔을 텐데, 막무가내로 가져오라는 게 찜찜했다. 하지만 그대로 가져다주었다. 당시 내게 용기가 조금이라도 있었다면 "왜 필요하신데요?"라고 물어봤을 텐데, 그러지 못했다. 이 검사가 '강약약강'의 진형이었기 때문이다. 한번은 다른 선배 검사에게 항의할 일을 두고 애꿎게 걸려든 신임 여검사 셋을 잡도리하기도 했다. 그 앞에선 울지 못하고 눈만 뻘게져 있던 신임 검사 하나가 층계참에서 억울함과 서러움이 터지는 바람에 지나가던 직원들이 무슨 일이냐고 묻고 달래주었다. 그로부터 며칠 후 다른 검사와 이야기를 나누다가, 내게 기록을 가져오라 했던 그 검사가 변호사인 남편의 수입 증대를 위해서 동분서주 노력하고 있다는 걸 알게 되었다. 그 남편이 변호인이던 다른 구속 사건은 같은 29기이던 김……. 그 구속 사건은 기억이 잘 나지 않는데 일단 그분이 나를 고소하면 기억이 날 것 같다. 그때 실어드려야겠다. 여기까지는 검찰 안에서 일상다반사로 일어나는 일이니까, 이 정도면 글을 쓸 이유도 없다. 그 조력자가 층계참에서 눈물을 쏙 빼게 했던 그 검사에게 "우리는 국민을 위해서 이렇게 열심히 일하는데, 왜 국민은 검찰을 불신하는 걸까"라며 안타까워하더란다. 아무렴, 곰팡이가 반성하면 더 이상 곰팡이가 아니다.

사건 기록을 들고 오라는 요구에 찍소리도 못하고 갖다 바친 건 아직도 너무나 부끄럽다. 수사 중인 사건의 증거가 피의자에게 노출될 위험을 초래한 것이니 말이다. 그리고 어느 고위공직자의 동생이 피의자인 음주운전 사건에서는, 부장검사가 직접 작성한 불구속 지시서에 시키는 대로 도장을 꾹 눌러 찍은 적도 있다. 악의만 악을 번성하게 하는 게 아니다. 나약함도 부정과 악을 번성하게 할 수 있다. 그렇기에 나약함도 죄고 검사로서 결격사유가 된다고 생각한다.

반성하지 않는 곰팡이라면 이분도 빼놓을 수 없다. 그랜저 검사 정인균에게 애초 무혐의 처분하신 분. 정인균 검사에 대한 고발 사건은 사건이 접수된 지 15개월이 지나서 무혐의 처분이 내려진다. 자동차를 받은 건데 돈을 빌린 거로 일단 둔갑시킨 다음, 친분 관계에서 돈을 빌리고 갚은 것이지 청탁은 없었다고 결론 낸 것이다. 이렇게 대강 뭉개고 덮었는데, 알다시피 국정감사에서 이야기가 세게 나오자 특임검사가 임명되어 재수사된다. 그런데 재수사가 진행될 때엔 이 어둠의 조력자가 서울중앙지검에서 법무부로 옮겼다. 자신은 공정하게 수사를 하고 결론을 내렸는데 억울하다고 했단다. 더 이상 무엇을 더 했어야 한다는 말이냐며 포효했다고. 듣고 있던 법무부 검사들도 아, 억울한 점이 있나 보다 했는데, 특임검사가 계좌를 압수수색해서 다른 금전수수까지 나오자 어이없을 수밖에 없었다. 15개월 동안 계좌 조사를 비롯해 아무것도 하지 않았으면서 공정하게 최선을 다해 수사했다고 자부하셨다니. 물론 그 특임검사는 최선을 다했냐면 그것 또한 아니라는 이야기도 있다. 계좌를 털어보니 수상한 금전 거래가 다수 있었다고 한다. 그러나 "그랜저를 공여한 자로부터 받은 1,600만 원은 부인하지 말고 시원하게 인정하자. 다른 사람들에게서 받은 것은 더 캐지 않으마"라고 정리했다고 들었다. 나를 위해 나를 속이는 이런 분들은 검찰 개혁을 바라는 국민의 소중한 자산이다, 아무렴.

팩트 체크

무타구치 렌야는 일본 육군 군인이다. 그가 유명해진 것은 제2차 세계대전 중이던 1944년 버마 전선에서 무리하게 임팔 작전을 강행하였다가 큰 피해를 입고 패배했는데 시종일관 부하 탓을 하는 변명을 했기 때문이다. 수송과 병참 등을 전혀 고려하지 않은 이 무모한 작전은 8만 5,000여 명의 병력 중 5만 명을 대부분 질병과 굶주림으로 사망하게 했다. 그래서 그가 일본군에 잠입한 독립투사라는 농담이 있을 정도다.

검찰 내부에서 외부의 비판 글에 대해 고소하겠다는 사람들을 무타구치 렌야로 빗대고 있다. 검찰 안에서 일상다반사로 일어나는 일일지라도 외부로 유출하면 소송을 불사하겠다는 그들. 저자는 검찰 내부에서 벌어지는 상부의 압력을 이야기하며 일례로 정인균 검사 건을 들고 있다. 정인균 전 검사는 2008년 초 서울중앙지검 형사2부 부부장검사로 재직 시 친구인 건설업자 김 모 씨로부터 자신이 고소한 사건을 잘 봐달라는 부탁을 받았다. 그리고 사건 담당 후배 검사들에게 압력을 넣어 해결한 후 청탁의 대가로 고급 승용차(그랜저) 등 4,600여만 원어치의 금품을 받았다. 이로 인해 고발당한 정 검사의 고발 사건을 검찰이 무혐의 처분한 사건이다. 국정감사에서 문제가 되자 재수사되었지만 검찰 내부에서 압력과 공조는 어떻게 일어나는지 잘 보여준다. 15개월 동안 추적하지 않던 계좌에서 수상한 금전 거래가 발견되자 검찰은 그랜저를 공여한 자로부터 받은 1,600만 원만 인정했다. 그는 2010년 특임검사의 수사를 통해 구속기소됐으며, 2011년 9월 29일 징역 2년 6개월의 형량이 최종 선고되었다. 이처럼 지시를 따르는 부하의 나약함도 부정과 악을 번성하게 한다.

다시 사랑도 명예도 이름도 남김없이

이것은 한 편의 잔인한 이야기다. 2019년 가을 조국 전 법무부 장관의 동생이 영장 심사를 앞두고 허리 디스크 수술을 받기 위해 연기를 요청했지만 검찰이 받아들이지 않았다. 심지어 진료 도중 의사 출신 검사를 입회시켜 조 씨의 허리 디스크가 수술이 필요한 급성이 아닌 만성질환임을 확인하고 연행하기까지 했다. 그 일을 둘러싸고 나는 친구랑 이런 이야기를 나눴다. "검찰이 조국 장관 동생의 수술까지 방해한 건 너무했어. 제네바협약인지 뭔지에 의하면 전쟁 중에 적국의 포로도 치료해주기로 되어 있는데 이게 뭐냐"라는 친구의 말에 내가 답했다. "전쟁이면 서로 무기를 들고 싸우니 공평하기나 하지, 이건 사냥이니까,

언론은 몰이꾼 역할이고." 사냥의 끝은 만찬이다. 아직 피가 도는 사슴의 부드러운 뿔을 잘라 녹혈을 마시고, 심장이 뛰는 곰의 배를 갈라 웅담을 꺼내야 한다. 노무현 대통령이 검찰에 소환되던 날, 창밖을 내다보며 웃던 홍만표, 이인규를 떠올려보라. 사냥감을 손에 넣은 듯 득의만만하던 그들의 표정. 그분은 당신이 죽어야만 이 잔혹한 게임이 끝난다는 걸 알고 계셨다. 말갛게 마음을 비워낸 그분의 유서를 떠올리면 아직도 슬픔으로 가슴이 아린다.

검찰에게 정의나 공익이란 없다. 우리의 민주주의가 경각에 걸리거나 말거나, 남의 인생이 망가지거나 말거나 상관없다. 오직 자신들의 전리품을 위해서 움직일 뿐이다. 윤 총장이 원세훈의 댓글 여론 조작을 기소한 일7에 대해 검사들 일부가 "다음에 정권이 바뀔 것을 예측하고 도박에 성공한 거지"라고 말하기도 했다. 검사들의 시각이 이렇다. 주민집단소송 사건을 대리하던 변호사와 사건 브로커가 맞고소전을 벌인 사건이 있었다. 그 변호사와 브로커 모두 검사 혹은 수사관을 상대로 로비를 했다고 의심받았다. 그런데 김형렬이나 진동균, 김형준 등 검사들

7　대선을 앞둔 2012년 12월 당시 민주통합당이 경찰과 중앙선거관리위원회에 국정원 직원들이 여러 계정을 확보해 댓글과 게시글을 작성했다고 제보하면서 국정원 댓글 조작 사건이 세상에 알려졌다. 윤석열 검사를 팀장으로 특별수사팀을 꾸린 검찰은 원세훈 전 국정원장이 정치·대선 관여글 작성 등을 지시한 혐의를 포착해 원 전 국정원장을 불구속 기소했다. 이 사건은 원 전 국정원장이 징역 4년형을 확정받으면서 재판 5년 만인 2018년에 종지부를 찍었다.

의 범죄에 너그럽기 그지없던 검찰이 2018년 초 갑자기 수사 정보 유출 등을 이유로 검사 둘을 긴급체포하고 구속영장을 치면서 난리를 피운다. 검사들은 그 수사를 뭐라고 할까. 그 수사를 기획한 자의 의도에 대해서 내부 검사들은, 비리에 단호한 검사라는 명망을 얻어 초대 고위공직자범죄수사처(공수처) 처장 또는 검찰총장을 노렸던 거라고들 한다. 이 검사가 기자 인맥이 튼튼해서 엄청난 지원사격을 받을 수 있다고 보았다나. 문제가 된 변호사의 로비 대상에 자신의 인사 경쟁자 및 야당 관계자가 연루되어 있다는 첩보가 있어 이들을 제거해서 받는 이익도 있었다고 한다. 이게 진실인지 아닌지보다는, 검사들조차 수사가 이례적으로 기민하게 이루어질 때는 대단한 전리품이 걸려 있다고 감지한다는 것이 암담하다. 그리고 이런 민감한 수사에 대해서는 "사건 잘 말았냐"라거나 "사건이 똘똘 잘 말려 있어 돌파하기 힘들 텐데"라고 말한다. 안 되는 사건을 억지로 엮었으니 김밥 옆구리 터지지 않게 조심해야 한다는 말이다. 전 검찰국장 안태근도 자기 형사사건에서는 "밀행적으로 진행되는 수사 절차에서는 검사의 의도에 맞춰 질문과 답변, 조서 내용의 정리가 행해질 가능성이 농후합니다"라고 솔직히 적을 정도다. 위 사건에서 피의자인 한 검사는 굉장히 성실하고 평이 좋았던 사람이라 수사관의 범죄를 무리하게 확대해서 뒤집어씌운다고 생각했던 모양이다. 그래서 보다 못한 다른 검사가 검찰총장에게 면담을 요구하는 항의 메일을 보내고, 수사팀에 파견된 검사는 지시에 저항하여 다시 원 검찰청으로 복귀되기도 하지만 기소를 막진 못했다. 이런 지경인데, 검찰이 합심해서 똘똘 만 정경심 교수는 피할 도리가 있었겠나.

어느 검찰 수사관이 이프로스에 이런 글을 올린다. "우리가 근무하는 검찰청은 수사와 기소, 형 집행을 담당하는 기관이지 절대로 정의를 세우는 기관이 아닙니다. 우리는 신이 아니고 사람이기 때문에 정의를 세운다는 말은 맞지 않습니다. 수사기관이 무슨 정의를 세우는 기관인가요. 그리고 사람은 누구도 완전무결한 정의를 세울 수 없다고 생각합니다." 정의를 세운다는 허위의식보다 차라리 이런 솔직함이 낫다.

마음이 지하로 깊이 떨어지는 기분이 들면, 옳은 말 한마디, 옳은 행동 하나를 하기 위해 모든 것을 희생하며 그 길을 갔던 사람들을 떠올린다. 그때와 비교하면 지금은 어둡긴 하지만 달도 있고 영롱한 촛불 하나하나가 점점이 박힌 듯한 은하수도 있다. 그리고 민주주의는 자전거와 같다. 페달을 밟지 않으면 쓰러지고 만다. 페달을 계속 굴려야만 아름다운 꽃밭도, 너른 바다도 만날 수 있다. 그래서 내 글을 읽는 이들에게 간절히 부탁한다. 계속 서로의 빛이 되어달라고, 페달을 굴리는 동력이 되어달라고.

팩트 체크

검찰은 오직 자신의 이익을 위해 움직인다. 정의도, 공익도 없으며 민주주의가 경각에 걸리거나 말거나, 남의 인생이 망가지거나 말거나 오직 자신들의 전리품을 위해서 움직인다. 여기서 검찰은 사냥꾼, 이에 동조하는 언론은 몰이꾼이다. 조국 사태에서 조국 장관 동생의 수술까지 방해하는 비인간적 행위를 사례로 든다. 그보다 더 극단적인 사례는 노무현 전 대통령 일이다. 검찰이 표적으로 삼으면 죽어야 끝난다는 것을 노통은 알고 있었다. 당시 노통은 박연차 게이트와 관련하여 검찰 수사를 받고 있었고, 측근들이 줄줄이 구속된 상태였다. 그의 유서는 그가 겪고 있는 일에 대한 힘든 심정과 측근들이 자신의 잘못으로 감옥에 들어갔다는 자책감을 담고 있었다. 검찰의 사냥 근성은 권력의 냄새를 맡는 천부적인 기질에서 비롯된다. 심지어 검찰 내부에서 윤석열 총장이 원세훈의 댓글 여론 조작을 기소한 일은 정권이 바뀔 것을 예측한 도박이었고 결국 성공했다는 말이 나온다. 검찰의 시각이 정의와 공정함이 아니라 이익과 전리품으로 집중된다니 놀랍다.

검사들의 범죄에 너그러운 검찰에서 2018년 수사 정보 유출로 검사 두 명을 체포하는데 동료 검사들은 그 수사를 기획한 자의 의도가 초대 공수처 처장 또는 검찰총장이라 한다. 검사들에 대한 수사가 이례적으로 기민하게 이루어질 때는 검사들조차 대단한 전리품이 걸려 있다고 감지한다.
자신의 이익과 영달, 전리품을 획득하기 위한 수사가 검찰
의 행태라면 문제가 있다.

서구 정의의 여신 디케는 한 손에 저울, 다른 손에는 칼을
쥐고 두 눈을 가리고 있다. 빈부나 신분 등과 관계없이 모두
를 공정하게 대한다는 의미에서다. 우리 검찰 조직과는 완
전히 동떨어진 얘기로 들린다. 그들은 칼과 저울을 손에 들
고 이익과 권력을 차지하기 위해 두 눈을 부릅뜨고 있다.

좀비 개미와 검사

개미를 감염시켜 숙주로 만든 다음 자신에게 유리하도록 숙주의 행동을 조종하다가 나중에는 먹이로 삼는 곰팡이가 있다. 그런데 재밌는 건, 개미가 이 곰팡이에 감염되면 옆의 똑똑한 친구들이 곧 알아차리고 감염된 개미를 냉큼 잡아서 갖다 버린다는 것이다. 내가 좋아하는 몇 안 되는 검사 중 한 사람이 검사 시절 내게 이런 말을 했다. "그 검사 말이야, 재주 좋지. 한 피의자의 범죄를 한 다섯 건 인지하면 딜을 해. 내가 두 건만 입건, 기소해줄 테니 보답을 해야 하지 않겠느냐고." 아스트랄하다. 검사가 수사 및 기소권을 이용해 검찰청 안에서 피의자와 딜을 헤 뇌물죄를 저지르다니, 바로 범죄를 수사, 처벌하는 일이 주

업무인 검찰청 안에서 말이다. 또 한 가지 놀라운 건, 그 이야기를 해주는 검사의 태도였다. 부러움과 체념의 중간쯤? "짜식, 나는 안 되는데, 너는 재주 좋게 그런 짓을 하는구나." 이런 느낌이었다.

그 후예로는 진경준이 있다. 한진을 내사해 뭉개고서 그 처남 명의의 청소용역회사로 매출 150억 원의 거래를 받았다. 돈을 직접 받지 않고 거래를 빙자해 경제적 이익을 취했으며 또 우회해서 처남의 회사를 내세웠으니 좀 더 진화한 방법으로 뇌물을 받은 셈이다. 또 어느 성매매 사건 전담 형사부의 부장은 스폰서가 제공하는 성매매에 흠뻑 빠져 있었다. 어느 날 성매매 사건에 관해 매수자의 처벌이 너무 낮다는 여성단체의 항의문을 대검이 접수해 각 검찰청에 내려보낸다. 그 부장검사는 부원이던 평검사에게 여성단체와 간담회 자리를 갖는 안을 기획하라고 한다. 여성단체가 오해하고 있으니 간담회를 열어 오해를 불식시키라는 것이었다. 그러고 나서는 그 부원에게 성매매 매수자에 대해 30만 원으로 구약식하라고 지시한다. 대검에서 제정한 양형 기준으로는 벌금이 70만 원인데 대검의 양형 기준이 틀렸고 자신이 맞는다고 하면서 말이다. 이렇게 두 건을 처리하고 나서 본인은 신나게 성매매를 하러 갔다. 이 부장검사는 무려 사법제도 개혁을 추진한다는 정부기관의 위원으로 파견 나가 근무하기도 했다.

이제 사법 개혁과 검찰 개혁이 이루어지지 않는 이유가 짐작되지 않는가. 결국 부장검사의 행각을 참지 못한 소속 평검사가 항의했다. 그러나 그 평검사만 따돌림을 당했을 뿐이다. 부장검사가 연수원 동기들에게 마타도어[8]한 탓에 평검사가 새로운 임지로 부임해 갔을 때 모든 부장검사들이 그 검사를 자기 부에 받지 않겠다고 한 것이다. 그는 나중에 자신의 부장검사에게 "나는 자네가 정말 이상한 사람인 줄 알았어. 이렇게 일을 잘하는데 왜 그랬을까"라는 말을 듣고 나서야 직전 부장의 소행을 알게 되었다.

어떤 검사들은 자신들에게 범죄를 저지르는 특권이 있는 것처럼 행동한다. 게다가 동료들도 묵인, 방조한다. 한 개미가 곰팡이에 감염되면 전체 개미를 보호하기 위해 곰팡이의 숙주를 내다 버리는 개미보다도 덜 진화된 셈이다. 2015년 서울남부지검에서의 성추행 사건으로 처벌받은 김형렬 전 검사도 마찬가지다. 회식 때 여검사에게 본인 입으로 "성추행을 해볼까"라면서 접근하는 검사. 이건 김형렬 판결문에 그대로 명시되어 있다. 검사들 회식 자리에서 떳떳하게 성추행이 벌어지는 대단히 괴이한 풍경이다. 안태근도 그렇다. 여검사의 부친 장례식장, 특히 이귀남 당시 법무부 장관을 비롯한 여러 검사가 착석한 자리에서 성추행을 했는데, 아무도 제지하지 않았다.

---

8   근거 없는 사실을 조작해 상대편을 중상모략하거나 그 내부를 교란하기 위한 흑색선전의 의미로 정시권에서 널리 쓰이는 말.

내가 언론 인터뷰에서 "검찰 조직이란 허가받은 범죄단체죠. 검찰의 공기에 부패와 범죄의 포자가 날아다녀요. 일부는 마치 범죄를 저지를 특권이 있는 것처럼 행세해요. 치외법권인 거죠. 나머지 다수는 오염된 공기에 의식이 마비되어 판단력을 잃어요"라고 한 적이 있다. 한번은 어느 방송사 피디가 임은정 검사와 나를 동시에 방송에 출연시키겠다고 한 적이 있었다. "검찰 내에서 벌어지는 일 중 제가 알고 있는 일을 국민들이 안다면 검찰을 없애자고 해도 할 말이 없습니다"라고 하는 임은정 검사와 "허가받은 범죄조직이죠"라며 돌직구를 날리는 나를 동반 출연시키려 하다니 참 겁 없는 피디라는 생각이 들었다.

곰팡이에 감염된 검사들 때문에 귀하고 평범하게 열심히 살아온 사람들이 스러지는 것이 슬프고 억울하고 화가 난다. 단지 건드릴 수사·소추기관이 없어 벌 받지 않는 이런 사람들, 이런 개미만도 못한 사람들에게 난도질당해서 무릎을 꿇는다는 것이.

팩트 체크

도덕 불감증에 걸린 검사들의 사례는 차고 넘친다. 수사 및 기소권을 이용해 피의자와 거래를 했던 진경준 검사. 그는 2005년 넥슨에서 비상장 주식을 무상으로 제공받아 2015

년 약 120억 원의 시세차익을 남긴 넥슨 게이트 사건의 주역이다. 넥슨 사건으로는 대법원에서 무죄를 받았지만 자신이 수사하던 한진그룹 대한항공에 처남 명의로 매출 150억 원의 청소용역회사 거래 특혜를 얻은 것이 입증되어 징역 4년을 받았다. 돈을 직접 받지 않고 우회한 방법을 쓴 것이 더욱 악질이다. 성매매에 빠진 부장검사는 평검사에게 성 매수자의 처벌을 약식 기소하게 하고 양형 기준 70만 원이 아닌 30만 원을 벌금으로 부과할 것을 강요했다. 참지 못하고 항의하던 평검사는 상명하복의 괘씸죄에 걸려 검찰 내부에서 왕따당했다. 성추행을 저지른 검사 김형렬, 안태근의 경우를 보자. 그들은 회식과 장례식장이라는 공적인 자리에서 성추행을 했다. 아무도 제지하는 사람이 없었다. 문제가 되자 그들은 검찰을 떠났지만 제대로 된 처벌은 받지 않았다.

범죄를 저질러도 되는 특권이 있는 것처럼 행동하는 검사들을 동료 검사들은 왜 묵인하고 방조하는가. 철저한 상명하복, 실세 눈치 보기의 조직 풍토가 검사들의 사고를 멈추게 하는 게 아닐까. 방임·방조도 일종의 범죄라고 볼 수 있다. 오죽하면 검찰 조직을 허가받은 범죄단체라고 했겠는가. 개미는 곰팡이의 숙주가 된 동료 개미를 갖다버리는데 검찰은 개미보다 덜 진화된 단체인가. 도덕 불감증은 전염력이 뛰어나다. 그 전 단계가 방임이고 방조다.

돈과 자리를 물어다주는 '악어새,'

우리나라 검찰이라는 조직이 무엇을 상상하든 그 이상의 것을 보여주는 곳이라고 앞서 말한 바 있다. 그중 하나가 바로 스폰서다. 흔히 스폰서라고 하면, 검사에게 유흥과 재물을 제공하고 사건을 청탁하는 정도로만 생각한다. 그런데 그 이상의 공생관계가 있다. 검사는 언젠가는 퇴직하고 변호사를 하게 되는데 스폰서가 그때 주요 고객이나 사건을 가져오는 브로커가 될 수도 있고, 아주 센 스폰서의 경우에는 자기가 스폰하는 검사를 좋은 보직에 밀어줄 수도 있다. 조직 바깥의 사람이 보기에는 악순환이고, 스폰서의 입장에서는 선순환 구조다. 어느 스폰서가 A검사하고 돈독하게 관계를 쌓아놓았는데 그 검사가 검사장이 되어 인사에 힘을 쓸 수 있는 위치에 올랐다고 하자. 그러면 자기가 현재 키우는 중인 B검사를 A검사에게 인사 청탁을 해서 좋은 자리로 밀어 넣는다. 스폰서의 입장에서는 투자 대비 효율이 나야 하니까 키우는 검사가 좋은 자리, 높은 자리에 가야 하지만 아주 힘센 스폰서의 경우에는 자신에게 더 큰 은혜를 갚고 충성하도록 이렇게 해주는 것이다. 그러면 그 스폰서를 중심으로 검사들의 줄이 생겨난다. A검사, B검사, 스폰서의 입장에서 윈윈윈인 셈이다. 만약 A검사가 옷 벗고 변호사가 되어 사건을 들고 가면 B검사가 모른 척할 리 없다.

검사들은 세 가지로 분류된다. 인사 발표가 나서야 자기 인사를 아는 사람, 인사 발표가 나기 전에 자기 인사를 아는 사람, 자기 인사를 자기가 하는 사람. B검사는 여기서 적어도 두 번째 부류는 된 것이다. 안태근이 징역 2년을 받은 서지현 검사에 대한 직권남용죄 사건[9]에서 검사들 인사안이 제출됐다. 그 서류를 보면 인사안 검토부터 확정까지는 2015년 7월 중순부터 2015년 8월 18일까지의 한 달여 기간이었다. 그런데 하루에만 무려 인사안이 1보, 2보, 3보, 이십 몇 보까지 나온다. 좋은 보직을 두고 소위 '빽'이 되는 힘센 사람들이 서로 자기 사람을 넣으려고 겨루다 보니 끊임없이 뒤집어지는 것이다. 특정 보직을 놓고 두 세력이 맞붙어 손바닥 뒤집히듯 휙휙 바뀌는 게 눈

---

9 2020년 9월 29일 이 사건은 파기환송심 재판에서 최종적으로 무죄를 선고받았다.

에 보인다고 한다. 우선 잘나가는 자리들이 확정되어야 전체 인사안이 확정되니 나머지 흙수저 검사들의 인사는 마치 봄바람에 떨어져 공중을 유영하는 벚꽃잎처럼 이리저리 흩날릴 뿐이다. 광주로도 튀었다가 의정부로도 튀었다가 전주로도 튀었다가 하니 누구라도 든든한 동아줄을 찾지 않을 수 없다.

알고 지내는 아주 양심적인 검사가 이렇게 당당하게 말한다. "우리가 99퍼센트의 사건은 공정하게 한다. 1퍼센트는 압력이 들어오거나 누가 청탁하거나 그러면 봐줄 수도 있는 거지." 아무리 양심적이라 해도 1퍼센트는 뭉갠다는 걸 인정하는 것이다. 검찰에서는 이 정도면 정말 진실되고 솔직하다 할 수 있다. 그 말에 내가 "그건 99퍼센트 사건에 대해서도 압력이나 청탁이 있으면 다 말아먹을 수 있다는 이야기잖아요. 그러라고 공무원 신분 보장하고 월급 주는 게 아닐 텐데"라고 하니까 그가 입을 다물었다. 현실이 이렇기에 이 글은 공중을 불안정하게 유영하다 떨어져 비에 씻기고 발길에 밟히는 흙수저 검사들에 대한 나의 애가이기도 하다.

팩트 체크

검사와 스폰서의 관계는 악어와 악어새의 공생관계로 보면 된다. 스폰서는 검사가 퇴직하고 변호사가 되면 주요 고객이나 사건을 가져오는 브로커가 되는데 어떤 스폰서는 자기가 스폰하는 검사를 좋은 보직으로 발령내기도 한다. 스폰서 입장에서 자기와 친분 관계를 쌓은 A검사가 검사장이 되면 현재 키우는 B검사를 인사 청탁해서 좋은 자리로 발령을 낼 수 있다. 이 순환 구조는 A검사가 퇴직 후 변호사가 되면 B검사가 봐주는 방식으로 이어진다.

전 검찰국장 안태근 검사가 성추행 사건을 무마하기 위해 피해자인 서지현 검사에게 인사 불이익을 준 직권남용죄 사건이 이러한 조직 내 문제를 여실히 드러낸다. 당시 서지현 검사는 지망 근무지와 달리 2015년 8월 창원지검 통영지청으로 발령을 받았다. 통상적으로 서지현 검사의 연차에는 발령받지 않는 곳이다. 당시 인사안을 한 달간 검토하고 확정했는데 특정 보직을 놓고 수없이 판이 뒤집혔다고 한다.

힘 있는 검사들이 노른자 자리를 차지하고 나면 흙수저 검사들은 그제야 빈자리로 발령이 난다. 압력과 청탁이 통하는 세상을 한탄하며 저자는 공중을 불안정하게 유영하다 떨어져 비에 씻기고 발길에 밟히는 흙수저 검사들에 대한 자신의 애가를 바친다.

검사들이 숨 쉬는 공기

조직문화란 일상적으로 숨 쉬는 공기와 같다. 구성원에게 서서히 스며들어 그들의 행동과 사고, 의식을 형성한다. 그렇다면 검사들이 숨 쉬는 공기, 놀고 있는 물은 어떨까? 검찰 교재인 『수사감각』에는 "상부는 결국 인사권을 가지고 있다. 인사권자는 자신을 거스른 사람은 결코 용납하지 않는다. 인사권자는 반드시 보복을 한다. 인사로 보복을 한다. 인사권자는 사정이 허락하면 즉시, 그렇지 않으면 나중에라도 반드시 보복을 한다"라는 내용이 쓰여 있다.

그래서 위에서 결재를 해주지 않자 단독으로 피의자의 구속영장을 법원에 청구한 어느 검사는 부장검사로부터 수사 기록 문건으로 얼굴을 맞는 수모를 당하고 인사 불이익까지 각오해야 했다. 그리고 임은정 검사는 무죄 구형 후 서울중앙지검 3년 근무 원칙에도 불구하고 1년 만에 지방으로 쫓겨나고 2년간이나 부부장 승진에서도 배제되는 검찰의 천덕꾸러기가 되었다. 반드시 보복, 인사 보복, 나중에라도 보복⋯⋯. 검찰이 무슨 피의 복수를 하는 조폭 집단이라도 되는 걸까. 조은석 전 검사장은 저런 부끄러운 이야기를 『수사감각』이라는 검사들의 교과서에 참으로 '무감각'하게 적어놓았다. 저 이야기가 차마 부끄러운 이야기라는 감각조차 없어진 것이다.

정유미 검사는 "이번 정권도 국정농단과 사법농단 사건을 검찰이 직접 수사하니 그땐 좋았겠지. 수백 명도 넘는 검사와 수사관들이 몇 달간 밤잠 못 자고 주말도 없이 과로에 사그라지는 것은 안중에도 없이, 마치 버튼만 누르면 검찰이라는 자판기에서 공소장이 나오는 것처럼 여기더니"라는 내용의 글을 썼다. 검사님들아, 공정하게 법에 따라 죄가 될 것 같으면 수사하고 죄가 되지 않으면 수사하지 않으면 됩니다. "우리 검사들이 정권의 편에서 사건을 수사해줬더니 이제 와서 검찰 개혁을 하겠다고"라는 식의 발언은 검사들이 검찰권을 행사하는 마음가짐이 어떠한지를 잘 보여준다. 그래서 검찰 내의 썩은 공기와 폐수를 피해 누군가는 검찰을 떠나거나 누군가는 안에서 싸우는 너무나 어려운 선택을 하는 것이다.

고민 끝에 검사를 그만둔 특수부 검사 출신의 변호사는 이렇게 말한다. "특수부 수사는 밑그림을 먼저 그리고 거기에 맞는 조각을 맞춰가는 수사다. 안 맞는 조각이 나타나면 밑그림을 버릴 만도 하지만, 이왕 개시한 수사는 성과를 내기 위해 끝까지 달려가게 된다." 이 변호사는 특수부 검사 시절, 특정 피의자가 들어가 있어야 그럴싸한 그림이 된다며 "너 이 새끼, 시킨 대로 안 할래"라는 부장의 압박에 못 이겨 그 피의자에게 구속영장을 청구한다. '아, 나는 모르겠다. 판사님이 잘 보고 기각해 주시겠지.' 하면서. 네, 조직 내에서 피의 보복을 당하는 게 두려우셨겠지요. 그러나 검찰의 피의사실 공표로 언론의 주목을 워낙 강하게 받은 사건이라 판사도 질 나쁜 범죄라는 인상을 갖게 되었는지 영장이 나오고 만다. 몹시 미안해하던 검사는 피의자가 구속적부심을 신청하자 안도하며 이번에는 풀려나겠다고 여기지만, 구속적부심도 기각된다. 최종 기소된 피의자는 1심, 2심 공소사실 전부 유죄였으나 대법원에 가서야 뒤집혀 공소사실의 90퍼센트가 무죄로 확정된다.

지금 검찰은 중금속과 농약을 장기간 들이마셔 등 굽은 물고기 천지다. 그중에도 대왕물고기가 제일 심한 듯하니 자기가 등 굽은 줄도 모르고 있는 가엾은 물고기에게 "니 죄를 니가 알렸다" 아니 "니 모양새를 니가 알렸다, 이 못생긴 놈들아"라고 알려줘야 하지 않을까.

팩트 체크

어느 조직이나 업무상 불손한 부하 직원에게 인사 불이익을 주는 일은 통상 있다. 그러나 폭행을 당하는 일은 거의 없다. 결재를 거부하는 상사에 반하는 행위를 했다고 폭행을 당하지는 않는다. 그러나 검찰의 조직문화는 독특하다. 그리고 보복 방법이 상상을 초월한다. 평검사는 상부의 지시에 어떤 이의를 제기해서도 안 된다. 일단 순응해도 반항한 적이 있다면 반드시 보복하는 것이 검찰의 조직문화다. 그 예가 임은정 검사다. 과거사 재판에서 상부의 지시를 어기고 무죄를 구형한 임 검사는 인사 원칙에 위배되는 발령과 불이익을 받았다.

개인에게 집중되는 사무 감찰은 영혼까지 탈탈 털린다는 뜻으로 그만큼 지독하다. '반드시 보복', '인사 보복', '나중에라도 보복'이라는 것이 상명하복 문화가 지배한 조직에서 불복종에 대한 처벌이다. 연수원의 교재 『수사감각』에 쓰인 문구다. 이러하니 검사들에게 과연 어떤 감각이 남아 있겠는가.

검사의 뇌를 이해하는 법

한때 일본에서 산 적이 있었는데 그 시기에 친구가 여행을 왔다. 처음엔 반가웠으나 점차 '이 친구는 왜 이렇게 신세 지고 폐 끼치는 것을 아무렇지도 않아 할까'라는 생각에 속이 부글거렸다. 첫날 아카사카에서 비싼 저녁을 사고서도 "야, 일본 물가 비싸다. 식사 질에 비해 너무 비싸지 않아?"라는 말을 들었을 때부터 알아봐야 했는데. 한가한 사람도 아니고 어렵게 휴가 쓰고 놀러 온 참이니 참았다. 그런데 친구가 여행을 마치고 돌아가고 난 후에 곰곰이 생각해본 결과 이런 마음을 품고 친구 관계를 유지할 수는 없을 것 같아 아무래도 말을 하는 게 좋을 듯했다. 그래서 "네가 생각하는 네 모습 말고 내 눈에 비친 네 모습 말이야. 친구니까 적어도 네가 싫어서 이런 말을 하는 건 아니라고, 조금은 받아들이지 않을까 싶어"라고 말을 꺼냈다. 이 야기를 풀어놓은 끝에 그 친구에게서 들은 말은 "네가 힘들었다고 하는데, 나는 너 때문에 이번 여행 정말 불편하고 힘들었어. 너 속마음 잘 못 숨기는 것 알지? 나흘째부터인가 표정에 다 드러나더라"였다. "네가 나를 정말 친구로 여기는지 헷갈리고 혼란스러웠는데, 여러모로 정리하는 데 도움이 되었다. 우리 이제 연락하지 말자." 이게 내가 전한 마지막 말이었다. 그런데 그 후 문득 깨달음의 순간이 왔다. 친구는 자신의 장부를 가지고 있었던 거다. 하느님의 시간표와 나의 시간표가 다르듯이, 이 친구도 자신의 때에 나를 위해 예비해둔 것이 있을 터였다. "그래, 뭐 그때 일본에서 폐 끼친 것도 있겠다. 이번 한 건은 내가 뭐 시원하게 봐주지"라는 심정으로. 그런데 나는 그 기회를 차버린 것이다. 마치 이건 빤스 목사님의 "빤스를 내려야 내 신도"와 똑같은 그런 시련이 아니겠는가.[10] 어디를 안내해 갔을 때 불평불만을 들었다면, '그럼 직접 자기가 알아보고 정하든지'라고 삐칠 것이 아니라 더 좋은 곳을 알아봐 드려야 했던 거다. 기념품 가게에서 현금이 모자란다며 빌린 돈을 갚지 않았을 때, 실망할 것이 아니라 그 뒤에 올 더 큰 은혜를 생각했어야 한다. 나

---

10 사랑제일교회 전광훈 목사가 2005년에 믿음이 강한 여성 신도들은 자기 앞에서 팬티까지 내릴 줄 일아야 힌디고 내뱉은 발언으로 이후 전 목사는 '빤스 목사'로 불렸다.

의 마지막 대사는 "네가 나를 친구로 여기기나 하는 건지 혼란스럽다"였는데, 그 친구의 관점에서는 나야말로 장래에 올 은혜를 믿지 못하고 시험을 통과 못 한 불량친구 아니겠는가. 억울한 마음에 시달리던 나는 이해하고 나자 승자가 된 기분이 들었다. 그 친구는 나의 관점을 이해하는 데 실패했으나, 나는 성공했으니.

공판준비기일에서 진경준 전 검사장은 넥슨의 공짜 주식이 뇌물이 아니라고 했지만, 넥슨 창업자 김정주는 뇌물이라고 인정했다. 법률적인 의미의 뇌물을 떠나 기꺼운 마음으로 준 것은 아니라는 뜻일 거다. 치사한 새끼라 하면서 진 전 검사장이 회사를 잘되게 할 수는 없으나 훼방 놓아서 잘 안 되게 하는 것은 가능하다고 생각해서 마지못해서 준 것이겠지만 우리 검사님들은 130억 원쯤의 주식은 가뿐히 호의의 선물로 받을 수 있다고 여겨서 "부자 친구 둔 게 무슨 죄냐"라고 우기셨다.

어쨌든 검사님들은 이렇게 이해하면 된다. 첫째, 자기부정과 비판을 못 참는다. 매일같이 모멸감, 좌절감과 열패감을 겪으면서 단련되는 평범한 사람과 달리 이분들은 이런 부정적인 감정을 견디지 못한다. 둘째, 타인의 관점은 관심도 없고 이해하지도 못한다. 그래서 나의 친구처럼(이제는 친구가 아니나) 자기부정의 메시지를 받으면 자신을 되돌아보는 대신 과도하게 방어적으로 굴면서 결국은 남을 탓하고 비난하는 것이다.

팩트 체크

송인택(전 울산지검장), 윤웅걸(전 전주지검장)은 검·경 수사권 조정안에 대해 공개적인 비판 의견을 낸 검사들이다. 송인택 전 검사는 지난 2019년 5월 26일 전체 국회의원 300명에게 검·경 수사권 조정 법안에 대한 비판과 구체적인 검찰 개혁 방안을 정리한 글을 이메일로 보냈다. 2019년 6월 10일 윤웅걸 전 검사는 이프로스에 글을 올려 "정부에서 제시한 검찰 개혁안과 이를 토대로 국회에 제출된 법안은 방향을 잘못 잡았다"라며 "개혁을 명분으로 검찰을 타도하거나 장악하려 해서는 안 된다. 지금이라도 제대로 방향을 틀고 제대로 된 검찰 개혁을 해야 할 것"이라 주장했다. 이 두 사람은 몇 달 후 사직서를 냈고 이후 변호사로 개업했다.

진경준 전 검사는 2016년 고위공직자 재산 공개에서 156억 원으로 재산증가액 순위 1위였는데 넥슨에서 받은 비상장주 공짜 주식을 매매한 금액 때문이었다. 넥슨 창업자 김정주는 뇌물이라고 인정했지만 법원에서 무죄를 받았고 대한항공의 비리를 수사할 때 무마 차원에서 처남이 운영하는 청소용역회사에 일을 몰아준 건으로 징역 4년을 받았다. 그때 판결문을 보자. "김정주 넥슨 대표가 금품을 준 시점과 김 전 대표·넥슨의 현안, 고등학교 때부터 알고 지낸 '지음知音'의 관계였고, 편의를 봐준 사건이 특정되지 않았는데 단지 진경준이 검사라는 신분을 가졌다는 이유로 광범위하게 직무와의 연관성이 있다고 판단되지 않는다." 검찰이 "김정주 대표가 장래 진경준으로부터 도움을 받을 수 있는 부분도 고려하고 준 금품이라 대가성이 있었다"라고 한 것에 대해서도 "김정주 대표가 금품을 제공한 뒤 진경준이 실제 김정주에게 도움을 준 개연성이 없다"라고 했다.

이처럼 검사들은 자기부정과 비판 같은 부정적인 감정을 견디지 못하며 타인의 관점은 관심도 없고 이해하지도 못한다. 모든 것을 타인의 잘못으로 돌리는 것은 자신을 돌아볼 줄 모르는 반성 의식의 부재 때문이다.

국민과 싸우는 검사들

고객과 싸우는 회사가 가장 하수라는 말이 있다. 고객과 싸워서 이긴들 무엇하겠는가. 그럴수록 고객의 마음은 더 떠나게 될 텐데 말이다.

이프로스에 검·경 수사권 조정에 관한 반대 글을 맹렬히 올리는 검사들을 보고 한 생각이다. 그중 한 명인 강 모 검사는 어떤 인물일까. 강 모 검사는 2008년 〈PD수첩〉 광우병 보도의 1차 수사팀에 속했던 검사다. 그는 2019년 초 검찰과거사위원회 조사에서 "명예훼손죄 성립은 어려우나, 광우병에 대한 국민의 불안감이 크므로 보도 내용에 대한 사실관계 확인차 수사하였다"라고 진술했는데, 정부의 정치력 부재로 인한 정국 불안을 해결하고 정권에 협력할 목적으로 수사권을 남용하였다는 뜻으로밖에 들리지 않았다. 이어 2010년에는 서울 을지로 버스정류장에 부착된 G20정상회의 홍보 포스터에 쥐 그림을 그린 작가에게 구속영장을 청구한다. 기껏해야 재물손괴죄에 그칠 사건을 "G20이라는 국가 중대 행사를 폄훼하기 위해 계획적으로 움직였다"라며 그 작가가 속한 학술단체까지 배후로 조사한다. 강 모 검사의 활약은 그 후에도 계속된다. 2012년 호주 시드니 한국총영사관에 영사로 파견된 그는 2009년에 자신이 서울중앙지검 공안부 소속으로서 담당했던 용산 참사를 다룬 다큐멘터리〈두 개의 문〉상영회를 추진하던 한인목사를 협박 혐의로 현지 경찰에 신고한다. 또한 2015년에는 전 진보당 당원이던 피의자의 수갑을 풀어주지 않은 상태로 조사한다. 해당 피의자는 국가배상 청구 소송을 제기하였고, 대법원은 2017년 위법한 신체의 자유 침해를 이유로 100만 원 배상 판결을 확정한다.

다음으로는 국민의 기본권 보장에 충실한 법률 개정을 언급한 김 모 검사에 대해 알아보자. 2012년 12월 당시 김 모 검사는 서울중앙지검 공판부장으로 임은정 검사의 상관이었다. 김 모 검사는 임은정 검사가 백지 구형 지시에 대해 검찰청법이 정한 이의제기권을 행사하나, 절차를 거치지 않고 묵살한다. 그리고 직무이전명령은 검찰청법상 검사장의 권한임에도 검찰 간부가 보통 그렇듯이 아래 사람들에게는 그저 시키면 다 되는 줄 알고 임은정 검사를 사건에서 빼고 다른 검사에게 사건을 넘긴다. 임

검사의 징계처분취소청구소송 판결에서는 김 모 검사의 직무이
전명령에 대해 "권한 없는 자에 의한 것으로서 위법하므로 직무
이전명령에 불복한 점은 징계 사유가 되지 않는다"라고 판단했
다. 한편 김 모 검사는 기자까지 참석한 회식 자리에서 임은정
검사를 "너는 검찰 선배들을 모두 권력의 주구로 내몰았어"라며
힐난한다. 김 모 검사님에게 과거의 검찰권 행사는 오류가 있
을 리 없고, 검찰권 행사에 대해 고민하고 성찰하는 후배 검사
따위는 조직의 해악일 뿐일 것이다. 그런데 김 모 검사는 임 검
사의 소송이 대법원에서 승소 확정된 후에도 "수사 기록이 없는
사건을 무죄라고 단언할 수 있는 임 부부장이 부럽습니다. 과
연 검사란 무엇인지 다시 생각해봅시다"라고 비아냥거리는 글
을 남겼다. 김 모 검사는 피고인 윤길중의 유족들이 제기한 국
가배상 청구 소송의 판결문을 보지 못한 게 분명하다. 법원은 "3
년 6개월 이전의 행위까지 처벌하는 소급적용을 규정하여 위헌
적 요소가 있는 법률임에도 불구하고 법관들이 5·16 군사정변
을 정당화하는 국가권력의 불법행위에 편승하여 해당 특별법의
위헌성 판단을 현저하게 해태하였다" 라고 자성했다. 군사 쿠데
타 직후의 법관들에게 쿠데타 세력이 만든 법률의 위헌성을 검
토, 판단했어야 한다고 요구한 것인데, 김 모 검사는 50여 년 후
인 2012년에도 법률의 위헌성을 검토하거나 과거의 검찰권 행
사를 성찰할 생각이 전혀 없는 듯하다.

한편 인사를 보면 그 조직이 지향하는 가치가 무엇인지 드

러나는데, 김 모 검사가 그 편하고 좋다는 지청장을 유례없이 세 번이나 거치는 동안 임은정 검사는 적격심사 심층 대상에 선정되어 퇴직당할 뻔하고 또 승진에 탈락하는 일을 겪는다. 이런 김 모 검사 같은 분들이 국민의 기본권 보장을 내세우며 검·경 수사권 조정을 반대하니 "우리 권력 그냥 내비둬"라는 아우성으로밖에 들리지 않고, 검찰이 들먹거리는 국민의 기본권 보장, 검찰의 정치적 중립성도 마치 국민의힘 정당에서 외치는 독재 타도, 헌법수호 구호만큼이나 불편하고 어색하며 공허하다.

2016년 겨울 광화문광장에서의 촛불은 구렁텅이에 빠졌던 민주주의와 인권을 구해내고 검찰 내부로도 전해져 오래 은폐되고 묵혀온 성차별과 범죄들을 드러냈다. 이쯤 되면 검찰 구성원들의 인권감수성이 건전하기나 한 건지, 그들이 지켜준다는 기본권이 우리가 원하는 기본권인지도 의심되어 영화 〈친절한 금자씨〉의 그 유명한 대사를 툭 내뱉게 된다. "너나 잘하세요, 제발."

팩트 체크

검·경 수사권에 반대하는 포문을 연 사람은 문무일 검찰총
장이었다. 그는 경찰권이 과도하게 커진다는 것과 민주주
의의 원리에 반한다는 이유로 검·경 수사권을 반대했다.
2019년 두 명의 검사가 이프로스에 검·경 수사권 조정에 격
렬하게 반대하는 글을 올린다. 강 모 검사는 2008년 〈PD
수첩〉 광우병 보도의 1차 수사팀에 속한 검사였다. 광우병
보도 사건은 "미국산 쇠고기의 광우병 위험성에 대해 왜곡·
과장 보도를 해 정운천 전 농림수산식품부 장관의 명예를
훼손한 혐의"로 〈PD수첩〉 제작진 다섯 명을 기소한 사건
인데 무죄로 확정되었다. 그는 2019년 초 검찰과거사위원
회 조사에서 명예훼손죄 성립이 어려우나 보도 내용 사실
관계 확인차 수사했다고 했는데 알면서도 기소했다. 2010
년에는 을지로 버스정류장에 부착된 G20정상회의 홍보 포
스터에 쥐를 그려 넣은 작가를 "홍보물의 효용을 해함으로
써 G20정상회의 준비위원회가 관리하는 공용 물건을 손상
하였다"라는 혐의로 기소했다. 검찰 스스로 단순한 공용 물
건 손상 사건으로 기소했음에도 공안부가 나섰다. 과잉 대
응으로 법원에 의해 기각되었지만 풍자를 목적으로 한 예
술 행위에 대해서까지 구속영장을 청구했던 검찰의 행위는
권한 남용 사건으로 '정치검찰'이라는 비판을 초래했다.
강 모 검사는 2012년 호주 시드니 한국총영사관 영사 근무

63

당시 2009년 자신이 서울중앙지검 공안부 소속으로 담당했던 용산 참사를 다룬 다큐멘터리 〈두 개의 문〉 상영회를 추진하던 한인목사를 협박 혐의로 현지 경찰에 신고했고 피의자의 신체의 자유를 침해하는 등 문제를 일으켰다.

한편 임은정 검사의 상관인 김 모 검사는 2012년 12월 당시 서울중앙지검 공판부장이었다. 그는 임은정 검사가 백지 구형 지시에 대한 이의제기권 행사 시 절차를 무시했고 직무이전명령은 검사장의 권한임에도 다른 검사에게 사건을 넘겼다. 임 검사에 대한 징계처분은 위법하다는 법원의 판결을 받았는데도 사과가 없었다. 김 모 검사는 임은정 검사의 고민이 과거 검찰권 행사의 오류에 대한 성찰임을 간과했고 과거사 재심 사건을 수사 기록이 없는 사건이라 단언했는데 이는 법원의 판결문을 읽지 않은 것과 다름없다. 그런데도 김 검사는 지청장을 세 번이나 거쳤으나 임은정 검사는 적격심사 심층 대상으로 분류되어 퇴직될 뻔했으며 승진에서도 탈락했다.

이 모든 것이 국민의 기본권 보장, 검찰의 정치적 중립성이 공허하게 들리는 이유다.

검사들의 헬조선

여느 직장인들과 마찬가지로 검사들을 괴롭히는 것 또한 과도한 업무 부담, 상사의 갑질, 불공정한 인사일 것이다. 내가 일했던 검찰청은 형사부 검사 일인에게 배당되는 사건의 수가 한 달에 350건에서 400건에 이를 정도로 업무 부담이 큰 곳이었다. 거기서 잘 견디면 전국 어느 검찰청에서도 살아남을 수 있다는 얘기가 나오기까지 했다. 야근이 이어지던 어느 날, 나는 동료에게 "우리, 국가에 이용당하고 있는 것 같지 않아?"라고 조심스럽게 물었다. 그러자 동료는 깊이 공감하며 "응, 정부가 검사라는 허울 좋은 이름표 하나 붙여주고 착취하는 것 같아"라고 했다. 그날 어두운 길을 함께 걸어 퇴근한 우리 둘은 이후 마음을 터놓고 지내는 사이가 되었다.

아무튼 이런 상황에서 전 검사 생활 동안 주로 법무부·대검찰청 등에서 기획 업무를 하거나 인지부서에 있었던, 이른바 잘나가던 이들이 검사장이 되어 형사부 검사들의 여건은 헤아리지도 않은 채 이런저런 제도를 덕지덕지 만들고 일을 더하면 정말 난감해진다. 게다가 업무 부담에 상사의 갑질까지 추가되면 더 황량하고 우울한 검사 생활을 하게 되는데, 문제는 그런 상사들이 드물지 않다는 사실이다.

몇 해 전 서울중앙지검의 어느 형사부에 광포하기로 유명한 부장이 있었다. 어느 날 같은 부 검사들과 식사를 하던 중에 남아 있던 인내심이 한계에 다다른 부부장이 부장과 맞부딪쳤다. 부부장은 이야기를 더 나눌 수 없을 만큼 참기 어려운 지경에 이르자 숟가락을 놓고 식당을 나가버렸다. 그러자 나머지 부원들도 부부장에 동조하여 차례로 테이블을 떠났고 그 형사부는 그렇게 깨지고 말았다.

2016년 5월에 자살한 김홍영 검사는 특별히 불행한 검사일 뿐 특별히 나약한 검사는 아니었다. 특별히 불행하다고 말하는 것은 검사를 힘들게 만드는 여러 요소가 그를 겹겹이 둘러싸고 있었다는 의미다. 김 검사를 학대한 김대현 부장검사도 포악하기로 유명한 사람이었지만, 그 부의 부부장도 건전하거나 바람직한 검사는 아니었다. 그 부부장은 최근에 보도된 성매매 요구에 응하지 않는다고 강남의 술집에서 난동을 부린 사람인데,

보도에 의하면 함께 술자리를 한 옛날의 인기배우가 술값을 나눠 내자고 하는데도 거부해서 억지 술 접대를 받았다고 한다. 그 검사는 그런 비슷한 일로 한직으로 밀려나고 징계도 받았지만 버릇은 고쳐지지 않았다.

게다가 김홍영 검사는 남부지방검찰청 내에서 귀족검사의 여검사에 대한 성추행이 검찰 간부들에 의하여 무마되고 묻히는 것을 보면서 자신의 어려움을 어디에도 호소할 수 없는 외로움과 무력감에 휩싸였을 것이다. 그 귀족검사는 서지현 검사의 미투 이후 2018년에서야 뒤늦게 기소된다. 이래서 지연된 정의는 정의가 아니라는 말이 나오는 듯하다.

검찰의 불공정한 인사의 진상은 안태근의 사건 기록에서 잠깐 엿볼 수 있다. 검사들은 인사를 앞두고 희망하는 임지를 1순위부터 4순위까지 적어내는데, 복무평정이 좋은 검사들도 4순위까지의 희망하는 임지에 가지 못했으나 음주운전, 변호사 소개 등으로 징계를 받은 검사들은 문제없이 희망 임지 안에서 배치되었다. 복무평정 순위가 낮은 검사들도 몇몇은 법무부, 대검, 서울중앙지검에 배치되었다. 열심히 일해봤자 좋은 보직을 받고 원하는 임지에 가는 사람은 따로 있는 것이다.

한편 검찰 간부들은 오로지 한 사람을 물 먹이기 위한 인사 규정을 만들기도 한다. 임은정 검사는 서울중앙지검 3년 근무 인사 원칙에도 불구하고 서울중앙지검 발령 1년 만에 창원지방검찰청으로 전보 발령을 받는다. 법무부가 그때까지는 없던

"일반 검사 중 징계처분이나 감찰에 따른 주의경고를 받은 경우 근속기간 원칙에 대한 예외를 인정한다"라는 규정을 갑자기 만들었기 때문이다. 2015년 2월 부부장 승진 대상자가 되자 이제 법무부 검찰국에서 돌연 단계적인 부부장 보임을 결정했다. 이 때까지는 같은 연수원 기수에 관하여 부부장은 일괄적으로 동시에 달고 부장 단계에서 선택적, 단계적으로 승진시켰는데, 임은정 검사가 부부장이 될 시기가 되자 갑자기 바뀐 것이다.

우리 사회의 모습은 검찰 안에도 그대로 투영된다. 기회가 줄어들고 공정성이 훼손되고 양극화가 진행되어왔다. 거기다 검사들이 더 억울한 점은 몇몇 정치검사들이 만들어 놓은 오명을 함께 뒤집어써야 한다는 것이다. 검사들은 여전히 나만은 바늘구멍을 통과할 수 있다는, 나만은 위로 올라가는 동아줄을 잡을 수 있다는 최면에서 깨어나지 못하는 것 같다. 제도가 바로 서 있지 않으면 아무리 하늘이 감동할 만큼 노력해도 안 되는 일인데 말이다.

팩트 체크

검찰청에 근무하는 검사들 역시 직장인이다. 검사들을 괴롭히는 것 또한 여느 직장인들과 다름없다. 과도한 업무, 상사의 갑질, 불공정한 인사다. 검사 일인이 한 달에 350건을 넘는 사건을 배당받는 것은 정시 퇴근이 불가함은 물론 야근의 연속을 의미한다. 법무부·대검찰청 등에서 기획 업무를 했거나 인지부서의 경력이 있는 상사가 검사장이 되면 그가 이런저런 제도를 만들고 추진하는 바람에 검사들은 소모품이 된다. 과중한 업무 부담에 상사의 갑질까지 추가돼 직장은 지옥이 된다.

"병원에 가고 싶어도 병원에 갈 시간이 없다." 김홍영 검사가 남긴 유서의 한 구절이다. 김홍영 검사의 상관이었던 김대현 부장검사는 지인의 결혼식장에 개별적인 방을 마련하지 못한다거나 식당을 예약한 곳이 마음에 안 든다며 폭언하고 회의나 회식 등에서 일 처리가 못마땅하다고 김홍영 검사를 폭행했다. 이것은 영혼을 죽이는 타살이라고 보면 된다. 김대현 부장검사 밑의 부부장검사의 폭력성도 만만치 않았다. 보도된 기사에 의하면 부부장검사는 성매매 요구에 응하지 않는다고 술집 종업원을 때렸다고 한다. 고막이 터진 종업원은 "아무리 술장사를 하고 음악을 해도, 저희 가게에서 2차(성매매)는 안 된다"라고 하며 부부장검사를 말렸지만 막무가내였다고 증언했다.

검찰의 불공정한 인사는 여러 차례 언론에 불거졌다. 서지현 검사나 임은정 검사의 경우가 대표적이다. 인사철 검사들은 희망 임지를 4순위까지 적어내지만 복무평정이 좋아도 원하는 곳에 가지 못하는 경우도 있고 복무평정이 나빠도 높은 곳으로 영전되어 갈 수 있다. 그 인사 규정은 오직 한 사람을 위해 새로운 조문이 탄생되기도 한다. 서울중앙지검 3년 근무가 인사 원칙이나 징계를 받은 경우 근속 기간 원칙에 대한 예외를 인정한다는 이 조문은 임은정 검사를 서울지검 근무 1년 만에 창원지검으로 발령냈다. 또 부부장 승진은 연수원 기수들에게 일괄 적용되는 것인데 단계적 부부장 보임을 결정함으로써 승진에서 탈락시켰다. 임은정 검사는 자신에게 적대적인 조직과 싸우고 있다. 어디서나 뒷배가 든든해야 하는 건가. 상사의 갑질, 잘못된 인사는 검찰뿐만 아니라 사회도 그렇다. 그러나 검찰 조직만큼은 그러한 조직 풍토를 지양하고 공정함이 살아 있어야 하지 않는가.

망한 인터뷰를 대신하여

아는 분을 통해 언론사의 간단한 취재에 응해달라는 부탁을 받았다. 방송국에서 걸려온 전화에 "방송에 나가지 않는 것을 방침으로 하고 있습니다. 너무 못생겨서요"라고 농담과 진담을 동시에 던졌으나 아는 분을 통해 요청받은 일이라 결국 응하게 되었다. 그런데 피디를 당황하게 할 정도로 인터뷰를 망치고 말았다. 서지현 검사의 미투를 계기로 제고된 검찰 내 성평등 의식과 2019년을 향한 희망적 메시지라는 애초 기획 의도와는 맞지 않는 이야기만 길게 늘어놓아서 통으로 잘릴 듯했다. 그 인터뷰의 부족하고 빈약했던 부분을 보강해 이 글에서 가상 인터뷰를 해보려 한다.

문 검찰 내에 성평등 문화가 취약하고 심지어 여검사를 상대로 한 성추행과 성희롱이 빈번한 이유가 무엇이라고 생각하나.

답 검찰이 집권 세력의 시녀로 기능해왔던 것과 내부의 조직 문화는 동전의 앞뒷면 같은 것이라 본다. 검찰은 오랜 기간 집권 세력의 하수인으로 그들을 보위하는 역할을 해왔다. 권력자의 요구대로 또는 눈치를 봐가며 같은 편과 예쁜 놈은 봐주고 미운 놈은 때려주면서 검찰권을 자의적으로 행사해왔다. 노무현 전 대통령에 대한 수사나 정연주 KBS 사장 기소, 〈PD수첩〉 피디 기소, 정윤회 문건 사건 등이 그런 예다. 그런데 이것이 가능하려면 검찰 수뇌부나 간부들로서는 지시에 절대적으로 순종하고 불의에 침묵하는 검사들이 필요하다. 그래서 강력한 상명하복의 조직문화를 구축하는 방향으로 나아가고 인사건 감찰이건 검찰 수뇌부의 전횡이 조장되고 허용되는 풍토가 된 것이다. 상사가 부하들에게 군림하는 조직에서 성희롱은 횡행할 수밖에 없다. 이와 같은 맥락에서 검찰에서 내부 비판을 하거나 자기 목소리를 내는 검사들이 극단적으로 박해받고 탄압받는 이유도 이해할 수 있다. 검찰 간부들에게 임은정, 안미현, 박병규, 진혜원, 서지현 검사는 검찰 내부의 독소이자 세균이고 곰팡이 포자다. 제거하지 않으면 안 되는 병소이다. 그리고 검찰을 권력의 도구로 이용하지 않고 독립시키려 하는 세력이 집권하더라도 내부에 고착화된 조직문화와 풍토가 저절로 바뀔 리는 없고 계속 남아서 내부의 가장 약한 검사들을 고통스럽게 할 것이다. 성희롱, 성추행 피해를 겪은 여검사들의 고통과 임관한 지 1년 남짓 만에 자살한 김홍영 검사의 고통은 그 배경이 다르지 않다.

문 피해자인 여성 검사는 누구보다도 법을 잘 알고 자신의 권리를 보호받는 방법을 잘 알 텐데 왜 그렇게 안에서 곪을 때까지 내버려 뒀을까.

답 검찰 간부들이 전횡을 부리는 풍토에서 자기가 문제를 제기하면 어떻게 될지를 직관적으로 느낄 수밖에 없지 않나. 검찰이 외부를 상대로 힘센 놈은 봐주고 약한 놈은 때리는 것처럼 검찰 내부의 감찰도 마찬가지다. 잘나가는 힘센 검사에게는 맥을 못 춘다. 안태근의 서지현 검사 추행을 감찰부서가 조사하려고 할 때 최교일이 나서서 막아준 것으로 알려져 있다. 검찰 간부들 사이의 친목질이나 자기 라인 챙기기의 결과로 웬만한 비위는 감찰되지 못하고 묻힌다. 검찰은 검찰 간부들의 왕국이다. 자기 패거리를 힘 있을 때 인사로 끌어주고 감찰로 트러블이 생기면 시원하게 무마해준 다음 변호사로 개업해 자기가 현직에 있던 동안 베푼 은혜를 수금하러 온다. 검사들은 항상 자신의 다음 자리를 생각한다. 잘나가던 검사도 언젠가는 변호사 개업을 할 텐데, 그래도 검사장 출신 변호사가 체통 없이 후배 검사에게 사정하면서 사건을 부탁할 수는 없지 않나. 그러니 현직 시절 은혜를 뿌린 다음 퇴직 후에 당당하게 수금하러 오는 것이다.

문 SNS에 검찰 조직 내 문제를 비판하는 글을 쓴 동기는 무엇인가.

답 간부들이야 원래 그렇다지만, 평검사들 또한 간부들의 시선에 동조하며 박해받는 동료들에게 너무나 잔인하게 굴고 의리가 없다. 그 모습을 보고 분노했다. 참여연대가 발간한 백서에서 최악의 정치검사 중 일인으로 뽑힌 한 검사가 있다. 촛불 혁명 이후 납작 엎드려 있으면서 불안해했는데, 오히려 승진했다. 자신이 그간 해온 수사기소권 남용에 대해서는 전혀 반성하지 않고 그저 인사에 대한 불안 때문에 떨었던 것이다. 그는 승진 발표가 나자 지난 암흑의 시기 동안 검찰을 내부에서 비판해온, 그러나 인사에서 못 나가고 있는 다른 검사를 비아냥거렸다. "너 설마 정권이 바뀐다고 잘나갈 거라고 기대한 건 아니겠지"라면서 기세등등했다. 비아냥을 받은 검사는 인사에서 잘나가려고 검찰개혁을 외쳤던 건 아니니까 인사는 참을 수 있었으나 그 적폐 검사의 모욕 때문에 마음이 무너졌다. '왜 내가 최악의 정치검사로 뽑힌 이 검사로부터 이런 조롱까지 받아야 하는가'라는 생각이 들 수밖에 없지 않나.

그리고 검찰에 있을 때 검사들을 성희롱하거나 스폰서들과거나하게 놀던 이가 검찰을 떠난 후 검찰 측 논객이 되어 공수처 반대 논리를 설파하고 있더라. 그는 공수처가 옥상옥이어서 불필요하다는 논리를 내세우며 신문에 칼럼을 쓰고 토론회에 참석한다. 참 부끄러움을 모르는 이들이 많다.

마지막으로 진혜원 검사는 영장 회수 사건으로 검찰 최초로 상급자에 대한 징계감찰을 요구했다. 감찰부서에서 철회 요청이 들어와 고민했으나, 임은정 검사가 그간 홀로 고독하게 싸워온 데 대한 미안함 때문에 철회하지 않았다. 그런데 그 후로 미운털이 박혀 정기사무감사와 집중 감찰로 혹독하게 시달렸고 그로 인해 염증 수치가 심각하게 높아져 입과 귀에서 고름이 나올 정도였다고 들었다. 검사들이 자신의 동료들에게 참으로 잔인하고 비열하다. 이런 상황들을 알리고 싶어서 글을 쓰기 시작했다.

팩트 체크

검찰의 조직문화는 검찰 스스로 바꿀 수 없다. 권력의 하수인으로 오랜 세월을 영위해왔던 그들의 조직문화는 잘못된 지시일지라도 철저한 상명하복으로 구축되어, 내부 비판을 하는 자에게는 강력한 제재를 가하는 것으로 순종하고 침묵하는 검사를 양산했다. 상사가 폭력적으로 군림하는 풍토에서는 성추행, 성희롱이 일어날 수밖에 없다. 더욱이 그 조직문화가 퇴임 후에도 전관예우 등 밥벌이를 보장해준다면 객관적인 판단을 하는 게 불가능하다. 그러니 검찰을 권력의 도구가 아닌 독립기구로 바꾸려는 개혁은 내부에 고착화된 문화와 풍토로 강력한 저항을 받게 된다. 외부의 권력에 대해 강자에게 약하고 약자에게 강한 모습인 검찰 조직의 분위기 탓에 성추행 피해 여검사들은 바로 문제를 제기할 수 없었을 것이다. 세월이 지나 공소시효가 완료된 후에 성추행 사건을 들고 나선 여검사들의 초기 목적은 사과를 받는 것이었다. 그러나 그 미안하다는 사과마저도 받지 못하고 괘씸죄만 더해졌다. 왜 여검사들이 방송에 나와서 8년 전의 성추행 사건을 절규하듯 폭로했겠는가. 검찰 조직의 문화에서 개인의 억울함은 벽에 부딪힐 뿐이다. 2018년 1월 29일, 안태근 검사에게 성추행을 당한 서지현 검사가 기자 회견에서 "안 검사의 성추행 사실을 당시 최교일 법무부 검찰국장이 앞장서서 덮었다는 것을 알게 됐다"라고 폭로했다. 검찰 간부들은 자기 사람들의 비위는 감찰하지 않고 묻어버린다. 인사로 끌어주고 감찰 문제를 해결해주면 나중에 변호사로 개업했을 때 줄이 되기 때문이다. 검찰 간부들에게 동조하는 이들은 박해받는 동료들에게 더 잔인하다. 오에 겐자부로의 소설에 그런 장면이 있다. 봉기를 일으킨 농민들이 지나가면서 영주를 딱 한 대씩 쥐어박는데 그걸로 영주가 죽는다. 많이도 아닌 딱 한 대다.

조직을 사랑한 검사
vs
인간을 사랑한 검사

현실은 언제나 소설이나 드라마보다 더 소설 같고 더 드라마 같다. 과연 현실을 뛰어넘는 허구가 있을까. 2012년의 검란 역시 마찬가지였다. 배신, 음모, 거짓말이 난무하는 막장드라마였다. 모든 감각이 죽었으나 유일하게 청각만 살아 소리가 나면 미친 듯 반응하는 좀비처럼, 권력을 얻고 유지하는 것에만 감각이 집중된 사람들이 주인공인 드라마.

한상대 총장은 퇴임사에서 자기를 몰아낸 특수통[11] 검사들

---

11 권력형 비리, 재벌 관련 사건 등 특별 수사를 전담하는 검사를 일컫는 용어. 기획통은 기획 업무를 주로 하는 검사를 말하며 공안통은 공안수사 전문 검사를 가리킨다.

에 대해 뼈 있는 말을 남긴다. "제게 가장 어려운 싸움은 내부의 적과의 전쟁, 바로 우리의 오만과의 전쟁이었습니다. 이 전쟁은 고뇌와 고난, 오해와 음해로 점철된 끊임없는 전투, 처절한 여정이었습니다. 환부를 도려내면 다시 돋아나고, 적을 물리치면 또다시 물밀 듯 다가왔습니다. 결국 저는 이 전쟁에서 졌습니다. 과도한 힘을 바탕으로 한 오만불손함을 버리고, 국민을 받드는 사랑과 겸손의 길을 택해야 할 것입니다." 퇴임 후 한 총장은 검란의 충격으로 6개월 동안 대외활동을 못 하고 두문불출했다고 한다. 대검 소속 검사들이 검사장, 기획관 및 과장, 연구관 등 직급별로 무리 지어 찾아와서 용퇴하라고 압박했으니 얼마나 치욕스러웠겠는가. 서울중앙지검 부장들은 "2012년 11월 29일 낮 12시까지 사퇴하지 않으면 오후에 우리도 찾아가겠소"라며 퇴진 시점까지 못 박아 총장을 향해 통첩을 날렸다.

한편 검란의 주동자인 최재경 검사는 평소 자신에게 제일 중요한 것이 첫째 조직, 둘째 상관이라 말하곤 했다. 상관에 대한 예의와 복종을 중시하던 최재경이었는데, 자신의 말을 참 쉽게도 배반한 셈이었다. 그건 한 총장도 마찬가지였다. 한 총장은 대검찰청 중앙수사부(중수부) 폐지에 줄곧 부정적이었기 때문이다. 2011년 8월 국회에 제출한 인사청문회 답변에서 "우리나라 부패 지수가 선진국 수준으로 낮아지기 전까지 중수부 수사 기능 폐지는 시기상조"라고 했다. 그러나 2012년 11월 잇따른 검사 비리로 궁지에 몰리자 검찰 개혁의 일환으로 중수부 폐지를 추진하려 했고 이에 특수통 검사들은 총장이 자신의 자리를 지키려고 중수부를 희생시키려 한다며 반역한 것이다. 그런데 대검 중수부 폐지는 2012년 당시 박근혜 및 문재인 대통령 후보의 공통된 공약이었다. 중수부가 총장의 직할부대로 불리며 총장 하명 사건을 수사하니 정치적으로 편향되고 무리한 수사가 되기 일쑤여서 중수부 폐지 문제는 1990년대 후반부터 논의되었다. 송광수 전 검찰총장은 2004년 중수부 폐지 움직임에 대해 "중수부를 없애려거든 내 목을 쳐라"라는 말을 남기기도 했다. 2012년을 기준으로 하면 직전 5년간 중수부에서 기소한 사건의 1심 평균 무죄율이 9.6퍼센트로 일반 사건의 0.36퍼센트보다 26.7배 높았다. 대법원에서의 무죄율은 무려 24.1퍼센트였다.

한편 재밌는 건, 퇴임사에서 "오해와 음해로 점철된 끊임없는 전투"였다고 거론한 한 총장 본인이 바로 음해를 동원했다는 사실이다. 한 총장이 검란 사태 때 최재경 중수부장의 비리를 야당에 제보했다고 한다. 이건 2013년 박지원 의원이 채동욱 검찰총장 내정자에 대한 국회 인사청문회에서 밝힌 사실이다. 그리고 최재경 중수부장이 구속기소된 김광준 서울고검 부장검사에게 언론 대응 요령 등을 문자메시지로 보냈는데, 한 총장은 위 행위가 검사의 품위유지 의무에 위반되는지 감찰하라고 대검 감찰본부에 직접 지시한다. 이게 깡패 두목이 부하에게 "쟤 요즘 까분다. 손 좀 봐줘라"라고 음습하게 지시 내리는 것

79

과 무엇이 다르단 말인가. 물론 반대편도 그냥 있지 않았다. 그들의 무기는 언론이었다. 특수통 검사들의 영향 아래 있던 언론은 김광준 검사의 언론 대응에 한상대 총장도 간여했다고 보도한다. 김광준 검사가 "친구와 후배 돈을 빌렸을 뿐 대가성은 없다. 허위사실 공표에 대해 법적 조치하겠다"라는 내용의 해명서를 언론에 배포한 것이다. 그런데 최재경 중수부장에게 해명서 초안을 보냈고, 중수부장의 보고를 받은 한상대 검찰총장이 내용을 첨삭했다고 한다. 당시 보도는 중수부 검사들의 입장을 이렇게 전한다. "이런 과정을 거치며 전후 사정을 다 알고 있던 한 총장이 최 중수부장의 문자메시지만 문제 삼아 감찰을 지시한 데 대해 최 중수부장과 중수부 검사들은 심한 배신감을 토로한 것으로 전해졌습니다."

2012년 11월 30일, 검찰 쿠데타에 성공한 후 대검 간부들은 이런 메시지를 발표한다. "어떤 충격을 받게 되더라도 아직도 파묻혀 있는 검찰 구성원의 비리에 대하여 모든 역량을 동원하여 최단기간 내에 정화해야만 합니다. 검찰의 주인은 우리가 아닌 국민입니다. 앞으로 오로지 국민의 편에 서서, 해야 할 일은 꼭 하고 하지 말아야 할 일은 절대 하지 않는 검찰로 새로 태어나기 위해 함께 노력합시다. 그동안의 저희 잘못에 대하여는 여러분들이 주시는 매서운 질책을 달게 받겠습니다." 진심은 없는데, 그 자리에서 무슨 말을 해야 하는지 아는 사시오패스들의 공허한 말의 성찬인 셈이다.

조직을 사랑한다는 검사는 이같이 내부에서는 조직을 장악하기 위해 암투를 벌이고, 외부를 향해서는 조직을 지키기 위해 무고한 사람에게 칼을 겨눈다.

2013년 12월 11일 임은정 검사는 징계처분취소청구소송 기일에서 무죄 의견을 진술한 동기에 대해 "국가에 의하여 자행되었던 폭력과 권력 남용에 대해서 피고인과 유족들에게 사과하는 것이 인간에 대한 도리이고 예의라고 생각하였다"라고 말한다. 그런데 임 검사의 무죄 구형에 대해서 "옳고 그름을 떠나서 검사는 조직의 뜻을 따라야 한다"라고 말한 검사가 있다. 바로 윤 총장으로 그는 2013년 10월 21일 국정감사장에서 "조직을 대단히 사랑한다"라고 고백했다.

우리는 신이 아니기에 완전한 정의를 달성할 수 없고 그것에 이르는 영원한 과정에 있을 뿐이다. 그 끝나지 않을 과정에서 우리가 지켜야 할 것은 내 안의 인간과 내 밖의 인간이지, 무슨 조직이 아니다. 그러나 권력을 얻고 유지하는 것에만 온몸의 감각이 집중된 탓에 인간의 마음을 느끼는 능력이 퇴화하여 괴물이 되어버린 검사들은 조직을 사랑한다는 핑계를 대며 인간을 향해 오만한 칼날을 찍어 누른다.

팩트 체크

사상 초유의 대검 수뇌부 내분 사태다. 발단은 유진그룹과 다단계 사기범 조희팔의 측근 등으로부터 받은 10억 수뢰 사건의 김광준 서울고검 부장검사, 여성 피의자와 성관계를 맺은 서울동부지검 전 검사, 사건 청탁 대가로 향응을 받고 매형인 변호사에게 연결해준 '브로커 검사' 박동인을 필두로 한 비리 수습 과정에서 일어났다. 당시 한상대 검찰총장은 검찰의 비리를 덮기 위해 자체 개혁안을 내놓았다. 대검찰청 중수부 폐지 등의 이 개혁안은 본인의 자리 보전용이라는 의혹을 받으면서 내부 반발을 불렀다. 일부 검사장급 고위 간부와 일선 검사들의 항명 사태가 일어났고 이 과정에서 특수통과 기획·공안통, 고려대 출신과 비非 고려대 출신, 대구·경북 출신과 비非 대구·경북 출신들 사이의 알력과 갈등이 드러났다. 당시 한 총장이 자신에게 반발한 최재경 중수부장을 감찰하도록 지시하면서 시작된 이 사건은 채동욱 대검차장과 대검 주요 간부, 서울중앙지검 등 전국 일선 지검의 반발을 일으켰다. 헌정사상 처음으로 일선 검사들이 집단으로 총장의 사퇴를 요구하는 사태로 번졌다. 여기에 김광준 검사에 대한 수사와 성 추문 검사 사건의 피해자 사진 유출 사건 등 검찰과 경찰 사이의 갈등이 검·경 수사권 조정이라는 묵은 과제를 건드리면서 검찰이 사면초가에 몰리기도 했다. 한 전 총장의 퇴진과 대검 차장 및 중수부장 경질, 총장 대행인 김진태 신임 대검 차장의 취임으로 사태가 진정되긴 했지만 검찰 내부에서 서로가 서로에게 상처를 입힌 사건으로 남았다. 당시 검찰 내부에서 서로를 비난하는 글이 연일 언론에 제보되어 기사로 나왔다. 이 일련의 사건이 검찰 조직의 수치임을 모르는 이는 아무도 없었다.

당신들의 과거

기회주의자들의 특징에 대해 생각해본다. 그들은 지향하는 가치와 신념이 없어 어느 쪽에도 붙을 수 있지만 누구의 편도 아니기에 언제나 배신할 준비가 되어 있다. 심지어 과거의 자신마저 배신하기도 한다.

2016년 7월 6일, 대검찰청 형사 1과장은 각급 청 기획담당 부장검사를 수신인으로 해 이러한 업무 연락을 내려보낸다. "'4·16 세월호참사특별조사위원회(특조위)'의 활동 기간이 2016년 6월 30일까지인 점을 감안하여 7월 1일부터 자료 제출을 요청할 경우 대검찰청 형사1과와 사전 협의를 한 후 처리해주시기 바랍니다." 그런데 특조위 활동 기간 종료일이 2016년 6월 30일이라는

건 박근혜정부의 억지였다. '4·16세월호참사 진상규명 및 안전
사회 건설 등을 위한 특별법(세월호 특별법)' 제7조 제1항은 특조
위의 활동 기간이 그 구성을 마친 날부터 1년 이내이고, 다만 한
차례 6개월 이내에서 연장할 수 있다고 정하고 있다. 법률에 정
한 개시일은 분명히 특조위가 '구성을 마친 날'이다. 박근혜 정
부는 특별법 시행 후 예산 편성, 공무원 파견 등에 관해 계속 어
깃장을 놓는다. 특조위 위원들이 광화문광장에서 농성한 끝에
2015년 8월에 겨우 예산이 배정되고 인력도 배치되었다. 그런데
박근혜정부는 특조위 활동 기간이 특별법의 시행일인 2015년 1
월 1일부터 2016년 6월 30일까지라고 하면서 2016년 7월부터는
예산 지급을 중단했고 9월 말에는 사무실을 폐쇄했다. 자식을
잃은 가엾은 부모들은 2016년 7월 이후 예산 편성을 하지 않은
정부의 부작위에 대해 헌법소원까지 제기한다. 사무실이 폐쇄될
때까지 급여를 받지 못한 채 일한 조사관들은 결국 법원에 임금
청구 소송을 제기하기에 이른다. 법원은 특조위의 주장대로 활
동 개시일을 2015년 8월 4일로 보았다. '위원회가 구성을 마친
날'은 위원회의 인적·물적 구성이 실질적으로 완비된 2015년 8
월 4일이므로 조사를 계속해온 조사관들에게 임금을 지급하라
고 명했다. 그런데 검찰이 아주 간교한 게 뭔지 아는가. 자기들
도 법률가니까 정부의 주장이 터무니없다는 걸 알고 있었다. 그
래서 위의 업무 연락을 이프로스에 공식으로 올린 게 아니라 검
사 개개인에게 쪽지 기능으로 보낸 것이다. 들키면 부끄러운 일

이라는 건 알고 있었던 모양이다. 그렇다고 검찰이 그 전에 특조위에 협조를 잘한 것도 아니다.

특조위는 2015년부터 서울중앙지검에 '〈산케이신문〉 전 서울지국장 사건'의 기록을 달라고 요청했다. 그러나 검찰은 "세월호 참사와 관련한 구조 작업과 정부 대응의 적정성에 대한 조사와 무관하다"라며 자료 제출을 거부한다. 〈산케이신문〉의 가토 국장은 세월호 참사 당일 박근혜 대통령의 행적에 대해 "박근혜 대통령 여객선 침몰 당일, 행방불명… 누구와 만났을까"라는 제목의 기사를 썼다. 가토 국장을 허위 사실 적시에 의한 명예훼손죄로 기소한 검찰이니 수사 및 재판 기록에는 대통령의 행적에 관한 자료가 있을 게 분명했다. 하지만 검찰은 자료 제출을 끝내 거부했다. 그리고 국민들이 2016년 겨울의 광화문광장을 뜨겁게 덮힌 끝에 헌법재판소 탄핵 결정의 보충 의견으로나마 대통령의 행적과 직무 수행에 대한 평가를 만나볼 수 있게 되었다. "피청구인은 그날 저녁까지 별다른 이유 없이 집무실에 출근하지도 않고 관저에 머물렀다. 그 결과 유례를 찾기 어려운 대형 재난이 발생하였는데도 그 심각성을 아주 뒤늦게 알았고 이를 안 뒤에도 무성의한 태도로 일관하였다. 피청구인의 대응은 지나치게 불성실하였다", "국가 최고지도자가 국가위기 상황에서 직무를 불성실하게 수행하여도 무방하다는 인식이 반복되어서는 안 되므로 박 대통령의 성실한 직책수행 의무 위반을 지적한다."

이랬던 검찰이 2019년 11월 임관혁 검사를 단장으로 '세월호 참사특별수사단(특별수사단)'을 발족하고 2020년 5월 29일 특조 위의 활동을 방해한 혐의로 이병기 청와대 비서실장을 비롯해 아홉 명을 기소한다. 특조위가 세월호 참사 당시 박근혜의 행적 을 조사하겠다고 결정하자 피의자들이 그 조사를 조직적으로 방해했다는 것과 특조위 활동 기간 시작 날짜를 2015년 1월 1일 로 자의적으로 확정해서 활동을 강제로 종료했다는 것이 혐의 의 구체적 내용이었다. 한편 특별수사단은 2020년 2월에 김석 균 전 해경청장 등을 기소했는데, 해경지휘부의 과실은 '123정 정장의 업무상과실치사죄 사건'에 관해 2015년 7월 선고된 '광 주고등법원 2015노177 판결'에서 이미 구체적이고 명확하게 적 시하고 있다. "해양경찰청 상황실에서는 2014. 4. 16. 09:36경 피고인에게 휴대전화로 전화를 걸어 2분 22초 동안 통화하고, 서해지방해양경찰청 상황실 등에서도 피고인과 TRS로 20여 회 통신하여 보고하게 하는 등 피고인으로 하여금 구조 활동에 전 념하기 어렵게 하였으며, 평소 해경들에게 조난사고에 대한 교 육훈련을 소홀히 하는 등 해경 지휘부에게도 승객 구조 소홀에 대한 공동책임이 있으므로……." 이를 보면 김석균 전 해경청장 등은 그 이전에도 기소될 수 있었던 것이다.

이렇듯 참담한 기회주의자들은 자신들의 과거 행적에 대한 아무런 고해도 없이 방향을 튼다. 지금은 자신의 과거조차 배 신한 채 선량한 모습을 지어내려 하지만, 국민은 그때를 잊지 않는다. 기억은 힘이 세고, 기회주의자는 망각 위에서만 번성하는 법이니까.

아무런 가치나 신념이 없고 누구의 편도 아니며 자신들의 이익을 위해서는 가장 잔인해질 수 있는 기회주의자들, 그중에서도 최악으로 꼽히는 조제프 푸셰에 대한 츠바이크의 설명을 떠올린다. "어느 도박판이든 아무래도 좋다. 왕국의 판이든 제국의 판이든 공화국의 판이든 상관할 바 없다. (중략) 권력에 달라붙어 핥고 뜯어먹기만 하면 된다. 어떤 찌꺼기 권력이라도 그것을 물리치는 도덕적, 윤리적 힘을 결코 갖지 않을 것이며, 자부심이나 긍지 같은 것을 갖는 일도 결코 없을 것이다. (중략) 누가 무엇을 주는가는 아무런 상관이 없다. 그 속에서 어떻게 승리하고, 나에게 이익이 되고 내 몫을 챙길 수 있는가가 문제인 것이다."

팩트 체크

2014년 4월 16일 세월호 침몰 사고가 일어나자 진상규명을 위해 '4·16세월호참사특별조사위원회'라는 조사기관이 설립된다. '세월호진상규명법'에 의해 출범한 이 기관은 세월호 침몰 사고의 진상을 규명하고 안전사회 건설과 관련된 제도를 개선하며 피해자 지원 대책을 점검하는 업무 등을 수행하기 위하여 설치된 대한민국의 한시적 중앙행정 국가 기관이다. 이 기관은 설치일로부터 1년 이내에 그 업무를 완료하여야 하며 필요할 경우 한 차례에 한해 6개월을 연장할 수 있고 백서 발간 등의 단순 문서 업무를 위해 3개월을 한 차례 더 연장할 수 있다고 법에 명시되어 있다.

정부는 2015년 1월 1일 특별법이 제정된 후 연장 기간을 포함 2016년 6월 30일까지가 조사 기간이므로 활동 기간이 종료되었다고 특조위에 통보했다. 그러나 특조위는 조직 구성 시기가 2015년 8월 4일이므로 2017년 2월 3일까지가 조사 기간이라고 반박했다. 세월호진상규명법은 활동 기간을 '그 구성을 마친 날부터 1년 이내'라고 명시하고 있다. 실제 구성 시기는 2015년 8월 4일이었다. 그러나 박근혜정부는 특조위를 활동 기간이 종료됐다며 입주 건물에서 강제로 쫓아냈다. 특조위가 세월호 참사 당시 박근혜의 행적을 조사하겠다고 결정한 것이 문제라고 한다. 서교동 한국YMCA전국연맹 건물에서 조사위원들은 조사를 이어나가며 월급 지급 청구 소송을 냈고, 2017년 5월, 조사위 측이 주장한 활동 기간이 지난 뒤에 해산했다. 그러나 조사관들은 해당 건물에서 '세월호 특조위 조사관모임'을 열고 2기 특조위의 출범을 요구했다. 2017년 12월 12일 '사회적 참사의 진상규명 및 안전사회 건설 등을 위한 특별법'이 제정·시행되면서 가습기 피해와 4·16 세월호 참사 등을 조사하는 '사회적참사 특별조사위원회'가 구성되었다.

역병의 시대와 리더십

2020년 4월 총선을 앞둔 시기에 윤 총장이 '사퇴'라는 패를 만지작거렸다는 풍문이 있다. 정권에 팽당한 연기를 하며 선거에서 보수 세력 결집을 노린 것이었을 테다. 윤 총장이 정치 놀음에 골몰한 동안, 어느 검찰수사관이 이프로스에 윤 총장을 성토하는 격정의 글을 두 번이나 올렸다. 총장 본인이 특수수사의 폐해를 있는 대로 보여주며 검·경 수사권 조정과 공수처를 가져왔으니 한심할 만도 하다. 검사가 검찰에서 잘나가려면 마누라보다 수사관을 잘 얻어야 한다는 말이 있다. 노련한 수사관은 수사 기록을 흠잡을 데 없이 꾸며오고 심지어 공소장도 대신 써온다고 한다. 그런데 검찰의 직접 수사가 대폭 축소되면 이 수관들이 어디로 가겠는가. 형 집행 업무 등 다른 부서에 전환 배치한다는 안이 제시되지만, 수사관 전원이 흡수될 수 있을지 의문이다. 국가수사청을 신설해 검찰수사관을 배속시킨다는 안도 있지만, 국가수사청이 설립될지가 불확실하다. 검찰수사관들 일부를 경찰에 보낼 수밖에 없다는 이야기가 나오는데, 그렇다면 자신들이 굴러온 돌 신세가 되니 수사관들로선 영 불안하다. 경찰과 검찰의 직급 체계가 달라 직급 조정에서 불이익을 받게 될 수 있고 보수에도 영향이 있기 때문이다. 향후 승진도 어찌 될지 모른다.

검사가 경찰관들에게 한 갑질에 대한 보복을 대신 받을 것이란 걱정도 하고 있다. 갑질의 예를 보자. 경주지청의 이 모 검사는 절도범이 자기가 훔친 물건을 낙동강에 버렸다는 말도 안 되는 진술을 하자 경찰관더러 강을 뒤져서 장물을 찾아오라고 한다. 평소 벼르던 경찰관이었다고 하는데, 그 경찰관은 잠수부를 동원해 뒤지는 시늉을 할 수밖에 없었다. 의정부지검의 모 검사는 압수수색영장이 요건에 안 맞는다고 경찰관의 면전에서 서류를 찢어버렸다. 어찌 된 일일까? 어둠의 경로로 구한 컴퓨터 프로그램을 사용한 행위에 대해서 청소년이고 초범인 경우에는 입건 유예하자는 검찰과 경찰 간의 협의가 이뤄진 지침이 있었다. 그런데 검사가 입건을 전제로 한 수사를 지시하니까 경찰관이 찾아가 "이러한 지침이 있습니다"라고 설명했다. 검사가 "이 건은 특별히 수사가 필요하니까 그런 것이다. 그 지침을 몰라서 그러는 줄 아느냐"라고 하는데 말과는 달리 검사의 얼굴에는 그런 지침이 있었나 하는 당황한 빛이 일순 스쳐 갔다고 한다. 물론 아이가 올해 수능을 봐야 한다며 너무한다는 부모의 항의를 온몸으로 받은 건 검사가 아니라 경찰관이었다.

물론 윤 총장에게 검찰수사관들의 장래를 해결할 수 있는 힘은 없다. 그렇지만 그 사안에 관심이 없고 그들의 불안을 무시한다는 것은 다른 문제다. 마치 박근혜가 친박만 챙긴 것처럼, 윤 총장은 특수부 후배들만 자기 자식으로 여긴다고 보는 사람도 있다. 그래서 윤 총장이 검찰 조직 전체의 리더가 아니라 자기 계파의 소두목 역할을 하는 데 불과하다는 비판도 있다. 이전 인사에서 기획통과 공안통이 통상 가는 대검 기획조정부장과 공공수사부장조차 특수통 후배들을 밀어 넣었고, 공안통 자리인 서울중앙지검 2차장에도 윤 총장의 측근이 갔다. 윤 총장의 나쁜 리더로서의 특징은 하나 더 있다. 싫은 소리를 못 듣고, 싫은 소리를 하는 사람을 용서하지 않는다는 점이다. 검찰수사관이 올린 두 번의 글은 모두 사라져버렸다.

우리 국민은 구성원의 안위에 무관심한 리더를 이미 겪어본 바 있다. 메르스 사태 때 박근혜는 어이없게 A4 용지의 궁서체로 절박감을 전시했다. 정부는 메르스 확진 환자의 경로를 공개하지 않았고, 그러자 환자가 거쳐 간 병원 등에 관한 정보가 SNS에 떠돌았다. 곧이어 검찰은 "메르스 관련 괴담을 유포하는 사범에 대해서는 구속을 검토하는 등 처벌을 강화하겠다"라며 국민

을 겁주었다. 이렇게 그 최악의 리더와 짝짜꿍하며 놀던 검찰의
리더십은 국민이 몰아낸 그 환멸의 리더십을 닮아 있다.

팩트 체크

2020년 1월 13일에 검·경 수사권 조정 법안이 국회를 통과
했다.[12] 검·경 수사권 조정은 검찰 권력을 견제하기 위한 대
표적인 검찰 개혁이며 검찰이 갖는 일반적 수사권을 경찰이
가져가고 검찰은 기소 및 공소 유지에만 전념하도록 하는 대
안이다. 2011년 검찰청법 개정 전까지는 수사에 있어서 경
찰은 검사에 '복종'하도록 명시되어 있었다. 법이 통과되었
다고 해서 검·경 수사권 조정이 마무리된 것은 아니다. 법안
이 통과되었어도 대통령령 개정 등 많은 수순이 남아 있고
아직도 검찰과 경찰의 주장이 첨예하게 대립하고 있다.

---

12 2020년 10월 7일에 '법률 제16908호 검찰청법 일부개정법률 및 법률 제16924호 형사
소송법 일부개정법률의 시행일에 관한 규정'이 공포되면서 2021년 1월 1일부터 검·경 수
시긴 조정의 시행이 확정되었다.

당신과 나 사이

마틴 루터는 죄인을 '자기 자신을 향해 굽은 사람'이라 정의했다. 자기 자신을 향해 지나치게 굽은 탓에 자신밖에 모르고 주변을 볼 줄 모른다는 의미다.

2015년 3월 법원행정처의 심의관이 '상고법원 설득을 위한 청와대 상대 접촉 루트 및 전략'이라는 보고서를 작성한다. 강제징용 피해자들이 일본 기업을 상대로 제기한 손해배상 사건이 청와대의 관심을 가장 많이 끌 것이라 보고 그 사건을 거래 대상으로 삼았다는 건 누구나 아는 이야기다. 그와 관련해 작성된 많은 보고서 중 하나인 이 보고서에 이렇게 언급되어 있다고 한다. "상고법원 도입 실패 시 대외적으로는 사법부의 위상이 추락하고 대내적으로는 대법원장의 리더십 상실이라는 최악의 위기 상황이 초래되기 때문에 청와대를 설득할 만한 새로운 동력이 필요한 시기."

소송 당사자에게는 해당 사건이 본인의 목숨이자 인생일 수도 있다. 당사자들은 자기 사건의 공정한 처리가 제일 중요할 뿐 어차피 임기가 다하면 물러날 대법원장의 레임덕 따위가 무슨 상관이며, 상고법원 따위는 또 뭐란 말인가. 한 사람의 목숨과 인생이 걸린 사건들을 가벼이 여기고 저런 문건의 작성을 지시하고 작성한다는 것 자체가 사법부의 죽음을 의미한다. 도대체 저 판사는 재판을 뭐라고 보는 걸까. 그래놓고서 그 업무에 관여했던 한 판사는 임종헌 씨 재판에서의 증인 신문에서 위안부 피해자가 사과와 배상을 받기를 바란다고 씨부렁거리며 눈물을 흘렸다고 한다.

욕망하고 성취하고 욕망하고 성취하고……. 인생의 사이클이 그뿐인 사람들을 많이 만났다. 자기 걱정, 자기 생각에만 몰두하고 자기 자신 외에는 관심이 없는 그들. 그들은 자신에게만 집중하는 사람들이라 타인의 처지와 관점 따위는 염두에 둘 여지가 없다. 연수원 시절, 고려대 출신의 사법연수생이 상담할 일이 있어 교수를 찾아갔다가 오히려 교수의 신세 한탄만 잔뜩 듣고 돌아왔다고 한다. 교수실에 들어서자마자 "내가 아들놈을 그깟 고려대 보내자고 힘들여 재수시킨 게 아닌데"라며 이야기를 꺼내는 교수의 한탄을 중간에 자기 용건은 말하지도 못하고 듣고만 왔다는 것이다. 친구는 그 법관 이름만 나와도 아직도 진저리를 친다. 그 법관은 나중에 "대법관으로 부름을 받고 직전 근무지인 광주를 떠나오면서, 5·18 묘역에 머물러 있는 이들의 한이 끝내 좌절하지 않고 의미 있는 미래의 역사가 되도록 법관으로서 소임을 다하겠다고 다짐했다"라고 인터뷰를 했다. 친구와 나는 그 인터뷰를 보며 배를 잡고 웃었다. 자기 눈앞에 있는 제자에게도 아무 관심이 없으셨던 분이 갑자기 한국의 민주주의에 관심이 생겼을 리가. "고독한 성에 머무르거나 공허한 정의를 선언하는 대법관이 되지 않겠다"라는 취임사도 참 공허했다. 자아의 감옥에 갇힌 분이 그 자리에서 마땅히 해야 할 말을, 배우가 외워서 하는 대사처럼 내뱉는 데 불과했으니까.

2006년 어느 소송 사건의 준비 절차 기일이었다. 조관행 부장판사가 나에게 "거기 대표 변호사는 나랑 안면도 있는 사인데 어떻게 인사 한번을 안 오나"라고 했다. 상대방 변호사도 착석해 있었는데 말이다. 깜짝 놀랄 일이 더 남아 있었다. 나중에 알게 된 사실이지만, 바로 그 무렵이 그가 김홍수라는 브로커로부터 향응접대를 받은 건으로 한창 조사를 받고 있던 때였다. 고등 부장판사 신분으로 검찰에 조사를 받으러 다니니 곤란해서 대법원장이 사표 제출을 하라고 종용했는데 억울하다며 거절했다. 금융 거래 조회에 관한 압수수색영장이 법원에 청구되자 검사를 찾아가 항의했다고도 한다. 구속 전 피의자 신문을 받을 때 판사 앞에서도 "나의 억울함이 풀리지 않으면 여러 판사가 다칠 것"이라며 김홍수를 만날 때 동석하거나 김홍수로부터 전별금을 받은 동료, 후배 판사들의 이름을 막 대기도 했다. 내 앞에서도 "사람이 어떻게 인사 한번을 안 오나"라고 했던 사람이 억울하다고 저렇게 광광 울 수 있다니 어이가 없을 뿐이다. 남의 스폰서는 나쁘고 자신의 스폰서는 좋은 스폰서라 주장한 검사도 있다. 이분이 스폰서로부터 얼마나 잘 얻어먹고 다녔는지, 맛있는 걸 아주 잘 알고 미각이 대단히 예민했다. 어느 날 일식집 수족관의 물고기를 딱 보고 "저 이시가리 맛있겠네"라고 했단다. 최고의 횟감이라는데 보기에는 그저 넙데데한 가자미였는데 말이다. 어느 날은 식사 중에 주방장을 불렀다. 그러고는 회를 다루는 사람이 담배를 피우면 어떡하냐고 항의했다. 날생선에 스며든 담배 냄새를 알아차리는 놀라운 사람이다. 이 검사는 다른 검사들에게 스폰서를 가려 받아야 한다고 조언했다. 자기 사심 없는 친구는 수사관들 고생 많다고 500만 원어치 술을 딱 쏴주고 가는 멋진 사람이라고 덧붙이면서 말이다. 남의 스폰서는 사심 있는 나쁜 스폰서고, 자기 친구는 사심 없는 좋은 스폰서라는 것. 검사들 스폰서 문화가 왜 없어지지 않는지 조금이나마 짐작할 수 있을 것이다. 이분이 요즘 잘난 척하며 윤 총장을 옹호하는데 그저 우스울 뿐이다.

또 다른 검사장은 사직 후 출마를 염두에 두고 사전 선거 운동을 열심히 했다. 출마할 지역과 현재 근무지의 양 검찰청에 속한 범죄예방위원을 결연 맺어서 근무지의 범죄예방위원들이 출마할 지역을 후원하도록 했다. 공업단지들이 몰려 있는 지역이라 그곳 유지들은 여유가 있었기 때문이다. 출마지의 여러 시설에 티비 등의 전자제품을 잔뜩 보내게 하고, 근무시간에도 걸핏하면 자리를 비운 채 출마 지역의 행사에 참여했다. 그 검찰청의 공안부 검사들이, 우리 검사장님 공직선거법 위반으로 구속해야 하는 것 아니냐고 할 정도였다고. 남들은 공직선거법을 엄격히 지켜야 하지만, 본인은 국회의원 자질이 넘치는 사람이니까 그까짓 공직선거법 따위 알 바 아니라는 것인가.

자아중심성은 공동체를 위기와 절망으로 몰아넣는다. 그래서 혹자는 대부분의 위기는 기술의 실패가 아니라 인격의 실패로부터 야기되었다고 했다. 검찰 조직은 큰 위기 앞에 봉착해 있음이 틀림없다.

팩트 체크

'상고법원 설득을 위한 청와대 상대 접촉 루트 및 전략'은 2015년 양승태 전 대법원장 시절 대법원 법원행정처가 상고법원을 도입하고자 작성한 전략 보고서다. 언론과 청와대를 설득하는 작전도 있었다. 청와대에 대한 작전으로는 '강제징용 피해자들이 일본 기업을 상대로 제기한 손해배상 사건'을 들고나왔다. 네 명의 늙고 병든 원고들이 한 명씩 사망하는 와중에 이 사건을 자신들의 조직을 보호하기 위해 거래 대상으로 삼은 것이다. 상고법원을 도입하는 취지는 상고 사건이 대법원에 접수되면 법령 해석 및 통일이 필요한 중요한 사건만 처리하고, 나머지 사건은 하급 법원인 상고 법원에 맡겨서 대법원의 권력을 강화하고 업무를 줄이려는 것이다. 그러나 대법원의 권위 향상을 위한 것이라는 비판과 현행 3심제 헌법 구조에 대한 위헌 여부 등 여러 가지 논란으로 인해서 폐기되었다.

저자는 이 보고서 작성을 개탄하며 사법부의 죽음이라고 평한다. 이 사건은 문재인정권에서 '사법행정권 남용 의혹 관련 특별조사단'에 의해 밝혀진다. 그리고 2006년 8월, 브로커로부터 금품을 수수하여 특정범죄 가중처벌에 관한 법률 위반으로 구속기소된 조관행 부장판사의 이야기를 전한다. 이 판사는 피의자 신문을 받을 때도 브로커 김홍수와 동석하거나 전별금을 받은 동료, 후배 판사들의 이름을 댔는데 이른바 물귀신 작전이었다. 그에게 조직은 자신의 이익을 위한 것이지 그 이상의 의미는 없었다. 더불어 몇몇 검사의 사례는 검찰 내 브로커 문화와 공직선거법 위반 등 비리와 불법에 무감각해진 원인이 자아중심성, 인격의 실패임을 드러낸다. 결국 법도, 조직도 나를 중심으로 돌아가는 이 자아중심성이 공동체를 위기와 절망으로 끌고 간다.

쇠퇴하는 사람들의
허튼 분노, 허튼 소리

2020년 1월 검사들이 발작적인 분노에 휩싸였다. 육이오 때 난리는 난리도 아닐 정도다. 외적이 쳐들어오는데 성문을 열어준 게 임은정 검사라고 여기는 모양이었다. 분노와 증오의 화살을 임은정 검사에게 마구 투척했다. 뭐 어쩔 수 없었다. 화살이 닿을 수 있는 거리에 있었던 사람이니까. 선별적 수사, 선별적 기소가 검사들의 장기인데, 분노 또한 선택적이기에 가짜다. 정희도 검사가 추미애 법무부 장관의 인사에 대해 "인사 내용이 충격적이다. 특정 사건 수사 담당자를 찍어내고, 검찰총장을 허수아비로 만들기 위한 인사다. 가짜 검찰 개혁이다"라고 했다. 한편 박균택 법무연수원장이 대법원에 안태근을 구명하려는 진술서를 냈다. 인사 담당이던 검찰과 신동원 검사에게 후배의 인사를 청탁했는데, 그 청탁의 영향으로 밀리고 밀려 서지현 검사가 통영으로 가게 되었다는 내용이다. 2심 판결문을 보라. 신동원 검사가 해당 검사에게 친절하게 전화를 건다. "고향이 광주인데 광주는 어떠냐", "광주에서 변호사 생활을 한 적이 있어 광주도 괜찮다"라는 대화를 나눈다. 검사들 욕망으로야 다 대검, 법무부에 가고 싶지만, 그게 아무나 되는 게 아니니까 서울이 집이라면 KTX가 다니는 곳에만 보내주더라도 감지덕지다. 알겠습니까, 한동훈 검사님. 어쨌든 저 정도만 배려해줘도 눈물 나게 고마운 것이다. 이 검사는 나중에 박균택 검사가 변호사가 되어서 사건을 들고 오면 잘해줄 수밖에 없다. 이런 줄 세우기 인사 속에 사법 정의는 산으로 간다.

분노가 힘을 가지려면 정의로워야 한다. 가식과 위선에 빠진 분노는 힘이 없다. 2017년 8월에 윤대진 검사가 어느 검사의 모친 장례식장에서 자기가 이번 인사를 다 했다고 우쭐댔다는 얘기를 전해 들었다. 그런데 그 문상객 중에 인사에서 좌천당한 검사도 다수 있어 몹시 불편해지고 말았다고 한다. 권력을 갖고 있다는 인식이 강할수록 자기 관점에 매달리는 한편 타인의 관점으로부턴 멀어지고, 인간관계에 대한 지각과 판단이 흐려진다. 윤대진 검사가 딱 그렇다. 그때 서초동에서의 윤대진 검사에 대한 풍문은, 윤대진이 대체 무슨 기여를 했는지 알 수 없지만, 어쨌든 그가 검찰 인사에서 자기 지분을 주장했다는 내용이었다. 임은정 검사에게 분노한 검사들이 이제까지 내부에서 줄 세우기 인사를 하고 자기 식구 챙겨주기를 할 때 비판한 적이 있는가. 그들에게 스스로 검찰 개혁을 할 기회와 시간이 없던 것도 아니잖은가.

검사들이 얼마나 오만한지는 2005년 검·경 수사권 조정이 논의될 때 검찰 대표와 경찰 대표가 협상을 위해 만나는 자리를 보면 확실히 알 수 있다. 경찰은 이런저런 자료를 잔뜩 준비해 왔는데 검찰 대표들은 빈손으로 와서 "우리가 여기서 만나주는 것만으로도 큰 영광으로 아쇼"라고 했단다. 그 오만을 떨던 분이 참여정부 때 검·경 수사권 조정에 역량을 드러냈다고 언론에서 언급되고 있으니 웃긴 이야기다.

권력 중독자와 마약 중독자의 뇌가 비슷하다는 연구가 있다. 권력감을 느끼는 사람일수록 테스토스테론이라는 호르몬이 많이 분비되고 도파민이라는 신경전달물질이 많이 나온다. 그래서 감정이 들뜨는 기분을 느낀다. 그러나 심해지면 자신의 가치에 대한 과대망상, 자신의 위대함에 대한 환상에 빠진다. 지금 검사들은 금단증상에 시달리고 있는 듯하다. 권력이 줄어들지 모른다는 불안 때문에 도파민이 덜 분비돼서 초조하고 우울한 상태이다. 그래서 지금 내지르는 검사들의 글은 뭐다? 금단증상으로 손도 뇌도 떨리는 상태에서 나온 허튼소리다.

팩트 체크

검찰이 수사하는 사건은 공정성과 객관성이 있는가. 사법 정의는 선별적으로 되어선 안 된다. 선별적 수사, 선별적 기소의 검찰 관행은 지적받아 마땅하다. 2020년 초, '그들만의 룰'이 외부로 새어 나간 데 대해 공격의 화살이 임은정 검사로 향했다. 2018년 미투 운동을 촉발했던 서지현 검사에게 성추행을 하고 부당한 인사 발령을 냈던 안태근 전 검찰국장을 위한 구명운동 차원의 진정서가 2019년 말 제출됐는데 전 법무연수원장 박균택이 작성한 것이었다. 그는 2020년 1월에 사표를 냈고 3월에 변호사 사무실을 개업했다. 진정서 내용은 서지현 검사가 통영지청으로 간 것은 부당한 발령이 아니라 통영지청 발령 예정의 후배를 위한 인사 청탁을 했고 그 자리에 서 검사가 밀려서 갔다는 것이다. 검찰 조직의 고질적인 청탁 인사가 자기반성 없이 드러난다.

미루어 볼 것도 없이 자기 사람을 위해 부당한 인사 청탁을 하고 그 보은이 전관예우로 이어지는 것이 검찰 관행이다. 임은정 검사가 검찰 내 최고의 실세라 거론했던 윤대진 사법연수원 부원장은 2017년 8월 어느 검사의 모친 장례식장에서 자기가 이번 인사를 다 했다고 으스댄다. 문상객 중에 좌천당한 검사도 많아서 불편했다는 그 검사들이 이프로스에서 임은정 검사를 맹렬하게 비난하면서 조직의 부당한 줄 세우기 인사와 자기 식구 챙기기에는 왜 침묵하는지 모르겠다. 2005년 검·경 수사권 조정이 논의될 때도 검찰은 경찰에게 만나주는 것만으로도 영광으로 알라는 기가 막힌 멘트를 던졌다. 한편으로는 언론에 조정 의지를 피력하는 것도 잊지 않았다.

이러니 검찰이 내부 개혁의 의지가 있는지 의문이 들 수밖에 없다. 권력 중독은 해독될 수 없는 것인가. 검찰 개혁에 대한 검사들의 과민 반응은 금단증상으로 설명되는 것인가.

구원은 어떻게 오는가

2019년 11월, 검찰이 세월호 사고 원인과 구조 과정, 지휘 체계 문제점, 수사외압 의혹 등을 폭넓게 조사하겠다고 발표했다. "해경이 민간잠수부들의 입수를 제대로 지원하지 않고 막고 있다"라는 내용으로 인터뷰한 홍가혜 씨를 구속해서 1심에서 징역 1년 6개월을 구형하고, 1, 2심에서 무죄가 선고되었는데도 연거푸 항소, 상고한 주체가 바로 검찰이다. 그런데 2019년에는 정부의 구조 작업과 지휘의 적절성을 들여다본다고 한다. 그렇다. 검찰은 늘 자신들이 필요한 때에 필요한 만큼의 진실을 드러내고, 심판자의 역할을 하는 것으로써 자신의 죄를 덮으려 한다. 하지만 2014년 그때 욕망에 찌들어 국민으로부터 부여받은 권력의 역할을 내팽개친 것은 청와대와 검찰이 똑같았다. 그중 한 명인 최재경 당시 인천지검 검사장에 대해서 얘기해보자. 2012년 말 검란으로 한상대 검찰총장이 물러났는데, 검란을 주도했던 최재경 전 중수부장 역시 전주지검 검사장으로 좌천성 인사를 당한다. 세월호 사고 직후인 2014년 4월 21일 김진태 검찰총장은 유병언 일가 수사를 당시 최재경이 검사장으로 있던 인천지검에 맡기며 최재경에게 기회를 준다. 둘이 친한 사이였는데, 최재경을 다시 요직으로 끌어들이려고 최재경에게 맡겼다고 한다. 그래서 인천지검은 유병언을 자기 손으로 잡아야겠다는 욕심에 그 소재에 관한 정보를 독점한다. 5월 25일 새벽 1시 20분 특별수사팀은 유병언의 도피를 도운 혐의로 전남 순천 송치재 휴게소 주인 부부를 체포하고 인근 별장에서 유병언을 봤다는 진술을 얻어낸다. 그런 다음 어떻게 했을까. 인천지검 특별수사팀은 정보를 손안에 틀어쥐고 검찰수사관들을 별장으로 보낸다. 오후 4시 수사관들이 별장 후문을 열려고 하는 소리에 유병언의 비서인 신 모 씨가 한국말을 못 알아듣는 체하며 속옷 차림에 영어로 막 항의하면서 나왔다고 한다. 신 씨의 임기응변에 어리바리하던 검찰수사관들은 법원으로부터 영장을 발부받아 밤 9시 반경에서야 별장을 압수수색한다. 하지만 벽 사이의 비밀 공간에 숨어 있던 유병언을 미처 발견하지 못한다. 어느 검사의 말에 의하면, 유병언을 한 번 놓쳤다고 알려져 있지만 실은 두 번이고, 그중 한 번은 김진태 검찰총장이 인천지검에 내려와 유병언을 검거했다는 기자회견을 준비하기까지 했다고 한다. 김칫국을 대야째 들이마신 셈이다.

괴벨스의 어록 중에 "100퍼센트의 거짓말보다는 99퍼센트의 거짓말에 1퍼센트의 진실을 섞는 것이 효과적이다"라는 말이 있다. 그 무렵 〈조선일보〉와 〈동아일보〉를 보면 서로 베낀 듯이 똑같은 기사가 나온다. "오후 9시 반경 검찰 추적팀이 별장에 들이닥치면서 비서 신 모(여·33)씨는 체포됐고, 유 씨는 직전에 2층 통나무 벽 안의 비밀 공간에 숨었다. 이때를 전후해 경찰엔 '별장 주변에 유 전 회장이 있는 것 같다'는 112 신고가 두 차례 접수됐다." 당시의 112 신고 내용이 뭔지 아는가. 그 토지 일대는 구원파 소유라는 사실이 인근 주민들에게도 알려졌는데 주민들이 그 별장 주변에 얼쩡거리는 검찰수사관들을 보고 수상하다며 112에 신고한 것이었다. 신고를 받고 출동한 경찰은 검찰수사관임을 확인하고서 물러날 수밖에 없었다. 검사들이 이렇게 물타기를 잘한다. 자신들이 마땅히 책임을 져야 하는 일에 애꿎은 경찰을 슬쩍 밀어 넣은 것이다. 그래서 어느 경찰관은 최재경을 세상에서 가장 나쁜 검사라 한다.

검찰의 세월호 수사 개시 기사를 보니 이근안과 안태근도 떠올랐다. 죄를 뉘우치지 않고 죄로부터 벗어나려고 하지도 않으면서, 단지 죄를 감춰줄 덮개를 구하는 인간들. 목사 안수를 받고 신앙에 귀의했다는 이근안은 "지금 당장 그때로 돌아간다고 해도 나는 똑같이 일할 것이다. 당시 시대 상황에서는 '애국'

이었으니까. 애국은 남에게 미룰 일이 아니다"라고 강변한다. 안태근은 간증에서 "깨끗하고 공정하게 공직생활을 했으나 뜻하게 않게 억울한 일로 물러났다"라고 한다. 검찰은 뒤늦게 조사에 나서 그들의 잘못을 덮으려는 모양이다. 그러나 참회와 고백이 없다면 진정한 구원은 오지 않는다.

팩트 체크

2014년 세월호 참사가 일어난 후, 해경이 민간잠수 입수를 지원하지 않고 막았다는 홍가혜의 주장에 검찰은 '허위사실 적시에 의한 명예훼손죄'로 그녀를 구속했다. 당시 검찰은 재판부의 무죄 판결에 끝까지 항소하며 박근혜정부와 궤를 같이했다. 그랬던 검찰이 2019년 11월 6일 검찰총장 지시라며 '세월호 참사 전면 재수사' 방침을 발표했다. 검찰이 필요한 때 필요한 만큼의 진실을 드러내고, 심판자의 역할을 하는 것으로 자신의 죄를 덮으려 한다는 비판을 피할 수 없는 이유가 이렇게 확실하다.

세월호 유병언 일가를 수사할 당시 인천지검의 최재경 검사장이 사건을 맡았는데 사실이 아닌 보도자료를 언론에 제보하면 언론은 그대로 기사를 내보냈다. 주민들의 112 신고로 유병언이 숨어 있던 현장에 경찰이 나타나자 검찰 수사관이 돌려보내 놓고 신문 기사는 마치 경찰이 유병언을 놓친 것처럼 나온다. 검찰은 유병언을 두 번 놓쳤으면서도 검거했을 때를 대비하여 검찰총장이 인천지검에 친히 내려와 검거했다는 시나리오를 미리 써놓기도 했다.

저자는 참회와 고백이 없다면 구원은 오지 않는다고 말한다. 그 예가 김근태 등 수많은 민주운동가를 전기 고문한 고문기술자 이근안이다. 그는 퇴임 후 목사로 활동하면서 자신의 과거 활동을 '애국'이라 부른다. 돈 봉투 만찬 사건과 검찰 내 성추행 사건의 가해자였던 전 검찰국장 안태근도 참회가 없다. 그도 기독교 신자인데 교회의 간증에서 "깨끗하고 공정하게 공직생활을 했으나 뜻하지 않게 억울한 일로 물러났다"라고 한다. 회고록이 아닌 참회록을 써야 할 사람들의 뻔뻔함은 당해낼 재간이 없다.

검찰 혹은 검사 따라잡기

'마피아'와 '욕망'이야말로 검사를 이해하는 핵심 키워드가 아닐까. 윤 총장은 검찰 안팎에서 알아주는 조직론자다. 이건 바로 조직을 자기와 동일시한다는 것이고, 그렇기에 검찰의 권한을 축소한다는 건 윤 총장에게 손발이 잘리는 고통일 터다. 보스들이 피로써 지켜온 '나와바리'를 자기 대에 무참히 잃을 수는 없겠지. 순순히 자기 '나와바리'를 내준다면 검찰 가문의 선조와 후배들을 볼 낯이 없을뿐더러 그로 인해 조직에서 파문당해도 할 말이 없기 때문이다. 윤 총장이 2019년 7월까지만 해도 직접 수사 축소, 폐지 동의라 공식적으로 말했지만, 사실 속으로는 난장질을 칠 꿍꿍이를 이미 가지고 있지 않았을까. 배성범

중앙지검장이 정경심 교수에 대한 고소 이전부터 사건을 들여다보고 있었다고 국감장에서 인정하지 않았나. 그리고 왜 하필 표창장을 핀셋으로 집듯 콕 집었을까. 국정농단 수사의 시발이 된 정유라 부정 입학[13]처럼 국민의 공분을 자아내 민심을 이반시키고 수사에 대한 지지를 얻을 수 있는 아이템이 된다고 보았던 게 아닐까. 참고로 예전에 해양수산부 장관이 주최하는 행사에 간 적이 있었다. 그런데 해양수산부 기관장 중 한 명이 자리를 쓱 보더니 배치가 마음에 안 든다고 그냥 삐져서 가버리는 것이었다. 권력이 없는 나나 보통 사람들이라면 "그 지루한 행사, 자리가 뭣이 중요해"라고 하겠지만 그분들은 절대 그렇지 않다. 그런데 행사의 의전 정도가 아니라 검찰의 권한을 축소하거나 일부 폐지한다? 이건 절대 안 될 일이다. 윤 총장에게 검찰 조직의 위세와 위상은 곧 자신의 프라이드이기 때문이다. 게다가 그 '나와바리'는 바로 검사들에게 재산 축적의 원천이다. 그래서 변호사 개업을 목전에 둔 검찰 간부들은 검찰 개혁에 결사항전할 수밖에 없다. 실제로 모 검사장은 퇴임 전에 이렇게 말했다. "내가 선배들이 가져오는 사건 봐줘서 적금을 넣어놨는데, 나는 적금을 못 찾아 먹는다는 거잖아." 그리고 어느 차장검사도 "자네들, 경찰의 1차 수사종결권이나 영장을 법원에 직

---

13 최순실의 딸 정유라가 2014년 승마 특기생으로 이화여자대학교 체육과학부 수시 전형에 합격한 일. 논란 이후 입학 취소되었다.

접 청구하도록 하는 안에 업무도 많은데 일 하나 덜었다고 생각하며 동의하는 검사들이 있는 모양인데 잘 생각해보라고, 평생 검사할 것 아니잖아. 요즘 변호사 업계 어려운 것 알지. 판사 전관도 요즘 형사사건 많이 가져가는데 저건 검사 전관만이 할 수 있는 영역이야"라고 말했다. 검사가 경찰에서 송치된 사건을 불기소처분하거나 검사에게 신청한 압수수색영장이나 구속영장을 꺾는 것은 검찰 전관 변호사에게는 엄청난 먹거리다. 법원에 기소된 다음에는 판사 전관을 선호하게 되니 말이다. 그래서 "영장이야 어차피 법원의 통제로 충분하지. 우리 일감도 줄고"라고 접근하는 검사가 있다는 사실이 그 차장검사에게는 어마무시한 경거망동인 것이다. 차기 인사 발표가 나면 옷 벗고 변호사 되실 검찰 간부들이 검찰 개혁을 하신다? 이건 정말이지 지나가던 소가 땅을 데굴데굴 구르며 웃을 일이다. 이분들에게 검찰 개혁이란, 부조금을 다 돌렸는데 정작 자기 관혼상제에는 부조금을 챙겨 먹을 수 없게 되거나 곗돈을 부어놨는데 계주가 잠적한 상황이나 마찬가지다.

그리고 검찰이 진짜 마피아와 닮은 점이 또 하나 있다. 바로 '오메르타'라는 침묵의 규율이다. 조직의 비밀을 외부에 발설한 자에게 피의 보복을 하는 것이다. 그런데 검사들뿐만 아니라 수사관들까지 "우리 검찰의 수치를 공공연히 알린 임은정, 서지현 검사는 더 이상 검찰 가족으로 볼 수 없습니다"라고 한다. 검찰총장부터 수사관까지의 생각이 이토록 일치하니 검찰이란 조직은 참 암울하고 희망이 없다.

이러한 거대한 검찰공화국 안에서 지원군이 오길 기다리며 7년간이나 버텨온 사람이 있다. 한 2년 전쯤에는 더 큰 희망을 가지고 밖에서 거대한 말발굽 소리가 들리기를 기대했는데 지원군은 결국 오지 않았다. 밖에서 원군이 오면 성문을 열어주리라고 다짐하며 안에서 7년을 견뎌온 그 사람에게 이제는 우리가 답해야만 한다. 말발굽 소리를 울리며 신나게 달려가 줘야 한다.

팩트 체크

조국 전 법무부 장관 사건을 진두지휘하고 있는 윤석열 검찰총장에게 검찰 조직의 권한 축소는 큰 고통이다. 그는 검찰 조직을 자기와 동일시하고 있기 때문이다. 이때까지 잘 지켜온 검찰의 영역이 공수처나 검·경 수사권 조정으로 권한 축소되고 일부 폐지되면 선후배들에게 얼굴을 못 들게 되고 자신의 무능을 증명하는 꼴이 된다. 그러므로 검찰 개혁을 주장한 조국에 대한 수사는 이미 예견된 것이었다. 그 증거로 배성범 중앙지검장이 정경심 교수에 대해 고소 이전부터 사건을 들여다보고 있었다고 국감장에서 인정했다. 또 표창장을 문제시한 것은 국정농단 수사에서 정유라 부정 입학이 국민의 공분을 산 것처럼 국민으로부터 수사 지지를 받을 수 있다는 계산이었다.

퇴임 후 변호사 개업 예정인 검찰 간부들은 개혁에 항전할 수밖에 없다. 검찰 개혁이 추진되면 전관예우의 특혜가 사라진다. 재산 축적의 원천이 사라진다는 얘기다. 검사가 경찰에서 송치된 사건을 불기소처분하거나 압수수색영장이나 구속영장을 기각하는 것은 검찰 전관 변호사에게는 확실한 돈벌이가 되는데 그럴 수 없게 된다.

따라서 저자는 검사를 이해하는 핵심 키워드를 '마피아'와 '욕망'이라 분석한다. 검찰에는 '오메르타'라고 하는 침묵의 규율이 있는데 조직의 비밀을 외부에 발설한 자에게 보복하는 것이다. 원래 오메르타는 시칠리아 마피아의 규칙이다. 마피아의 일원이 되기 위하여 맹세할 때 서로의 손가락을 바늘로 찔러 피를 내고 의식을 실시하는 것으로부터 이이름이 붙었다. 흔히 마피아 십계명이라고도 불리는데 침묵과 복종의 규칙이다. 마피아 단원은 어떠한 일이 있어도 조직의 비밀을 지킨다. 검사들뿐만 아니라 수사관들까지 검찰의 수치를 공공연히 알린 임은정, 서지현 검사를 더 이상 검찰 가족으로 볼 수 없다고 한 이유가 이 침묵과 복종의 규칙 때문이다. 검찰 안에서 지원군이 오기를 7년간 기다려온 사람이 누구일까? 임은정 검사가 아닐까 싶다.

무엇을 상상하든 그 이상을 보여줄 것이야

검찰은 정권도, 국민도 아닌 검찰 자신을 위해서 일할 뿐이다. 문재인정부 들어 국정농단, 사법농단, 삼성바이오로직스까지 열심히 조사하니 갑자기 검찰이 국민의 편이 된 듯한 착시를 일으키고 있지만 원래는 그렇지 않다. 앞서 말했듯 검찰총장님께서 애초 총장 자리를 고사하려 했다고 하는데 윤우진 세무서장 스캔들이 몹시 찜찜한 탓이었다. 그때는 자유한국당이 총장에게 이를 갈던 시절이니 인생이 털리게 된다고 본 것이다. 사실 사법연수원 28기 이전의 기수들 중에는 깨끗한 사람이 거의 없다고 보면 된다. 지역에 근무하던 검사가 인사 발령이 나면 자신의 스폰서를 후임에게 공식적으로 인수인계해줄 정도로 스폰서 문화가 만연하던 때라면 알 만하지 않은가. 그런 그들이 1998년 의정부 법조 비리 사건 후로는 조금씩 경각심을 가지게 되었다고 한다. 그러나 그런 와중에도 적극적인 영업으로 스폰서를 확보하는 분들도 많다. 제법 큰 건설회사의 현장에서 산재사고가 나서 산업안전보건법 위반으로 조사를 받게 되었다. 그때 건설회사 측에서 그 검사의 고등학교 선배를 보냈더니 그 검사가 수사계장 두 명에 식솔을 거느리기가 힘들다며 "선배님, 도와주십시오"라고 했다 한다. 그 기업에서는 성공적인 후원이었다고 생각하지 않을까. 그 검사가 나중에 국회의원이 되었기 때문이다.

윤석열 검찰총장은 2013년에 국가정보원 댓글 사건 수사팀 팀장이었다. 그때 이종명 전 국정원 3차장과 민병주 전 국정원 심리전단장을 기소유예했고, 이어서 셀프 감금 사건과 관련해선 민주당 의원들이 기소되었다. 위 3차장과 심리전단장은 나중에 민주당 의원들의 재정신청을 통해서 결국 기소되어 유죄가 선고됐다. 우리가 셀프감금이라고 비아냥거리는 그 사건으로 민주당 의원들이 기소되어 고생했는데, 윤 총장이 사건을 애초에 무혐의처분을 하려 했으나 관철을 못 시킨 거로 나온다. 윤 총장이 검사들 중에서는 그나마 양심이 있었지만, 사건을 축소하려는 검찰 상부에 타협하기도 했다. 누구처럼 이의제기권을 행사하면서 끝까지 버티진 않았다.

검사들에게 검찰권은 요술 방망이다. 금도 나오고 은도 나오고 자리도 나온다. 검사들은 인사에 관해서는 세 가지로 분류된다고 앞서 말했다. 자기 인사를 자기가 하는 사람을 이른바 귀족검사라 부르는데, 희망하는 대로 족족 가는 사람이다. 진동균이 바로 귀족검사의 대표적 예다. 검찰에서 숨만 쉬고 있어도 최소한 검사장은 한다고 말할 정도였다. 어떤 검사는 공판 검사로서 특정 정당 당선자들의 공직선거법 위반 사건을 다 말아 먹는다. 공소 유지를 일부러 게을리하고 정 안 되겠다 싶은 경우에는 공소장의 범죄 사실을 죄가 안 되는, 그래서 무죄가 될 수밖에 없는 사실로 변경해버린다. 이건 불고불리라고 해서 공소장에 있는 범죄 사실만 법원의 판단 대상이 되는 것이기에 그렇다. 그 보답으로 국회의원 공천을 받았다. 2018년 서울서부지검과 남부지검의 검사가 피의자에 대한 수사 기록 유출로 기소된 사건이 있었다. 피의자 최 모 검사에 대해서는 수사팀의 한 검사가 이런 무리한 수사는 할 수 없다며 중간에 빠지기도 하고 잡음이 있었는데, 김학의, 진동균, 진경준, 김광준과 같은 검찰 가족은 살뜰히도 챙겼다. 최 모 검사는 왜 다르게 다뤘을까. 검사들의 추측으로는 그 밑그림을 그린 검사가 공수처 초대 처장과 경쟁라인 척결을 노렸다고 한다. 내부의 검사들도 추상같이 처리한 검사라는 평에다가 수사 기록 유출을 지시한 상급자를 치면 자신의 인사 경쟁자가 제거된다고 보았다는 것이다. 이렇듯 검사님들의 수사는 상상력이 아주 풍부하다. 윤 총장의 상상은 뭐였을까. 문재인정부를 흔들고, 다음 해 총선을 흔들고, 그 기세로 다음 대통령 선거 또한 자기 수중에 넣는 것? 무엇인지는 알 수 없다. 검찰은 항상 무엇을 상상하든 그 이상을 보여주니까. 내가 검찰의 아수라장을 이야기하면 사람들이 깜짝 놀라며 "아니, 정의를 지켜야 할 검사님들이 왜 이러십니까"라고 한다. 그러면 나는 "자, 따라 하세요. 검찰의 법률은 항상 밖을 향할 뿐이다. 안을 비추지 않는다"라고 대꾸한다. 그들은 마구 난장질을 쳐도 처벌받지 않으니 뭐가 허용되고 허용되지 않는지 스스로에 대해 판단하지 않는다.

팩트 체크

예전에는 검사가 인사 발령이 나면 그 지역의 스폰서를 후임에게 인수인계했다고 한다. 검찰이 그나마 스폰서 문화에 경각심을 갖게 된 것은 1998년 의정부 법조 비리 사건 때문이었다. 이 사건은 1997년 의정부지방법원 주변에서 형사 사건을 주로 맡던 변호사 이순호가 브로커를 이용해 사건을 대거 수임한 것이 밝혀지면서 시작되었다. 검찰과 법원의 조사 결과 판사 열다섯 명이 변호사에게서 명절 떡값, 휴가비 등의 명목으로 수백만 원씩 받은 것이 드러나 대법원은 1998년 4월 판사들을 대거 정직 또는 경고 조치했고 당시 지법원장은 관리상의 책임을 지고 사표를 냈다. 윤석열 검찰총장의 총장 인사 청문회 때 거론되었던 2012년 윤

우진 세무서장 뇌물수수 사건은 육류 수입 업자 김 모 씨에게서 받은 뇌물(선대납된 골프 비용 등)을 윤석열 등 여러 명의 검사들이 같이 사용했다는 의혹이었다. 윤 총장은 청문회에서 연루를 부정했는데 이 사건을 수사한 경찰은 윤석열 당시 부장검사를 사건의 관련자로 보고 수사 대상에 올려놓았다. 이후 윤 총장은 청문회에서 부정했다가 〈뉴스타파〉에서 이 사건을 심층 취재하고 녹취록을 공개하며 논란이 일자 사과하는 선에서 끝났다. 2018년 서울고등검찰청 감찰부에서 서울서부지검과 남부지검의 검사를 피의자에 대한 수사 기록 유출로 기소했다. 서부지검 검사는 변호사에게 수사 자료를 전해준 혐의였고 남부지검의 검사는 주가 조작 사건에 연루된 주식 브로커 D씨에게 수사 정보를 유출한 혐의였다. 피의자 최 모 검사에 대해 수사팀의 한 검사가 이런 무리한 수사는 할 수 없다며 중간에 빠지기도 했는데 제 식구 봐주기에서 제외된 이 두 검사는 힘 있는 줄이 없었던 것일까? 공수처 초대 처장과 경쟁 라인 척결을 노린 높은 검사께서 수사 기록 유출을 지시한 상급자를 치면 자신의 인사 경쟁자가 제거된다고 보는 추측이 있다. 이것을 보면 검찰 조직의 제 식구 감싸기도 자신의 영달이 우선인 것 같다.

윤석열 검찰총장은 2013년에 국가정보원 댓글 사건에서 이종명 전 국정원 3차장과 민병주 전 국정원 심리전단장을 기소유예했고 셀프감금 사건과 관련해서는 민주당 의원들이 기소되자 무혐의 처리하려고 노력했다고 한다. 검사들이 자신의 이익과 영달을 위해 내부의 경쟁자를 어떻게 제거하고 어떻게 강력한 스폰서를 얻는지 바라본 전직 검사의 시선은 검찰의 아수라장을 믿지 못하는 사람들에게 외치는 목소리만큼이나 서글프다.

검사들의 무의식은 진실을 드러낸다

이 글은 마치 고대의 문자를 해독하듯이 검사님들의 암호문을 해독하여 깊은 이해와 공감에 이르렀기에 쓰게 되었다.

앞서 언급한 정유미 검사의 말을 다시 살펴보자. "이번 정권도 국정농단과 사법농단 사건을 검찰이 직접 수사하니 그땐 좋았겠지. 수백 명도 넘는 검사와 수사관들이 몇 달간 밤잠 못 자고 주말도 없이 과로에 사그라지는 것은 안중에도 없이, 마치 버튼만 누르면 검찰이라는 자판기에서 공소장이 나오는 것처럼 여기더니." 관심법을 통하여 검사님들의 마음에 닿은 결과 "왜 검사가 자기 할 일을 당연히 한 것을 가지고 생색이래"라는 최초의 내 생각은 바뀌었다. 내가 생각이 짧았던 탓이다. 내가 했던 형사사건에서 검찰의 과잉 수사를 항의한 적이 있다. 그러자 검사는 "무혐의를 해줘도 문제네, 확 기소해버릴까 보다"라고 하거나 "무혐의를 해줬는데 고마운 줄도 모르고"라고 했다. 곰곰이 생각해보니 "찾아봤자 증거도 없고 혐의가 없어 결국 불기소한 거면서 무슨 말이야"라고 여겼던 내 생각이 너무나 짧았다. 국정농단은 이미 박근혜정부 2년 차 때 정윤회 문건 사건을 통해 드러났으나, 우병우 민정수석과 검찰은 박관천 경정의 문건유출 사건[14]으로 호도해버리고 만다. 그리고 〈PD수첩〉 광우병 보도나 정연주 KBS 전 사장 사건에서 보듯이 죄가 안 되는 사건도 기소해서 얼마든지 괴롭힐 수 있다. 그래서 미천한 우리는 검사님들이 무혐의할 사건을 무혐의하고, 수사할 사건을 공정하게 수사해주면 대단히 감읍하여 고마워해야 하는 것이다.

조은석 검사의 『수사감각』이라는 책에는 "상부의 지시에 따라 왜곡된 수사를 하면 검사로서의 정체성이 죽는다"라는 말이 있다. 저 말 역시 이해 불가다. 왜곡된 수사를 하는 일이 단지 검사의 정체성 위기 정도로 끝날 문제인가. 주임검사와 지시한 사람 모두 형사처벌이나 징계감이다. 왜곡된 수사의 결과는 범죄자가 처벌을 면하거나 무고한 사람이 수사 절차에 얽혀 인생을

---

14 2014년 12월 최순실의 전 남편 정윤회가 국정에 개입한 의혹이 담긴 청와대 내부 문건을 유출했다고 몰아간 사건.

망치게 된다. 그러나 검찰에서는 유구한 전통으로 부당한 지시와 수사를 하고 부당한 결론을 내리더라도 징계나 처벌을 면해 왔고 그래서 이는 가능한 불이익의 종류가 아니다. 그럼에도 "우리 검찰은 전혀 괜찮습니다"라고는 쓸 수 없으므로 '검사로서의 정체성' 운운하고 넘어가게 된 것일 뿐. 그러나 진짜 검사로서의 정체성에 대해 고민하거나 상처받은 자는 김홍영 검사와 같이 불행한 선택을 하거나, 임은정 검사와 같이 이프로스에 "검사란 무엇인지를 다시 묻고 싶습니다"라는 비장한 글을 남기고 싸우거나, 혹은 도피하여 검찰을 떠나고 만다.

제주지검의 영장 회수 사건에서 김한수 차장검사는 법원에 제출한 압수수색영장 청구를 찾아와 결재란의 날인 부분, 법원의 접수인 부분을 다 지워 결재가 안 되고 법원에 접수되기 전의 문서인 것처럼 가장하려 한다. 정경심 교수의 표창장 위조 혐의 정도와는 비교도 안 되게 무서운 행위를 한 것이다. 이에 대해 항의를 받자 "아니, 공소도 제기한 다음 취소할 수 있는데 이게 뭐가 문제야"라고 김 차장이 말한다. 다른 검사가 "공소 취소는 형사소송법상에 정해진 정상적인 법률 행위이고, 영장 청구서를 임의로 손상시킨 것은 공용서류무효죄에 해당한다. 의정부지검의 검사가 경찰이 올린 압수수색영장이 요건이 안 맞는다고 성질내면서 찢었다가 처벌받았다"라며 "차장님은 이미 법원에 접수된 걸 찾아와서 손상시켰으니 더 심각한 거죠"라고 하자 김 차장이 아무 말을 못 했다고 한다. 우리 검사님들 무법지경에 익숙해져서 드디어 뭔가 범죄이고 아닌지를 인식하지 못하는 지경에 이르게 된 것이다. 그러나 김한수 차장은 공용서류무효죄로 기소되지 않는다. 조은석 검사의 『수사감각』에서 보듯이 검사로서의 정체성 손상이 받을 수 있는 불이익의 최대니 말이다. 물론 진혜원 검사는 집중사무감찰, 두 번의 징계 등을 거치는 등 『수사감각』에 거론된 처절한 응징을 받는다. 그래서 〈시사인〉에 나온 박상기 전 법무부 장관의 인터뷰 중 "검찰이 이렇게 하면 안 되겠다는 생각을 가진 검사도 많이 늘어났다고 봅니다. 그런 검사를 지원하기 위해서라도 제도 개혁이 필요하죠"라는 부분은 대단히 어이없다. 김한수 전 검사가 기소를 면하고 솜방망이 징계를 받은 것도, 진혜원 검사의 고난도 그 법무부 장관의 재임 시기에 일어난 일이기 때문이다. 어쨌든 오늘도 이렇게 검사님들의 암호와 같은 글을 해독하며 이해와 공감을 넓혀간다.

팩트 체크

검찰이 부당한 지시와 수사를 하고 부당한 결론을 내리더라도 징계나 처벌을 받지 않는다는 인식은 도덕적 무감각을 부른다. 검찰에서 임은정 검사와 언쟁을 했다는 정유미 검사의 발언을 보자. "이번 정권도 국정농단과 사법농단 사건을 검찰이 직접 수사하니 그땐 좋았겠지. 수백 명도 넘는 검사와 수사관들이 몇 달간 밤잠 못 자고 주말도 없이 과로에 사그라지는 것은 안중에도 없이, 마치 버튼만 누르면 검찰이라는 자판기에서 공소장이 나오는 것처럼 여기더니." 철저하게 검찰의 입장에서 한 말이다. 수사는 당연히 검찰 본연의 업무인데 마치 선심을 쓰는 것 같다. 수사도 선별적이어서 박근혜정권 때 정윤회 문건으로 노출된 국정농단도 박관천 경정의 문건 유출 사건에 묻힌다. 죄가 안 되는 사건도 수사해서 얼마든지 괴롭힐 수 있다는 것이다. 그 예가 정연주 KBS 사장 사건, 광우병 보도 사건이다. 수사할 사건을 공정하게 수사해줬다고 국민이 환호하는 것은 문제가 있다. 검찰의 이중 잣대에 대한 문제가 안팎으로 제기되고 있다. 문제를 일으키는 검사에게 적용하는 집중사무감찰을 임은정 검사도, 서지현 검사도 받은 것으로 안다. 상명하복의 틀을 깨는 것. 검찰 상부의 지시를 거부하는 것. 우리가 아는 정의와 그들의 정의는 다르다.

2019년 9월 23일에 조국 장관의 자택 압수수색 과정에서의 전
화 연락에 관하여 검찰 관계자는 "조 장관이 아내가 몸이 좋지
않고 아들과 딸이 집에 있으니 신속히 진행해달라는 얘기를 반
복적으로 했다"라며 "심히 부적절하다고 판단했다"라고 덧붙인
다. 이 검찰 관계자는 2018년 3월 15일 내부 압력으로 대검 반
부패부에 대한 압수수색이 저지된 것에 대해 누가 물으면 과연
뭐라고 할까. 당시 김우현 대검 반부패부장은 안미현 검사의
강원랜드 채용비리 수사에 관해서 부당한 압력을 넣었다는 혐
의를 받고 있었다. 그리고 위 혐의 수사를 위해 최초로 대검 반
부패부를 압수수색했다는 언론의 '허위' 보도가 줄곧 이어진다.

실제로 수사팀은 대검 반부패부에서 챙겨주는 프린트물만 얌전히 챙겨왔을 뿐이다. 차량에 대한 압수수색은 차량을 가지고 오지 않았다고 하자 "차량 번호만 얘기하면 압수수색한 걸로 처리하겠다"라고 했다. 안미현 검사는 지휘부 라인의 지시와 대화는 온라인 메시지를 통해서 이루어졌고, 그래서 컴퓨터에 저장된 쪽지를 통해 확인하는 것이 반드시 필요하다고 했지만, 그날은 대검의 저지로 포렌식을 전혀 실시하지 못했다. 이틀 후인 3월 17일 압수수색을 다시 실시하지만, 범죄 수사와 증거 수집의 전문가들이 이틀 동안 철저히 준비한 다음이고 수사팀 역시 이틀 전에 이미 압력에 굴복한 후니 결과물이야 불 보듯 뻔하다.

대부분의 검사들은 조국 장관 사건을 둘러싼 사태에 관하여 정치 권력이 무리하게 검찰을 장악하려 시도하는 게 문제의 본질이라 보는 듯하다. 서지현 검사의 미투에 대해 일찍이 "우리 검찰은 성희롱을 은폐하는 그런 미개하거나 야만적인 조직이 아니다. 혹시 어려움을 겪으시는 분이 있다면 누구라도 나에게 말해달라. 다만 성희롱을 겪었으니 서울중앙을 보내달라, 법무부를 보내달라 이런 부탁까지는 못 들어드린다"라고 비아냥거리던 정유미 부장검사의 말이다. "검찰은 사람이 아니라 시스템이 문제다. 사악한 수구 세력이 검찰을 장악하면 반개혁이고 선한 진보 세력이 장악하면 개혁인 것이 아니고, 수구든 진보든 상관없이 경찰, 검찰, 법원을 장악하지 못하게 시스템을 만드는 것이 개혁이다.” 다수 검사들은 “검찰 개혁에 앞장서야 하는 자리가 법무부 장관인데 그 후보자나 가족이 피의자 또는 피고인 신분인 상황에서 장관직에 오른다는 것은 부적절하다”라고 한다. 그런데 수사권과 기소권을 가진 곳은 어디인가. 우리에게 찍히면 장관 못한다는 말을 검사님들은 이렇게 하신다. 그렇다. 검찰은 아무런 문제가 없고 지극히 고결하고 정상적인데 검찰을 장악하려는 정치 권력과 아무것도 모르면서 검찰을 흉악하다고 보는 국민이 문제인 것이다.

그리스 신화의 메두사는 본래 아름다운 여인이었으나 저주를 받고 흉측한 모습으로 변한다. 페르세우스가 메두사를 무찌른 것에 대해선, 거울과 같이 맑은 방패를 메두사의 잠든 옆에 놓아두었는데 잠을 깬 메두사가 방패에 비친 자신의 모습을 보고 놀란 사이에 처치했다는 이야기와, 메두사가 스스로의 모습을 보고 돌로 굳었다는 두 버전의 이야기가 있다. 자신이 괴물로 변한 줄 모르고 아름다운 시절의 모습만 기억하는 메두사. 물론 검찰은 언제 한때 아름답기라도 했는지 기억이 없다.

팩트 체크

검찰 개혁이 왜 필요한지 안미현 검사의 강원랜드 채용비리 수사 건을 예로 들고 있다. 강원랜드의 신입사원 다수가 부정 청탁으로 입사했다는 이 사건에 청탁 압력을 행사한 국회의원은 법원에서 무죄선고를 받았다. 검찰이 압수수색을 할 때 수색 영장에 적히지 않은 위법한 증거물을 법원에 제시했기 때문이다. 한국 검찰이나 경찰은 압수수색영장을 발부받을 때 피의자의 혐의에 직접 연관되지 않은 다른 범죄 사유를 제시해서 영장을 받고, 압수수색을 무차별적으로 한다. 그리고 수집한 자료들을 분석해서 일부를 증거물로 채택하는 것이 관행이었다. 2017년 이 방법의 압수수색은 피의자의 항변권을 과도하게 침해하므로 금지해야 하고, 이렇게 수집된 증거물의 증거 능력을 부인하라는 대법원의 판례가 있었다. 당시 재판을 받던 권성동 국회의원 변호인은 검찰 압수수색에서 위법하게 수집된 증거의 근거를 제시했고 그 결과 증거는 강원랜드 대표의 진술밖에 없었다. 이른바 심증은 있으나 확증이 없어진 것이다. 수사 검사였다가 사건에서 배제되는 우여곡절을 겪었던 안미현 검사의 외압 압력 폭로 기사를 보면 "상관으로부터 '권성동 의원과 염동열 의원이 불편해한다'라는 말을 들었고 권 의원과 염 의원, 고검장의 이름이 등장하는 증거목록을 삭제해 달라는 압력도 지속적으로 받았다"라고 말했다. 안 검사는

2017년 9월 사건의 재수사를 맡았지만 늘 대검찰청에서 수사가 막혔다고 한다. 당시 대검에서는 핵심 브로커에 대한 압수수색 방침을 반려하고, 최홍집 전 사장의 구속 방침도 두 차례 반려했다. 안 검사는 권성동 의원을 소환 조사하려 했으나 대검에서 반려됐다고 밝혔다. 어쩔 수 없이 염동열 의원만 소환 조사하는 것으로 수사 계획을 바꾸지만, 정작 염 의원 조사 과정에 담당 검사인 안 검사는 배제되고 말았다. 당시 김우현 대검 반부패부장이 이 사건을 수사하는 안미현 검사에게 부당한 압력을 행사했다는 혐의가 있었다. 또한 검찰이 대검 반부패부를 압수수색했다고 언론에 보도자료를 제공했으나 압수수색 내용은 허위였음이 밝혀지기도 했다.

2019년 9월 23일 전 법무부 장관 조국의 자택 압수수색 과정에서 검찰 관계자는 장관의 전화가 "심히 부적절하다고 판단한다"라고 말했는데 그 내용은 알다시피 아내가 몸이 좋지 않고 아들과 딸이 집에 있으니 신속히 진행해달라는 것이었다. 조국 전 장관 사건을 둘러싼 사태에 관하여 '정치 권력이 무리하게 검찰을 장악하려 시도하려는 게 문제의 본질'이라는 시각이나 '검찰은 사람이 아닌 시스템의 문제'라는 관점은 분명히 문제가 있다.

자
기
고
백
의
함
정

사직을 앞두고 송인택 울산지검장이 2019년 5월 국회의원들에게 보냈다는 건의문 중에 "내 편에 대한 수사 진행 상황을 보고 받고도 그냥 놔두었던 적이 있었는지 정치 권력도 반성하고 국민에게 양심 고백을 해야 한다"라는 아주 인상적인 내용이 있다. 타인에게 양심 고백을 요구하는 건 본인도 잘못을 털고 갈 준비가 되어 있다는 뜻 아니겠는가. 그래서 이프로스에 달린 지지 댓글의 수만큼 검사님들의 자기 고백이 쏟아질 줄 알았다. 특히 2012년 이명박 전 대통령이 지극한 관심을 갖고 있던 사건이라 청와대에 수사 상황을 수시로 보고했고, 보다 못한 소속 검사로부터 취중 진담으로 "부장님, 계속 그러시다가는 나중에 구속됩니다"라는 이야기까지 들었다는 그 검사님, 참여연대가 연속으로 최악의 정치검사로 선정하고 법무부 장관에게 단호한 인사를 해달라며 전달했던 41명의 검사 중에 포함되었던 그 검사님, 노무현 전 대통령의 장례식장에서의 해프닝을 장례방해죄로 기소하고 문재인 대통령을 증인으로 신문하였던 전력이 있어 문재인 대통령의 취임 이후 기죽어 있다가 차장으로 무사히 승진하니 볼썽사납게 활개를 치고 다녔다는 그 검사님. 이런 분들의 고백 행진이 이어질 줄 알았다. 그러나 잘못된 행동이 자기성찰 없이 반복되면 고백거리도 안 되는 일상이 되어버린다. 그러다가 이를 무방비하게 떡하니 드러내 남들을 깜짝 놀라게 한다.

진경준 전 검사장이 100억대가 넘는 재산을 보유하고 있는데, 그게 대부분 넥슨의 김정주 대표에게서 공짜로 받은 주식 때문이라는 소식이 퍼지던 때였다. 검찰 간부들은 기자들에게 "뭐가 문제냐, 돈 많은 친구 둔 게 죄냐", "나도 저런 친구 하나 됐으면 좋겠네. 부럽기만 하고만"이라는 반응을 보였다. 자신은 식사나 술대접을 받거나 여행 경비나 타 쓰는 정도인데, 기획부서에 요직만 도는 진 검사장이 친구로부터 받을 수 있는 호의의 크기가 정말 부러웠던 모양이다. 제주지검 영장 회수 사건도 마찬가지다. 그 사건에 연루된 차장은 "공소 취소도 하는데 영장을 회수하는 게 뭐가 문제냐"라고 했다. 공소 취소는 형사소송법에 정해진 소송 행위이지만, 명분이 없어 "오류로 접수되었다. 보완해서 조만간 다시 제출하겠다"라고 거짓말하며 접수된 영장 청구서를 찾아오는 것은 허용된 행위가 아니다. 그런데 양심 고백이 이어지기는커녕 우리는 윤 모 검사의 고소장 위조 범죄 무마 의혹에 대해 규정에 따라 처리한 것이라는 조기룡 차장검사의 궤변을 들어야 했다. 공문서 위조죄 및 동행사죄는 법정형이 징역형밖에 없어 벌금형이 불가하다. 그래서 공판 검사는 윤 모 전 검사에 대해 징역 1년에 집행유예 2년을 구형했다. 공무원들은 집행유예 이상의 형을 받으면 파면되는데, 검사들은 고귀한 분들이라서 경징계 사유에 불과하다고 한다.

검사들은 자백하는 피의자를 선처해준다. 진실 발견을 위한 사회적 자원의 낭비를 줄인 데 대한 보답이겠고, 또 자백에 이르는 동안 자기부정과 참회로 스스로에게 벌을 내렸다고 보기 때문이다. 그런데 자기 고백은 잘못을 깨달은 자만이 할 수 있다. 아무리 잘못이 커도 깨닫지 못한 자는 자기 고백이 원천적으로 불가능하다. 그래서 국민의 눈에는, 검찰이 마치 잘못을 뉘우치지 않는 뻔뻔한 피의자와 같이 보이는 것이다.

팩트 체크

2019년 5월 26일 송인택 전 울산지검장이 전체 국회의원 300명에게 건의문을 보냈다. 검·경 수사권 조정 법안에 대한 비판과 구체적인 검찰 개혁 방안을 정리한 글이었는데 그 내용 중에 양심 고백에 관한 글이 있었다. "내 편에 대한 수사 진행 상황을 보고받고도 그냥 놔두었던 적이 있었는지 정치 권력도 반성하고 국민에게 양심 고백을 해야 한다." 타인에게 양심 고백을 요구하려면 자성의 고백이 먼저 있어야 한다. 검찰청에서 '국민의 대표에게 드리는 검찰 개혁 건의문'으로 자신의 양심에 성찰을 요구하는 글을 국민의 대표에게 보냈다면 자성의 목소리도 함께 나와야 한다는 이야기다. 그러나 문제가 되었던 검사 중 누구도 양심 고백을 하지 않았다. 2012년 이명박 전 대통령이 지극한 관심을 갖고 있던 사건이라 청와대에 수사 상황을 수시로 보고했던 검사, 참여연대가 연속으로 최악의 정치검사로 선정하고 법무부 장관에게 단호한 인사를 해달라며 전달했던 41명의 검사에 포함되었던 검사, 노무현 전 대통령 장례식장에서의 해프닝을 장례방해죄로 기소하고 문재인 대통령을 증인으로 신문했는데 문재인 대통령의 취임 이후 차장으로 무사히 승진하니 볼썽사납게 활개를 치고 다녔다는 검사, 공짜로 받은 주식으로 부자가 된 검사를 부러워하는 검찰 간부들, 담당 검사 몰래 영장을 회수한 차장검사, 고소

장을 위조한 검사 등이 그들이다. 검사들이 자백하는 피의
자를 선처해주는 것은 진실 발견을 위한 사회적 자원의 낭
비를 줄인 데 대한 보답이고, 자백에 이르는 동안 자기부정
과 참회로 스스로에게 벌을 내렸다고 보기 때문이다. 이 글
에서 저자는 검찰에 대해 쓴소리를 보탠다. "자기 고백은
잘못을 깨달은 자만이 할 수 있고 아무리 잘못이 커도 깨닫
지 못한 자는 원천적으로 불가능한 것"이라고.

검찰과 갈라파고스

참여연대가 펴낸 박근혜 정부 4년 검찰보고서의 제목은 '빼앗긴 정의, 침몰한 검찰'이다. 그런데 침몰하는 집구석에서 새어 나오는 이야기를 들으니, 망하는 데는 이유가 있구나 싶다. 조직 논리에 찌든 간부도 아니고 젊은 여검사 둘이 "성추행당했다고 영웅이 되나", "서지현을 용서할 수가 없다. 지가 뭔데 서울남부지검의 성폭행 사건을 꺼내 가지고"라고 한다. 2012년 임은정 검사가 윤길중 재심 사건에서 무죄 구형의 변을 이프로스에 올렸을 때도 젊은 조직론자들의 비난이 불같이 타올랐다. "목적을 위해서 절차를 무시해도 된다는 생각은 매우 위험합니다", "불법적인 것이 아닌 지시를 법에 위반하여 행하는 것은 그 자체 정당성이 없다고 봅니다", "담당부장께서 게시자의 입장을 생각해서 다른 검사로 하여금 재판에 관여하도록 배려하여 주었는데도 그 사건에 대신 관여할 검사가 법정에 출입하지도 못하도록 문을 걸어 잠근 것을 두고 공감할 분들이 거의 없을 것이라고 봅니다"라는 댓글이 달렸다. 이 검사들은 김국일 부장검사의 직무이전지시가 검찰청법에 위반한 것으로 위법 무효하다고 확인되었을 때 아무도 사과하지 않았다. 더욱이 2019년에도 임 검사의 "침묵은 동조하는 것과 다름없다"라는 언급에 다른 검사가 "임 검사님 책임도 있어요. 임 검사님이 행동하는 걸 너무 무섭게 만들어버렸어요"라고 했다. 위에서 가하는 온갖 불이익을 그저 참고 견디고 있었을 뿐인데, 행동해서 불이익을 받은 게 다른 검사들을 위축시켰고 그래서 임 검사 잘못이라는 것은 무슨 국민의힘 정당 같은 논리인가. 그러나 역시 화룡점정은 문무일 총장이다. 문무일 총장이 검·경 수사권 조정에 관한 기자간담회에서 목이 메는 목소리로 광주를 언급했는데, 이후 이프로스에는 온갖 찬사가 넘쳐났다. 김남주 시인의 시처럼 "거리는 용암처럼 흐르는 피의 강을 이루고, 바람은 살해된 처녀의 피 묻은 머리카락을 날리며, 학살자들은 끊임없이 어디론가 시체의 산을 옮기던 그때" 전남도청을 사수하던 시민군은 최후까지 광주를 지키겠다고, 우리를 잊지 말아달라고 가두방송으로 호소하고 죽어갔다. 인생에서 내어본 용기가 SNS에 글 올리는 정도뿐인 나는 거대한 국가 폭력에 맞선 그들의 용기를 상상할 수조차 없다. 그런데 권력이 흔들어서 그렇게 되었다는 검사님들의 가당치도 않은 어리광에 광주가 소환되다니 어처구니없는 일이다. 정의를 지키는 일에는 용기를 못 내고, 자신의 권력을 지키는 일에는 용기백배한 분들이 광주를 불러내다니. 광주를 끄집어내려면 먼저 인간된 도리로 "성공한 쿠데타는 처벌할 수 없다"라며 전두환을 옹호한 일을, 전두환, 노태우 국립묘지 안장에 물꼬를 터주게 될 안현태의 국립묘지 안장에 동의한 사실을, 전두환의 광주민주화운동 희생자 명예훼손 발언에 기소보류를 지시한 일에 관해 먼저 자기 고백을 하고 사과해야 한다. 그러나 이프로스에는 총장님 말씀에 공감하고 힘을 얻었고 광주를 언급할 때 울컥했다는 감격 어린 말들이 넘쳐나서 의식이 아득해질 지경이다. 갈라파고스에는 오랜 세월 바깥세상과 단절된 채 자신들만의 독자적인 진화 과정을 밟아온 독특한 생명체들이 살고 있다고 한다. 검찰 조직, 이곳이야말로 갈라파고스다.

팩트 체크

2017년 참여연대 사법감시센터는 「박근혜정부 4년 검찰보고서 종합판 : 빼앗긴 정의, 침몰한 검찰」을 발간하였다. 이 보고서에는 박근혜정부가 출범한 2013년 2월부터 박 대통령이 탄핵된 2017년 3월까지 박근혜정부 4년간의 검찰의 실태가 기록되어 있다. 그 4년 동안 검찰이 다룬 주요 사건 81건을 수사 책임자와 담당 검사들 명단과 함께 기록하고, 특히 그중 15건은 검찰권을 오남용한 최악의 수사 사례로 뽑았다. 청와대와 법무부·검찰과 관계, 검찰 윤리와 검사 징계 현황 등도 기록했다. 이 보고서가 검찰에 전달되었는데도 검찰 내부에서 나온 이야기가 황당하다. 미투 운동을 촉발한 서지현 검사에게 젊은 여검사들이 성추행 당했다고 영웅이 되냐는 발언부터 서울남부지검의 성폭행사건을 거론하는 서지현을 용서할 수 없다는 발언까지 다양하다. 서지현 검사에 대한 성추행은 가해자인 안태근도 사실로 인정한 사건이다.

또 2012년 임은정 검사가 과거사 재심에 대해 무죄 구형의 변을 이프로스에 올렸을 때 젊은 검사들의 비난이 빗발쳤다고 한다. 임은정 검사는 무죄를 구형한 이 사건으로 정직 4개월의 징계를 받았지만 소송에서 승소했다. 징계 처분의 이유가 직무이전명령을 어긴 것이었는데 법원의 판결은 직무이전지시가 검찰청법 위반으로 위법 무효하다는 것이다.

그러나 임은정 검사에게 누구도 사과하지 않았다.

2019년 5월 16일 문무일 검찰총장이 검·경 수사권 조정에 관한 기자간담회에서 광주를 언급하자 이프로스에 총장님 말씀에 공감하고 감격했다는 칭송이 넘쳐났다. 그동안 검찰은 "성공한 쿠데타는 처벌할 수 없다"라며 전두환을 옹호하고 5공 경호실장 안현태의 국립묘지 안장에 동의했으며 전두환의 광주민주화운동 희생자 명예훼손 발언에 대하여 기소보류를 지시했다.

정의가 아닌 권력을 향하는 검찰 조직은 오랜 세월 바깥세상과 단절된 채 자신들만의 독자적인 진화 과정을 밟아온 독특한 생명체들이 살고 있는 갈라파고스와 다름없다.

거울 속의 검찰

법원과 검찰은 데칼코마니처럼 닮았다. 법원에는 '물의 야기 법관'이 있고, 검찰에는 '집중 관리 대상 검사'가 있다. 물의 야기 법관이 되기는 매우 쉽다. 대법원 판결이나 법원행정처를 비판하거나, 세월호 특별법 제정과 관련하여 "넉 달 전 우리 모두는 한마음이었다. 아이를 잃은 부모의 마음이었다. 그때 무슨 여야의 구분이 있었을까. 모두가 같이 울었고 같이 분노했다. 그런데 지금 누구는 스스로 죽어가고 있고, 누구는 옆에 와서 빨리 죽어버리라고 저주하고 있다"라는 칼럼[15]을 쓰거나, 여당의

---

15 문유석 전 판사가 2014년 8월 23일자 <중앙일보>에 '딸 잃은 아비가 스스로 죽게 할 순 없다'라는 제목으로 기고한 글.

대선 후보를 비판하는 글을 쓰면 물의 야기 법관이 될 수 있다. 야당 대선 후보는 마음껏 비난해도 상관없었던 모양이다. 그런데 전 대법원장과 전 법원행정처장은 직권남용죄로 재판을 받고 있지만, 검찰은 비공개 예규였던 '집중 관리 대상 검사 선정 및 관리에 관한 규칙'을 슬그머니 폐지해 아무도 수사받거나 기소되지 않았다. 안태근 전 검찰국장의 면직처분취소 소송에서 재판장이 호통을 치며 "판사들이 당신네 같이 했다면 검찰은 횡령이라면서 수사했을 거다. 법원에 대해서는 추상같이 수사하면서 검찰은 왜 그러냐"라고 했다던데 그 마음을 이해한다. 매도 같이 맞아야 덜 아프고, 내 곳간은 비었는데 남의 곳간은 차 있으면 더 화나는 법 아니겠는가. 검찰은 양승태 전 대법원장의 공소장에 "자의적인 기준에 의하여 인사권을 변칙적인 징계 및 문책 수단으로 남용한 것으로 사법행정의 한계를 넘어 위법하고 법관들의 자유로운 의견 표명, 정당한 비판을 할 권리를 침해한 것이다"라고 썼는데, 공소장을 작성하면서 키보드를 치는 검사님들 손이 부끄러움에 떨렸다면 그나마 다행이다.

임은정 검사의 징계 사유 중 하나가 이프로스에 자신의 무죄 구형과 관련한 글을 게시한 것이다. 그런데 검찰은 법관들의 자유로운 의견 표명은 중요하나, 검사의 의견 표명은 "검찰 조직 내부의 혼란을 초래하고 검찰에 대한 국민의 신뢰를 훼손"하는 행위라 한다. 또한 양 전 대법원장의 공소장에는 '과도한 조직 보호'라는 항목이 있다. 법관들의 비리가 드러날 경우 상고법원 추진에 저해되므로 꼭꼭 숨기겠다는 것이다. 그래서 최유정 변호사를 통하여 정운호 게이트에 연루되었을 위험이 있는 현직 부장판사 일곱 명과 그 가족의 이름 및 생년월일을 리스트로 정리하여 전달하면서 영장 전담 판사들에게 검찰이 통신 또는 금융거래 자료에 관한 영장을 청구할 경우 엄격하게 심사하라고 지시한다. 검찰은 또 어느 법관이 부산 지역 건설업자로부터 골프와 룸살롱 접대를 받았다는 비위가 접수되어 법원행정처 윤리감사관실로부터 조사가 필요하다는 보고까지 받았음에도 감사 및 징계를 하지 않은 것이 직무유기라 한다. 검찰이 뭉갠 검사들의 범죄와 징계를 생각하면 판사님들이 정말 화나지 않겠는가. 매도 혼자 맞으면 더 아프고, 사람에 따라 맷값이 달라지면 더 억울한 법이다. 사법농단을 수사하던 검사들은 마치 검찰을 거울에 비춰 보는 기분이었을 것이라고 생각했지만, 나의 착각이었다. 검사들에게는 그 거울이 잘 보이지 않았던 모양이다.

2019년 4월 검·경 수사권 조정 관련 법률과 공수처 설치에 관한 법률이 패스트트랙으로 지정되자 당시 검사들은 나라 잃은 분위기였다. 민주주의 원리에 맞지 않고, 삼권분립에 반하고, 국민기본권 보호를 위하여 적합하지 않고, 검찰의 정치적 중립을 위해서 올바른 안이 아니라고 했다. 하지만 여태껏 나를 속이고 때리던 놈이 "너를 위해 그 길은 옳지 않아"라고 말하면 누가 그 말을 믿을까. 국민은 검찰의 말이 아니라 걸어온 길을 본다. 검사들은 피의자를 파악하기 위해 범죄 경력을 조회한다. 범죄 경력 조회 페이지가 빽빽하면 당연히 나쁜 놈이고, 사기죄는 무혐의여도 두 개 이상 입건 전력이 있으면 운 좋게 빠져나갔을 뿐인 나쁜 놈이다. 그래서 검사님들도 나쁜 놈이 하는 얘기는 뭐든 안 믿지 않는가. 검사님들, 이제 잘 아시겠죠.

팩트 체크

검찰의 법 적용은 법원이라고 눈감아주지 않는다. 문제는 개인이나 조직에 법이 공정하게 적용되어야 함에도 자기 조직인 검찰에 대해서는 선택적 적용을 한다는 것이다. 검찰이 사법농단으로 기소한 양승태 전 대법원장의 공소 내용을 쉽게 풀어쓰면 "마음대로 인사권을 징계나 문책 수단으로 남용하고 법관들의 자유로운 의견 또는 정당한 비판을 할 권리를 침해"했고 "과도한 조직 보호"로 법관들의 비리가 드러날 경우 상고법원 추진에 저해되므로 숨겼다는 것이다. 정운호 게이트는 상습도박 혐의로 입건된 네이처리퍼블릭 정운호가 부장판사 출신 최유정 변호사를 선임하면서 엄청난 수임료를 지불했고 그 수임료가 브로커를 통해 법조계 로비 자금으로 흘러 들어갔다는 의혹으로 시작됐다. 이때 검찰은 연루 위험이 있는 현직 부장판사 일곱 명과 그 가족의 이름 및 생년월일을 리스트로 정리하여 전달하면서 영장 전담 판사들에게 검찰이 통신 또는 금융거래 자료에 관한 영장을 청구할 경우 엄격하게 심사하라고 지시했다. 그러나 검찰은 2011년부터 운영되던 '집중 관리 대상 검사 선정 및 관리에 관한 규칙'을 2019년 2월 말 슬그머니 폐지했다. 이 규칙으로 만들어진 집중 관리 검사 명단은 대외비로 법무부 검찰국장을 포함해 세 명만 볼 수 있는 것으로 알려졌다. 이른바 '검사 블랙리스트'의 근거다. 그러나 이 일로 아무도 기소되거나 수사를 받지 않았다. 돈 봉투 만찬 사건으로 안태근 전 검찰국장은 면직처분을 받자 법원에 면직처분취소 소송을 제기했는데 재판장이 호통을 쳤다는 일화가 있다. 법관이었으면 횡령으로 기소하고 수사했을 게 분명하면서 왜 검찰은 자신들에게 관대하냐는 질타였다.

검찰에서 정직 4개월의 징계를 받은 임은정 검사의 징계 사유 중 하나가 이프로스에 자신의 무죄 구형과 관련한 글을 게시한 것이다. 징계 사유가 "검찰 조직 내부의 혼란을 초래하고 검찰에 대한 국민의 신뢰를 훼손"하는 행위라 했는데 그렇다고 한다면 검찰이 양 전 대법원장의 공소장에 쓴 '자유로운 의견 또는 정당한 비판을 할 권리'가 실종된 셈이다. 또 검찰은 법관이 한 건설업자로부터 골프와 룸살롱 접대를 받은 사실이 법원행정처 윤리감사관실에 접수되어 보고되었음에도 감사 및 징계를 하지 않은 것을 직무유기라 했으나 검사들 또한 스폰서 문화에 자유롭지 않다. 너는 되고 나는 안 되는 특권의식이 오늘날의 검찰 개혁을 불러온 것이다.

검찰의 정유라들

검찰에서 "느그 아부지 뭐하시노"라는 질문은 참으로 중요하다. 그 출신 성분에 따라 내부 구성원인 검사마저 혹독하게 차별하는데 그런 그들에게 "법 앞에 국민을 평등하게 다뤄달라"라는 요구가 씨알이 먹히겠는가. 문서위조죄 및 위조문서행사죄로 재판을 받은 윤 전 검사는 금융지주회사 회장의 딸이라고 부장검사, 차장검사가 지극히 모셨던 탓에 검찰에서 사람을 완전히 망쳐버렸다. 지각과 무단 조퇴를 일삼았고, 근무시간 중에 검찰청 앞에 있는 커피숍에서 유유자적하고 있는 모습이 발견되었는데도 그냥 넘어가 줬다고 한다. 그러다가 이틀 무단결근까지 하자 부장검사는 더 이상 참지 못하고 꼭 징계를 해야 한다고 고집을 굽히지 않았다. 그러자 그 아버지가 검찰청까지 찾아와서 여식을 잘못 키워서 죄송하다고 허리 숙여 사과하고, 차장검사는 징계해야 한다고 길길이 뛰던 부장검사를 설득한다. 이러니 윤 검사는 검찰이 얼마나 우습게 보였겠는가. 그래서 2016년 어느 날 윤 검사는 접수된 고소장을 잃어버리자 고소장을 위조하고 그 위조된 고소장을 이용하여 고소장 각하 처분을 했다. 고소인이 범죄 사실을 적은 부분은 사문서, 검찰청에서 접수인을 찍은 부분은 공문서가 되기 때문에 윤 검사는 사문서위조죄, 공문서위조죄가 각각 성립하고 위조문서행사죄까지 해서 지은 죄가 몇 개나 된다. 그런데 검찰은 징계도, 기소도 하지 않고 사직서만 수리하는 것으로 조용히 처리하고, 소문을 듣고 취재하는 기자들에게도 문서위조와 위조문서행사 범죄 부분은 숨긴 채 "고소장 분실, 뭐 그까짓 것 새로 고소장 제출하게 하면 되고 징계까지는 뭐"라고 대응한다. 그러나 해당 사건의 고소인이 가만있지 않았고, 시민단체까지 거들어 고소, 고발하여 결국 윤 검사는 기소되어 2020년 3월 징역 6개월의 선고유예를 받았다. 귀한 검사님 윤 전 검사님과 다르게 검찰의 공식 천덕꾸러기 임은정 검사는 업무 시간을 한 시간 비운 일이 징계 사유가 되었다. '국가공무원 복무·징계 관련 예규'에는 "반일 연가의 경우 14:00를 기준으로 오전, 오후로 구분함"이라고 정하고 있는데, 오전과 오후를 나누는 일반적 기준대로 이해하고 오후 반차를 내고 정오 12시에 퇴청한 걸 문제 삼은 것이다.

2013년 서울중앙지방법원 형사부장판사의 고등부장 승진 축하 술자리에서 그 형사부에 재판을 들어가던 공판부 검사는 회식에 참석한 변호사를 추행한다. 이후 그 변호사와 합의를 하고서 견책 징계를 받는다. 흙수저 공판검사와는 다르게 대검 공안부장을 역임한 아버지와 검찰에서 잘나가는 매형을 둔 진 모 검사는 그보다 훨씬 심한 추행을 하고 피해자와 합의를 하지도 않았는데 아무런 징계를 받지 않았다. 진 모 검사 역시 그 전에 여러 문제될 행동을 하였으나, 상관들이 그 배경이 두려워 너무나 지극히 모셨던 탓에 검찰에서 사람을 망친 것이다. 이렇듯 검사님들은 검찰 내 정유라들이 꽃보직을 차지하고 난 다음에 자기도 남은 한자리를 차지할 것에만 골몰할 뿐 검찰 내 차별과 불공정 앞에서 눈을 감고 침묵한다.

팩트 체크

금수저, 흙수저는 일반 국민들에게만 회자되는 것이 아니다. 공정한 법을 집행하는 검찰 조직에서도 그런 일이 일어난다. 2015년 12월 부산지검에 검사로 근무하던 윤 씨는 고소인이 낸 고소장을 분실하자 고소인이 이전에 제출한 다른 사건 고소장을 복사하고 실무관을 시켜 고소장 표지를 만든 뒤 상급자 도장을 임의로 찍어 위조한 혐의를 받았다.

윤 씨는 위조한 고소장을 바탕으로 각하 처분을 내리고 상부 결재까지 받았지만 이후 고소인이 문제를 제기하면서 사실관계가 드러났다. 검찰 내부에서 논란이 불거지자 윤 씨는 이듬해 6월 고소장 분실에 대한 책임을 지고 사직서를 제출했다. 부산지검은 징계도, 기소도 없이 윤 씨의 사직서를 수리했다. 그러나 윤 씨 사건은 한 시민단체의 고발로 수사가 재개되어 검사직에서 물러난 지 2년여 만에 기소돼 재판을 받게 된다. 평소 무단 조퇴 등 근무 태도가 좋지 않았음에도 검찰에서 아무런 징계 없이 넘어간 것은 앞서도 말했듯 윤 씨의 아버지가 재력가 금융지주회사 회장으로 검찰 내 인맥이 있었기 때문이라는 후문이다.

반면 흙수저 임은정 검사는 업무 시간을 한 시간 비운 게 징계 사유가 되었다. 복무규정은 오후 반가의 시작을 14:00로 기준으로 삼는데 일반적으로 오전·오후로 이해하고 정오 12시에 퇴청한 것을 문제 삼았다. 2013년 서울중앙지방법원 형사부장판사의 고등부장 승진 축하 술자리에서 흙수저 공판부 검사가 동석한 변호사를 추행한다. 이후 그 변호사와 합의하고 견책 징계를 받는다. 그러나 이와는 다르게 2015년 후배 여검사 두 명을 성추행한 진 모 검사는 피해자와 합의하지도 않았는데 아무런 징계를 받지 않았다. 대검 공안부장을 역임한 아버지와 검찰에서 잘나가는 매형을 둔 탓이라는 후문이다. 이렇듯 검찰 내에도 흙수저와 금수저가 있고 차별과 불공정이 존재한다.

국민에게 죽을 것인가, 검찰에 죽을 것인가

검사의 직무 관련 범죄를 수사해야 하는 처지에 놓인 검사들은 "국민을 배반할 것인가, 검찰을 배반할 것인가"라는 진퇴양난에 빠진다. 국민을 배반할 경우에는 잠시 욕이나 들어먹으면 그만이지만, 검찰을 배반할 경우에는 조직 내 인사는 물론 변호사 개업을 할 경우의 밥벌이까지 포기해야 하므로 눈 질끈 감고 국민을 배반하는 쪽이 훨씬 쉬운 선택이 된다. 실제로 검찰에서 다른 이유로 인심을 잃었던 어느 검사장은 들고 가는 사건마다 검사들이 봐주는 법이 없었고 곧 약발 떨어지는 전관이라는 소문이 퍼져 첫 개업지에서의 장사를 접어야 했다. 남들은 평생 번 돈보다 변호사 개업 6개월 또는 1년 이내에 번 돈이 더 많다고 할 정도의 기회인데, 얼마나 속이 아프겠는가. 안태근을 기소했던 성추행 사건 조사단 단장인 조희진 전 검사장은 〈중앙일보〉와의 인터뷰에서 이렇게 말했다. "검사들이 진술을 회피했다. 책임져달라는 것도 아니고 있는 사실 그대로 얘기만 해달라는데 다들 나한테 왜 이러냐는 반응이었다. 검찰에서 진술해놓고 법정에서 기억이 안 난다며 말을 바꾼 증인도 있었고, 조사 이후로 말도 안 섞은 후배도 있었다." 조사단에 소환당했던 검사들은 주로 안태근이 검찰국장으로 있던 시절 그를 상관으로 모셨던 검찰과 소속 검사들이었을 텐데, 참으로 곤란했을 것이다. 첫째는 자신의 진술 내용에 따라 안태근이 기소될 수도 있기 때문이고, 두 번째로는 검사 인사에 대하여 불편한 진실을 드러내야 했기 때문일 것이다. 복무평가가 우수해도 희망하는 임지에 배치받지 못하고, 복무평가가 불량해도 법무부, 대검, 서울중앙지검을 가고, 징계를 받아도 희망 임지로 무사히 배치되는 무원칙한 인사의 원칙이 무엇인지를 조사단에 와서 설명해야 했으니 말이다.

조사단을 힘들게 했던 건 법무부 검찰과 소속 검사들만은 아니었다. 문무일 총장은 2018년 3, 4월경 보고를 하러 오는 안태근 성추행 사건 조사단에 속한 검사들에게 "이게 증거가 충분한가"라면서 계속 짜증을 냈다고 한다. 조사단 소속 검사들은 안태근 전 검사장을 기소하자는 의견이 못마땅해서 그런 거라 생각했다. 세상이 그래도 달라져서 불기소하라는 지시를 곧바로 내리지는 못하고 조심은 하는구나 하면서. 누군가가 위 내용에 관해 질문한다면 검찰은 이렇게 대답할 것이다. "문 총장으로서는 증거를 더 보강하라는 취지로 수사 지휘를 한 것이지만 수사단으로서는 필요 이상의 수사 지휘라 느꼈을 수 있다." 실제로 위 답변은 강원랜드 채용비리 수사단 양부남 단장과 갈등이 있었을 때 검찰이 한 답변이었다. 문 총장의 반응에 주춤해진 조사단은 검찰 내에서 공공의 적이 되기 싫어 남의 손에 기소 여부 결정을 맡긴다. 양창수 전 대법관을 위원장으로 하는 검찰수사심의위원회에 심의를 요청한 것이다. 해당 위원회는 주요 사건의 구속영장 청구나 기소 여부 등에 의견을 제시하는 검찰자문기구인데, 전문가 250여 명으로 구성되어 있고 안건이 있을 때마다 15인이 무작위로 선정된다.

얼마 후인 2018년 5월 조희진 전 검사장과 마찬가지로 강원랜드 채용비리 수사단의 양부남 단장도 김우현 반부패부장의 기소 여부 결정을 검찰수사심의위원회에 넘기려 한다. 안미현 검사가 춘천지검에서 강원랜드 사건을 수사하던 당시 김우현 부장이 가한 부당한 수사 압력에 대하여 직권남용죄의 혐의가 있다고 결론 내렸으나 같은 조직에 속한 검사를, 그것도 문무일 총장의 측근을 자기 손으로 치기 두려워서 검찰수사심의위원회의 손을 빌리려 한 것이다. 그러나 검찰수사심의위원회의 안태근 기소 결론에 호되게 당한 문 총장은 이 위원회를 활용하지 않고 전문자문단에 관한 내규를 급조하여(지시한 지 하루 만에 내규를 만들었다는 말도 있다.) 속성으로 수사전문자문단을 구성하고, 자문단 위원의 정수 일곱 명 중 다섯 명을 대검이 추천하도록 한다. 소문으로는 자문단 회의가 열리던 날 보고를 하러 들어온 수사단 소속 사법연수원 29기 출신의 검사는 식은땀을 삐질삐질 흘리는 고통의 시간을 치렀다 한다. 대검이 추천한 자문단 위원들인 검사장 출신의 법조 대선배들이 이게 무슨 기소 감이 되냐고 호통을 치며 회의를 이어가는 통에 정신을 차리기가 어려웠던 것이다.

한편 대검은 내규상 전문자문단 위원들의 명단은 공개할 수 없다고 하는데, 왜 검찰권 행사에 관한 의사 결정이 익명으로 이루어지는지 도통 이해할 수가 없다. 김학의 사건의 수사단장을 맡은 여환섭 단장은 그 당시 참 착잡했을 것 같다. 검사의 직무 관련 범죄를 수사하다 검찰 내 천덕꾸러기가 된 조희진 전 검사장, 양부남 검사장을 목도했으니 말이다. 어쨌든 검사들에게는 국민을 배신하는 대가는 크지 않으나 조직을 배신하는 대가는 크다. 여환섭 단장이 나중에 혹 김학의 사건을 뭉개거나 말아먹어도 힘없는 국민은 SNS에 욕이나 한 줄 쓰는 것 말고는 할 수 있는 게 없으니 말이다.

팩트 체크

동료 검사를 수사해야 하는 검사는 진퇴양난의 고민에 빠진다. 조직의 배신자로 인사에 불이익을 받을 수도 있고 퇴임 후 변호사 개업을 해도 수입에 지장이 있기 때문이다. 그러니 개인의 안위를 위해서 조직을 선택할 수밖에 없다. 퇴임 후 전관예우를 받으면 개업 1년 이내에 평생 수입을 넘는 돈을 벌어들일 수 있다고 한다.

2018년 1월 안태근은 검찰 내 성추행 가해자로 고발됐다. 후배 검사 성추행을 무마할 목적으로 인사권을 부당하게 행사하였다는 직권남용 혐의로(성추행은 공소시효 만료) 기소되었다. 안태근을 기소했던 성추행 사건 조사단 단장 조희진 전 검사장의 고충담이다. "같이 근무했던 검사들이 사실을 얘기해달라는데도 진술을 회피하고, 진술하고도 법정에서 기억이 안 난다고 번복한 증인도 있었고, 조사 이후 말을 안 섞은 후배도 있었다." 이들은 안태근이 검찰국장으로 있던 시절 그를 상관으로 모셨던 검찰과 소속 검사들이었다. 검사들에게 이 사건의 진술은 검찰 내 무원칙 인사의 실상을 설명하는 것이었다. 조사단을 힘들게 한 건 조직 전체의 비협조였다. 검찰총장에서 하부 검사에 이르기까지 비협조인 태도를 보이자 성추행 사건 진상규명 및 피해회복 조사단이 취한 방법이 검찰수사심의위원회의 심의 요청이다. 실세 검사를 치기엔 역부족인 조사단이 검찰기구인 검찰수사심의위원회에 판단을 넘겼으며, 그 위원회가 안태근을 기소하자 문무일 검찰총장이 긴급히 내규를 변경해서 활용한 기구가 수사전문자문단이다. 이 자문단을 활용하게 된 것은 2018년 춘천지검의 안미현 검사가 강원랜드 채용비리 수사외압 의혹을 폭로했는데 수사외압의 주체로 당시 대검 반부패부장 김우현을 지목하면서다. 그때 수사전문자문단이 '강원랜드 수사외압 없었다'라고 검찰 손을 들어주었다. 이 수사전문자문단 위원의 정수 일곱 명 중 다섯 명이 대검 추천으로 이루어진다. 그러니 검찰총장의 뜻이 유력하게 반영될 수밖에 없다. 대검은 내규상 전문자문단 위원들의 명단은 공개할 수 없다고 한다. 조직이 정의와 공정을 넘어서는 특권이 되면 안 된다.

'수사'라는 이름의 폭력

문찬석 전 광주지검장은 2020년 8월 7일 법무연수원 기획부장으로 발령 나자 이프로스에 울분에 찬 사직 인사를 남겼다. 그 덕분에 검찰공화국 열사의 반열에 든 문 검사장은 〈중앙일보〉와의 인터뷰에서 이렇게 말한다. "박근혜정권 시절 서울남부지검 차장검사로 있으면서 문희상 더불어민주당 의원 처남의 대한항공 취업 청탁 의혹 사건을 맡은 적이 있는데, 수사해보니 증거가 없고 기소할 수 없는 사안이라 무혐의처분했다. 그런데 다른 사람이 수사했다면 압력을 느껴 기소하고 재판으로 넘겼을지도 모른다. 무혐의인 걸 정치적 이유만으로 기소할 수는 없다." 정치적 외압을 이기고 정당하게 무혐의처분했다고 주장했는데, 과연 그럴까? 이 사건에 대해 조은석 전 검사장은 정반대로 말하고 있다. 공소시효가 완성되었다고 대검에서 결론지었는데도 서울남부지검의 지휘부가 바뀐 후에 불필요한 수사를 했다고 한다. 그가 쓴 책 『수사감각』을 보면 이런 내용이 나온다. "유력 야당 정치인과 처남의 재산 관련 분쟁 과정에서 정치인이 집권 시절 대기업에 처남을 취업시켜준 사실이 언론에 보도됐다. 정치인과 정치적 입장이 다른 시민단체가 고발장을 검찰에 접수시켰다", "이는 공소시효가 경과되었음이 역수상 명백했다. 고발장 접수 후 대검 검토에서도 그와 같이 결론지었다. 그런데 일선 검찰청 지휘부가 교체된 후 갑자기 수사를 진행했다. 공소시효가 남아 있는 범죄로 구성하여 대기업 압수수색과 관련자 및 대기업 회장까지 소환 조사하였다. (중략) 결국 1년여간 진행된 수사는 정기인사로 지휘 간부들이 교체된 이후 불기소 종결되었다. 처음부터 종결이 명약관화한 사건이었다."

하지 말았어야 할 이 수사로 이득을 본 것은 조양호 회장을 변호했던 전관 변호사들이었다. 조 회장은 해당 사건의 변호사 비용을 대한항공이 대납하게 했고, 이것 때문에 2018년 10월 횡령죄로 기소된다. 2010년에는 서울중앙지검 부장이던 진경준이 조 회장의 탈세 의혹을 내사해서 무혐의 처리해주고 청소용역 일감을 달라고 대한항공에 요구했으니, 조 회장도 검찰 때문에 고생이 참 많았다. 한편 해당 취업 청탁은 2014년 조현아 전 대한항공 부사장의 '여객기 강제 회항 사건[16]' 수사가 진행되던 중에 문 의원의 처남 김 아무개 씨가 문 의원 부부를 상대로 낸 12억여 원의 손해배상 소송을 통해 알려졌다. 그 후 한 보수 단체가 고발했다. 수사는 범죄와 범죄자를 찾아 공소를 제기하기 위한 과정이다. 공소시효가 완성된 사건은 공소 제기가 불가능하므로 수사력을 들일 필요가 전혀 없다. 그래서 일반적인 사건에서는 공소시효가 도과된 행위를 고발하면 수사고 뭐고 없이 빛의 속도로 각하된다. 그런데 서울남부지검은 2015년 6월부터 1년 동안이나 무용하고 불필요한 수사를 한 것이다. 그 결과 수사 인력을 낭비하고 피고발인 등 관련자들에게 고통을 주었는데 이건 엄연히 수사라는 이름으로 행한 폭력이다. 그러나 임은정 검사가 "치세의 능수능란한 검사, 난세의 간교한 검사"라 칭한 문찬석 전 검사는 소신 있게 무혐의처분했다고 자랑했다. 해당 인터뷰 기사의 제목은 "이성윤이 검사냐. 채널에이 수사 창피한 줄 알아야"라는 문찬석 전 검사의 말을 그대로 담고 있다. 이건 2020년 초 상갓집에서 양석조 검사가 당시 심재철 대검 반부패강력부장에게 "당신이 검사냐"라고 외친 것만큼이나 웃긴 일이다.

한편 조국 전 장관의 딸 조민 씨가 고려대 수시 전형 지원 시

---

16 2014년 12월 5일 존 F. 케네디 국제공항을 출발해 인천국제공항으로 향하던 대한항공 여객기 내에서 일어난 사건으로, 대한항공 조현아 당시 부사장이 객실승무원의 마카다미아 제공 서비스를 문제 삼아 항공기를 램프 유턴시킨 뒤 사무장을 강제로 내리라 해 이륙이 46분이나 지연되었다. 대한항공 이륙 지연 사건, 땅콩 갑질 사건 등으로 불린다.

허위 스펙의 서류를 제출해 고려대의 입학사정 업무를 방해했다는 혐의에 관해서는 업무방해죄의 공소시효는 7년이고, 조민 씨의 대학 입학은 2010년이니까 이미 공소시효가 완성되었다. 그러니까 2010년 고려대 생명과학대학에 수시 전형으로 지원할 때 제1저자로 등재된 '단국대 논문'이 제출됐는지 아닌지는 조민 씨가 조국 전 장관의 딸이니까 수사를 하는 것이지 다른 사람의 딸이었다면 문제가 되지 않았을 일이다. 사건 수사가 범죄를 향한 것이 아니라 사람을 향한 사냥임을 보여주는 사례다.

반면 검찰이 어떤 피의자에게는 무한정의 따뜻한 시선을 보내기도 한다. 전광훈 목사의 변호인 이성희 변호사는 "검사 출신의 정준길, 임무영 변호사가 추가 선임되면서 담당 검사와 상의를 했다. 검사가 구속적부심을 신청할 것을 위 검사 출신 변호사들과 상의했다"라고 말했다. 이런 친절한 검사님을 보았나. 전광훈 목사의 곁에는 검사 출신의 변호인 말고도 김승규 전 법무부 장관도 있다. 김 전 장관은 기독자유통일당에 소속되어 있고 전광훈의 멘토로 알려져 있다. 전광훈이 하늘의 감동을 받은 사람이라고 극찬하기도 했다. 그런데 위 정당이 내세우는 정강정책 중의 하나가 '북한 보위부·나치의 게슈타포 같은 초헌법적인 고위공직자범죄수사처 도입 폐지'다. 우리 검사님들 마음에 쏙 드는 정책이 아닐 수 없다.

한편 공소시효가 지난 사건도 수차의 압수수색을 할 만큼 열심인 검찰이 신천지의 압수수색에는 어이없는 제동을 걸었다. 대구경찰청은 2020년 2월 29일 교인 명단을 누락해 제출한 혐의로 신천지 대구교회를 수사하기 위해 압수수색을 신청했는데 검찰이 기각한다. 3월 3일 재신청 역시 기각한다. 기각 이유는 교인 명단을 누락해 제출하거나 관련 사실을 숨긴 행위들에 관하여 고의가 있는지 분명하지 않다는 것이다. 명단을 고의로 누락한 것인지, 과오로 누락한 것인지는 수사를 해봐야 알 수 있는 것인데, 수사의 초기 단계인 압수수색 신청에서 고의를 증명하라는 이야기는 수사를 하지 말라는 것이나 마찬가지다.

어떤 사회적 사실을 범죄로 규정하여 인지할 것인가, 그리고 얼마만큼의 수사 인력과 자원을 들일 것인가는 검사의 재량에 달려 있다. 하지만 검사들은 이 재량을 이용해 많은 죄를 범하고 있다. 수사라는 이름으로 폭력을 저지르거나 다른 한편으론 어이없이 관대한 처분을 함으로써 범죄를 배양하는 것이다. 바이러스는 자기가 살아남기 위해 숙주를 죽이지 않고 유지시킨다. 현직 검사와 전관 변호사의 이 법조 카르텔은 이대로라면 자기가 깃든 이 사회를 죽이고 말 것이다. 바이러스보다도 어리석다.

팩트 체크

사직서를 낸 문찬석 전 광주지검장의 언론 인터뷰다. 그는 언론과의 인터뷰에서 문희상 더불어민주당 의원 처남의 대한항공 취업 청탁 의혹 사건을 무혐의 처리했는데 증거도 없고 기소할 수 없는 사안이었다고 말했다. 자신은 압력에도 불구하고 정치적 이유만으로 기소할 수 없었다고 단호한 의지를 보였다. 이 말만 들으면 그는 공정하고 정의로운 검사로 여겨진다.

검찰의 수사 기준에 대해 고개를 젓게 되는 부분이다. 그 사건은 공소시효가 만료된 것이었다. 문득 피의자를 압박하기 위한 것이 아닌지 의심이 된다. 하지 말아야 할 사건을 수사해서 이득을 본 사람들은 전관 변호사였다고 한다. 그 비용을 조양호 회장은 변호사들에게 회삿돈으로 대납했다. 그 대납 건은 횡령이 되어 진경준 전 검사가 수사를 담당한다. 진경준이 누구인가. 넥슨 공짜 주식으로 공직자 재산 증식 순위 1위의 기염을 토하고 이 횡령 건을 무혐의 처리하는 조건으로 147억 원의 일감을 받은 인물 아닌가. 대한민국 검찰 사상 처음으로 현직 검사장이 구속기소되는 기록을 남겼다. 그는 이 건으로 재판에서 실형을 선고받고 복역 중이다.

도미노 게임 같은 이 사건의 발단은 공소시효가 완성된 사건을 수사하면서부터다. 공소 제기가 불가능한 사건을 왜 남부지검은 1년 동안이나 불필요하게 수사했을까. 임은정 검사가 "치세의 능수능란한 검사, 난세의 간교한 검사"라고 한 문찬석 검사가 남부지검에서 1년여를 물고 낭비한 시간은 도대체 무엇이었을까. 공소시효가 완료된 사건을 붙들고 늘어지는 경우가 전 법무부 장관 조국 딸의 경우인데 2010년 수시 전형 시 제출한 논문을 7년의 시효 완료 기간을 지나서 수사하는 것은 그녀가 조국 전 장관의 딸이기 때문이라면 문찬석 전 검사의 사건과 겹쳐진다. 범죄가 아닌 사람 사냥이다.

코로나 확진자였던 전광훈 목사의 멘토는 김승규 전 법무부 장관이다. 변호인들은 검사 출신의 변호사들로 담당 검사와 구속적부심 신청을 상의하기도 한다. 검사들은 경찰이 신천지 교회를 압수수색하겠다고 하자 제동을 건다. 기각 이유는 교인 명단을 누락해 제출하거나 관련 사실을 숨긴 행위들에 관하여 고의가 있는지 분명하지 않다는 것이다.

검사들이 종교에 관대한 이유가 무엇일까. 사건의 처음은 현직 검사와 전관 변호사의 유착 관계에서부터 시작되었다. 모든 사안에 법과 원칙이 지켜지지 않는 수사는 폭력이 맞다.

나만 잘살면 돼

검언유착,
제 식구 감싸기,
무소불위 권력

2

환상의 또는 환장의 복식조

『법구경』에 이런 구절이 나온다. "악의 열매가 익기 전에는 악한 사람도 복을 만난다. 악의 열매가 익은 뒤에는 악한 사람은 죄를 받는다." 그렇다면 윤석열 총장과 그 패거리들이 드디어 자신들이 뿌린 악의 열매를 거둘 시간이 도래했다고 봐도 될까.

2019년 12월 1일에 청와대 민정비서관실에 근무하다가 서울동부지검으로 복귀한 검찰수사관이 자살한다. 그는 울산시장 하명수사·선거개입 사건의 참고인이었는데, 청와대는 백 모 수사관이 검경 갈등을 빚은 고래고기 환부 사건[17]을 조사하러 울산에 갔을 뿐이라고 해명한다. 이 사건이 영화라면, 이 부분은 검찰과 언론이 환상의 하모니를 이루는 장면이 될 것이다.

한편 〈조선일보〉는 관심법에 통달한 궁예나 다름없다. 다음 날인 12월 2일자 사설에서 "검찰 수사에서 사실대로 말할 수도 없고, 말하지 않을 수도 없는 처지에서 괴로움이 컸을 것", "청와대의 거짓 강변이 그를 막다른 골목으로 몰아넣은 것"이라 한 걸 보면 말이다. 그때그때 다른 입장을 취하는 것이야말로 〈조선일보〉의 매력이다. 2017년 11월 국정원 댓글사건 증거조작 혐의를 받던 변창훈 검사가 자살했을 때는 "권력의 충견이 된 검찰은 겉으로는 법치 수호자의 옷을 입고 칼을 휘두르지만 그 본모습은 결국 다 드러난다", "인터넷 댓글이 얼마나 대단한 문제이길래 이런 비극까지 불러와야 하는지 안타까울 뿐이다" 라며 검찰이 무리한 수사를 했다고 비난했다.

그러나 검찰 내부의 풍문은 〈조선일보〉와는 전혀 달랐다. 백 모 수사관이 어느 건설업자로부터 골프 접대 및 금품을 받았다는 첩보가 있었고 이를 통해 수사관을 압박했다는 것이다. 그 건은 눈감아줄 테니 청와대의 하명수사 건은 우리의 그림대로 진술해달라는 요구를 받았다는 것. 2009년 12월 어느 월간지에 실린 기사 중 변호사가 언급한 내용을 잠깐 참고하자. "수사 기법의 문제점이 뭐냐고 묻는다면, '협조하지 않으면 뜨거운 맛을 보여주겠다'라는 식으로 진행된다는 것 아니겠어요? 사실 그것

---

17 2016년 4월, 시가 30억 원을 호가하는 고래고기 21톤을 경찰이 압수했는데 그것을 검찰이 피의자인 불법 유통업자에게 돌려준 사건이다. 이 사건의 위법성을 경찰이 조사하면서 검·경 갈등이 일어났다.

밖에 무슨 방법이 있겠습니까. 그 사람들이 21세기 첨단수사기법을 가지고 있는 것도 아니고. '너의 약점을 캐겠다, 약점 없는 사람이 어디 있냐'라는 식으로 접근합니다." 10년이 지난 지금도 똑같다.

빈소 분위기를 묘사하는 데서도 언론의 속내가 빤히 드러난다. 지난 2017년 11월 〈중앙일보〉는 변창훈 검사의 빈소에서 어느 검사가 문무일 총장에게 "너희들이 죽였어"라고 외친 해프닝을 보도했다. 백 모 수사관의 빈소에서는 수사관들이 청와대를 강력하게 성토했다고 12월 4일자 〈문화일보〉의 보도에 나온다. "빈소에선 현 정부에 대한 '결기' 분위기도 감지됐다. "수사관들이 정권의 도구로만 쓰이다가 문제가 생기면 가장 큰 피해를 본다"면서 격분하는 모습을 보이는 동료들이 많았다. 일부 수사관들은 "다시는 좌파 안 한다"라고 토로하기도 했던 것으로 전해진다", "조문을 온 윤석열 검찰총장도 이 같은 수사관들의 격앙된 분위기를 감지한 듯 두 시간 넘게 빈소에 머무르며 수사관들을 다독인 것으로 알려졌다. 검찰총장이 6급 수사관의 빈소에 직접 오는 일은 흔하지 않은 일로, 윤 총장과 A씨는 대검찰청 범죄정보기획관실에서 함께 일했던 인연이 있으며 A씨를 특히 각별하게 신임했다고 한다"라는 기사 내용을 보면 확실히 알 수 있다. 윤 총장을 향한 〈문화일보〉의 애정이 담긴 시선이 고스란히 드러나는 기사다. 빈소에서 수사관들이 '나는 좌파가 싫어요'라고 선언했다는 건 판타지라 여겨진다. 이승복 어린이의 '공산당이 싫어요'가 만들어진 이야기인 것처럼.

윤 총장의 장모 사기 혐의 또는 관련 사건 무마 의혹을 다루는 언론의 태도도 살펴볼 필요가 있다. 윤 총장의 임명 직전에, 어느 기자는 장모 건은 다 확인됐고 피해자 이야기는 신빙성이 없으며 장모 건을 언급하면 자동으로 명예훼손이 될 거라 한 바 있다. 〈중앙일보〉는 검찰발 뉴스가 이 정권에겐 자칫 '쓰나미급'이 될 수 있어 윤 총장이 '집단 괴롭힘의 대상'이 된 거라는 기사를 내기도 했다. 반면 국회의 검찰 개혁 입법과 관련해 윤 총장이 약속을 바꾼 것을 비판한 언론은 찾아보기 어렵다. 2019년 7월 윤 총장이 총장으로 임명되던 무렵 국회에선 검·경 수사권 조정과 공수처 설치가 논의 중이었다. 윤 총장은 임명될 때 "국회의 결정을 존중하겠다"라고 했다. 10월 9일 언론은 문무일 총장이 해오던 반대 작업을 윤 총장이 중단했다고 일제히 보도한다. 그런데 12월 국회 통과가 예상되자 마음이 급해진 윤 총장이 검사들을 시켜 국회의원들을 개별적으로 접촉한다. 이는 어느 검사의 개인적 일탈로 알려지게 되었다. 국회의원 설득 작업을 하던 검사 중 한 명이 술을 잔뜩 마시고는 야밤에 전화해서 "의원님, 저희가 잘 지켜보고 있습니다. 의원님이 관련된 이 사건도, 저 사건도 잘 들여다보고 있습니다"라고 한 것이다.

이제 몇몇 법조 기자들은 검찰의 받아쓰기를 넘어서 검사들의 복화술까지 알아들을 태세고, '어' 하면 '아' 하고 합을 맞추는 정도다. 그리고 윤 총장은 한때 검찰에서 가장 빛나던 검사였지만, 스스로 먼지를 덮어써서 더는 빛나지 않는다. 영화 〈화양연화〉의 대사가 씁쓸히 떠오른다. "그 시절은 지나갔고, 이제 거기 남은 것은 아무것도 없다. 먼지 낀 창틀을 통하여 과거를 볼 수 있겠지만 모든 것이 희미하게만 보였다."

팩트 체크

울산시장 하명수사·선거개입 사건은 2018년 지방선거 때 청와대가 문재인 대통령의 친구인 송철호의 울산시장 당선을 위해 김기현의 경찰 수사를 지시했다는 의혹이었다. 청와대는 상대 후보였던 당시 울산시장 김기현의 경찰 수사를 지시하고, 선거에 개입한 부정선거 의혹으로 검찰 수사를 받았다. 청와대 민정비서관실에 근무하다 서울동부지검으로 복귀한 검찰수사관은 이 사건의 참고인이었는데 2019년 12월 1일 자살한다. 그의 울산 출장은 검·경 갈등을 빚던 고래고기 환부 사건을 조사하러 간 것이라는 청와대의 해명이 있었으나 〈조선일보〉는 '사실을 말할 수 없는 처지의 괴로움으로 자살'했을 것이라는 추측성 보도를 한다. 이러니 검언유착이라는 비판을 피해갈 수 없다. 당시 검찰이 이 수사관이 건설업자로부터 골프 접대 및 금품을 받았다는 첩보가 접수되었다는 약점을 갖고 봐주는 조건으로 청와대 하명수사 건을 검찰의 뜻대로 진술하라고 수사관을 협박했다는 소문이 돌았다.

그에 앞선 2017년 11월에는 국정원 댓글 사건 증거 조작 혐의를 받던 변창훈 검사가 자살했다. 그는 2013년부터 2015년까지 국정원 파견 근무를 했는데 2017년 서울중앙지검 국정원 수사팀에 의해 댓글 수사 은폐 혐의로 수사를 받고 있었다. 변 검사의 자살을 두고 〈조선일보〉는 '권력의 충견'인 검찰이 무리한 수사를 했다고 비난했다.

이렇듯 검찰과 언론의 수사 기법과 보도 방식은 그 궤를 같이한다. 진실이 아니라 자신들이 원하는 방향을 설정해놓고 사건을 몰고 가는 것이다.

검사를 사랑한 혹은 검사가 된 기자

우리나라 검사와 기자는 닮은 점이 많다. 첫째, 국민 신뢰도가 바닥인 점. 둘째, 업무의 창작성. 둘 다 그림을 그리거나 소설을 쓴다. 이런 공통점 때문에 검사와 기자가 더 절친하게 지내는 게 아닌가 싶다.

블루투스 이어폰을 끼고 매일같이 기자들과 통화하면서 수사 상황을 생중계하는 검사가 있었다. 당연히 해야 할 자기 일을 하면서 이렇게 자신을 내세우는 홍보를 할 수 있는 직업이 검사 말고 또 있을까. 모 일간지의 법조 기자는 어느 검사와 현직 시절에 맺은 인연으로 그 검사가 퇴임 후 연 변호사 사무실에 자주 죽치고 있었다. 회사에 출근하는 날보다 그 변호사 사무실로 출근하는 날이 더 많았고 심지어 회사에서 속상한 일이 있으면 서초동에 가서 술을 마시곤 했다. 물론 그 기자가 쓴 기사를 검색해보면 해당 검사에게 특별한 애정이 엿보이는 기사를 많이 찾아볼 수 있다. 2009년에 김준규 검찰총장은 번호표를 뽑아 당첨된 기자들에게 돈 봉투를 건네는 '촌지 뽑기 이벤트'를 하기도 했다.

이러한 검사와 기자의 전통적인 협력 관계는 피의사실 보도에서 이루어져 왔다. 일간신문의 형사사건 보도에서 재판 전 단계를 다룬 기사 비율이 80퍼센트에 이른다는 건 수사기관의 흘리기가 얼마나 심각한지를 보여주는 증거다. 이 과정에서 진실 여부가 확인되지 않은 사실들이 편파적으로 보도되어 피의자는 대중에게 부정적으로 각인된다. 당연히 법관들에게도 예단을 주는데, 그런 의미에서 검사들에게는 그것이 일종의 수사 기법이 된다. 언론에 크게 다뤄진 사건이면 발부에 대해 자신 없어 하며 구속영장을 쳤는데도 영장이 쉽게 나온다는 게 검사들의 경험담이기 때문이다. 당연히 법관이 무죄 판결을 내리고자 할 때도 심리적 압박감을 많이 느낀다. 또한 수사 개시부터 종결까지 보도된 극장형 수사는 검사에게도 압박이 된다. 관심이 고조된 만큼 용두사미를 만들 수는 없기에 결국 무리한 수사로 나아가기 쉽다.

그런데 한동훈 검사장의 채널에이 사례는 검사의 기자 활용에 관한 새로운 접근으로 보인다. 기자가 사건 수사 내지 조작의 영역까지 넘어와 진정한 '검언 동일체'가 된 것으로, 녹취록의 대화를 보면 마치 수사팀의 팀원들이 서로 협의하는 듯 여겨질 정도다. "돈이야 어차피 추적하면 드러나니까 가족이나 와이프 처벌하는 부분 정도는 긍정적으로 될 수 있고." 채널에이 기자의 말에 검사장이 대꾸한다. "얘기 들어봐. 그리고 다시 나한테 알려줘. 수사팀에 그런 입장을 전달해줄 수는 있어. 수사를 막는 게 아니라 오히려 양쪽에 도움이 되는 거니까." 채널에이 이동재 기자 입장에서는 성공하면 특종을 얻고, 윤석열 총장의 최측근의 최측근 기자가 될 수 있었을 것이다. 검사로선 기자를 이용하므로 한명숙 전 총리 사건에서와 같이 출정 기록 등 흔적을 남기지 않을 수 있고 혹시 잘못되더라도 기자가 자기 이름을 팔았다고 우기면 된다. 한 총리 사건에서는 한만호의 구치소 출정이 73회인데 5회만 조서가 남아 있다. 나머지 출정에서는 검사와의 사이에 무슨 이야기가 있었던 건지 의혹이 있을 수밖에 없다. 그러나 문제는 뒤처리였다. 2020년 2월 13일 윤석열 검찰총장의 부산고검 방문 때 이동재와 그 후배 백 모 기자가 한 검사장을 찾아가서 나눈 대화의 녹음이었다. 이 기자는 휴대전화를 초기화시켰지만, 백 모 기자는 자신이 압수수색을 당할지 생각도 못 했는지 휴대전화에 녹음 파일을 남겨두는 바람에 압수수색에서 확보되었다.

검사들의 언론 활용을 둘러싸고 대단히 한심한 사례도 있다. 2020년 1월 31일 정경심 교수 2차 공판기일에서 검사는 언론 보도를 증거로 신청한다. "청문회 당시 2만 7,000여 건의 언론 보도를 통해 피고인의 혐의들이 구체적으로 드러났다"라고 검사가 주장한 것이다. 2019년 8월 27일 서울대, 고려대, 부산대, 정경심 교수가 투자한 사모펀드 운용사 등 20여 곳을 압수수색했는데, 검사들이 강제수사의 방법으로 확보하지 못한 증거를 언론이 가지고 있을 리가 없지 않은가. 그리고 같은 해 9월 6일 청문회 무렵 언론 보도의 대부분은 검찰발일 수밖에 없고 말이다. 돌려막기도 이런 돌려막기가 없다.

한편 2012년에 검사들은 내부 권력 다툼에 언론 보도를 활용한다. 검란 때 한상대 총장 흔들기가 목적이었다. 에스케이 최태원 회장 사건의 수사팀은 징역 7년 안을 냈으나 한상대 총장이 4년 구형을 지시했다는 구형 외압설을 흘린다. 당시 보도를 보면 "대검 간부들도 최 회장의 구형량에 대해 '적어도 5년 이상은 구형해야 한다'라는 의견이었다고 한다. 한 총장의 결정에 수사팀은 격하게 울분을 토로했고, 일부 검찰 간부들은 수사팀을 진정시키려고 직접 전화를 걸기도 했다"라고 알려져 있다. 그런데 당시 최교일 중앙지검장 쪽에서 흘러나온 이야기에 따르면 '격한 울분 토로'와 같은 것은 완전히 거짓말이라 한다. 최교일이 수사팀의 7년 의견에 "총장이 절대 승인하지 않을 것이다. 법정 하한 5년을 들고 가자"라고 하자 수사팀도 동의했다. 그러나 한 총장에게 엄청난 욕을 먹고는 최교일이 "면목이 없다. 총장이 4년으로 지시한다. 너희가 정 받아들이기 어렵다면 5년으로 다시 가보겠다"라고 하니 수사팀도 "검사장님, 총장님 의지가 강한 것 같습니다. 괜찮습니다. 수고 많으셨습니다"라고 끝났다는 것이다. 검사들은 이렇게 내부 분열이나 의견 대립이 있을 시에도 여론전을 위해 언론을 활용한다.

2019년에는 김오수 법무부 차관과 이성윤 법무부 검찰국장이 대검 간부들에게 낸 제안이 언론에 흘러나와 시민단체로부터 고발당한 사건이 있었다. 그 둘은 대검 간부들에게 조국 전 법무부 장관 의혹에 대한 특별수사팀 구성과 윤석열 검찰총장의 수사 지휘·보고 배제에 관해 의견을 냈는데, 이런 내부의 이야기가 언론에 공개된 것이다. 당시 조국 전 장관 사건을 지휘한 사람은 대검 반부패부장 한동훈과 윤 총장이었기 때문에 언론플레이를 한 사람은 그 둘일 가능성이 매우 높다.

2020년 6월 24일자 〈중앙일보〉에는 "현직 검사, 채널에이 사건 보도에 '이심전심 연대해 토끼몰이'"라는 표제의 기사에 박철완 검사의 이프로스 글이 인용되었다. 그 글의 일부는 이렇다. "누구에게 영장이 청구되었다거나 피의자로 전환되었다거나 대검 내부에서 갈등이 있다는 등 수사 과정이 실시간으로 보도되면서 고위 검사의 명예가 훼손되는 것을 지켜보고 있습니다. 제 가슴은 믿기 싫은데 머리는 최근에 이루어진 일련의 언론 보도 내용을 근거로 동료들 중 누군가 언론의 취재원 역할을 하는 것 같다고 말합니다. 수사라는 것은 혐의 유무를 따지는 일이고 이 일은 언론의 도움이 없어도 얼마든지 할 수 있는 것 아닙니까. (중략) 우리가 자신의 뜻을 달성하기 위해서 또는 기자들의 기삿거리 생산을 위해 언론을 이용하여 동료에게 칼을 꽂는 행위는 절대로 해서는 안 되는 일 중의 하나가 아니겠습니까." 박철완 검사는 한동훈 검사장을 편들고자 이 글을 썼을지 모르지만 한 검사장은 이 경솔한 글을 몹시 싫어하지 않을까. "수사라는 것은 혐의 유무를 가리는 일인데 왜 언론의 도움이 필요합니까"라는 질문은 한동훈에게 해주면 좋을 만한 질문이다. 그리고 언론을 이용하여 동료에게 칼을 꽂는 행위에 관해 말하자면, 2019년에 당시 김오수 법무부 차관과 이성윤 법무부 검찰국장이 고발당하게 된 언론플레이는 누가 했는지도 생각해봐야 한다.

우리는 퇴행의 시대를 건너왔다. 책임져야 할 사람들이 책임을 지지 않고 오히려 피해자로 둔갑했다. "수사 과정이 실시간으로 보도되면서 고위 검사의 명예가 훼손되는 것"을 걱정하는 그 검사는 아직도 퇴행의 시대에 살고 계신다고 할 수밖에.

팩트 체크

채널에이와 한동훈 검사장의 유착 의혹은 2020년 3월 31일 〈MBC 뉴스데스크〉가 단독 보도하면서 세상에 불거졌다. 채널에이 법조팀 이동재 기자는 윤석열 검찰총장의 최측근인 한동훈 검사장과의 친분을 과시하며 금융사기로 복역 중인 이철 전 밸류인베스트코리아 대표에게 접근했고 여권 인사의 비위 사실을 내놓으라고 회유 및 협박했다. 논란이 일자 방송통신위원회가 조사에 들어갔다. 채널에이 측은 해당 기자가 취재 과정에서 복역 중인 이철 대표에게 편지를 보냈고 이 대표 가족에 대한 검찰 수사 가능성과 비리를 제보하면 선처를 받을 수 있다는 등의 언급이 있었음을 사실로 인정했다. 채널에이는 공식 사과 후 진상조사 보고서를 공개했다. 이동재 기자를 해고하고 관련자에 대해서도 정직, 감봉 등의 처분을 했다. 한 검사장과 이 기자의 유착 여부는 채널에이와 검찰이 공식적으로 부정했으나 검사와 기자의 전통적인 협력 관계로 비추어볼 때 의혹이 크다. 7월 2일 추미애 법무부 장관은 수사지휘권을 발동했고 서울중앙지검은 이동재 기자에게 강요미수 혐의를 적용해 구속영장을 청구했다. 법원은 "협박을 의심할 만한 자료가 상당하고 향후 계속 증거를 인멸할 우려도 높다"라며 구속영장을 발부했다. 그러나 수사심의위원회는 이동재 기자에 대해서만 수사 계속 및 공소를 권고했고 한동훈 검사장에 대해서는 수사 중단 및 불기소 권고를 내렸다. 해당 사건을 '검언유착'이 아닌 이동재 기자 개인의 취재윤리 위반으로 판단한 것이다. 따라서 기자에게 모든 책임이 있다는 결론이었다. 수사심의위원회의 판단은 권고 효력만 있을 뿐 법적 강제력은 없다. 서울중앙지검 수사팀은 심의위의 결론을 납득할 수 없다며 반발했다. 이 권고가 있고 난 후 수사팀이 강행한 압수수색은 여러 논란을 야기했다. 한동훈 검사장에 대한 수사심의위원회의 수사 중단 및 불기소 권고와 함께 해당 사건과 관련된 여권 인사의 개입설 등이 불거지면서 사건은 '권언유착'이란 조어를 생성했다. 이 사건은 2020년 11월 현재 재판이 진행 중이다.

예감은 틀리지 않는다

전문수사자문단. 대검찰청 산하 전문수사자문단은 중요 사안의 공소 제기 여부 등을 심의하기 위해 검찰총장이 소집하는 자문기구다. 2020년 6월 채널에이 이동재 기자가 서울중앙지검 수사팀을 신뢰할 수 없다면서 전문수사자문단에 관련 사건을 회부해달라고 진정을 제출했고, 대검찰청이 이를 수용했다.

이 전문수사자문단은 문무일 전 총장이 남긴 위대한 유산이다. 2018년 서지현 검사의 미투로 안태근 사건의 수사가 개시되는데, 문무일 총장에게는 충격과 좌절을 안겨준 두 사건이 있었다. 하나는 조사단의 법무부 검찰국에 대한 압수수색이고, 다른 하나는 검찰수사심의위원회의 안태근에 대한 구속영장청구 및 기소의결이다. 문 총장은 기자들에게 "사안을 엄중하게 인식하고 있고, 진상 조사를 철저히 할 예정이다. 그 결과에 따라 상응하는 응분의 조처를 하겠다"라고 말했지만, 실은 검찰을 살포시 덮어놓은 포장이 벗겨져 치부가 드러날까 봐 불안했을 것이다. 반면에 조희진 서울동부지검장이 단장으로 있던 '검찰 성추행사건 진상규명 및 피해회복조사단'은 국민의 관심이 집중된 터라 수사 성과를 내야 한다는 압박감을 느끼고 있었다. 조사단은 2018년 2월 13일에 서지현 검사의 인사 기록을 확보하기 위해 법무부 검찰국을 압수수색한다. 그런데 그 과정에서 영장을 청구한 사실을 문 총장에 미리 보고하지 않았고 당일 압수수색 직전에야 보고했다. 한편 압수수색의 성공에 기여한 일등 공신은 언론사의 카메라였다. 법무부 검찰국에 소속된 검사들도 영장을 집행하러 온 검사들과 학연, 근무연 등으로 얽힌 사이니 읍소든 압박이든 수단껏 압수수색을 방해할 수 있었을 텐데, 이날 하필이면 법무부의 다른 행사를 취재하려고 기자들과 카메라들이 모여 있었다고 한다. 검찰국에 압수수색이 있다고 하니 기자들이 우르르 달려와서 지켜보아 어떻게 손을 쓰기도 어려웠을 것이다. 그 일이 있자 문 총장은 진노해서 조사단에 대해 매주 보고하라고 지시한다. 이후 조희진 단장이 안태근을 구속기소하겠다고 보고했을 때 문 총장은 홈 씹은 표정이 되었다. 수사에 트집을 잡으며 승인을 해주지 않았던 것이다. 한 달여간이나 이렇게 교착상태에 있게 되자 조사단이 검찰

수사심의위원회에 회부하자는 안을 냈고 문 총장도 승인한다. 해당 위원회는 문무일 총장이 검찰 개혁 방안의 하나로 수사의 공정성과 투명성을 제고시키기 위해서 만들었다고 대대적으로 홍보한 조직이다. 250여 명의 위원을 두고 있는데, 현안마다 무작위 추첨으로 선정된 15인으로 구성된 현안위원회에서 기소나 구속 여부를 의결한다. 그런데 문 총장은 부결을 예상했으나 구속영장 청구 및 기소로 의결되자 충격에 사로잡힌 것이다. 그렇다면 해당 수사에서 드러난 검찰의 치부는 무엇일까.

첫째는 안태근 뿐만 아니라 검찰의 조직문화가 문제라는 점이다. 검찰 내에 안태근의 수많은 동조자가 있는데, 노골적인 동조자와 가면을 쓴 동조자가 있다. 노골적인 동조자로는 임은정 검사를 불러 어깨를 치면서 "내가 자네를 이러면 격려지, 추행인가? 피해자가 가만히 있는데 왜 들쑤셔?"라고 질책한 최교일이 있다. 가면을 쓴 동조자는 "안태근이 너무 잘나가는 검사라서 말이야, 잘못하면 자네만 다칠 거야"라며 서 검사를 걱정해주는 척한 많은 검사들이다. 두 번째는 검찰 인사의 난맥상이다. 검사들은 인사를 앞두고 희망하는 임지를 1순위부터 4순위까지 신청하는데, 복무평정이 좋은 검사들도 4순위까지의 희망 임지에 배치받지 못했는데 음주운전, 변호사 소개 등으로 징계를 받은 검사들은 4순위까지의 희망 임지 중 한 곳으로 배치된다. 심지어는 복무평정이 낮은 검사들도 법무부, 대검, 서울중앙지검에 배치된다. 잘나가는 데도 이유가 없고, 잘 못 나가는 데도 이유가 없는 것이다. 그런 와중에 안미현 검사의 수사외압 폭로로 촉발된 강원랜드 채용비리 수사는 대검의 수사 방해가 먹힌다. 대검 간부의 안 검사에 대한 수사외압을 수사하던 수사단 검사들이 해당 수사와 관련해서 문 총장으로부터 수사외압을 받았다고 토로하는 우스운 일이 일어난 것이다. 우선 성추행 사건 조사단과는 달리 강원랜드 수사단은 대검 반부패부에 대한 압수수색에 실패한다. 이 압수수색은 김우현 대검 반부패부장의 수사외압에 관한 증거를 찾는 게 목적이었다. 김우현의 안미현 검사에 대한 지시는 메신저의 쪽지 기능으로 주로 보내졌는데, 강원랜드 수사단의 검사들은 포렌식을 전혀 실시하지 않았고 대검 연구관이 건네주는 프린트물만 받아왔다고 한다. 검사들이 조직의 적이 되기 두려웠던 터라 강제수사를 강행하지 못한 것이다. 그래서 검사들조차 압수수색의 문턱이 제일 높은 것이 대검이고, 그다음이 법무부, 청와대 순이라고 말한다. 한편 문 총장은 애초에는 수사 지휘도 하지 않고 수사 상황도 보고받지 않겠다고 약속했지만, 돌아가는 꼴이 수상쩍으니 전문수사자문단이라는 것을 급조한다. 수사단은 검찰수사심의위원회에 회부를 요청했지만, 안태근 사건에서 해당 위원회에 된통 데인 문무일 총장은 허락하지 않았고 수사단은 굴복하고 만다. 전문수사자문단 일곱 명 중에 다섯 명이 문무일 총장이 추천한 사람으로 위촉되었으니 역시나 예감은 틀릴 리가 없다. 풍문에 의하면 수사단 소속의 연수원 29기 검사가 자문단 회의에 들어갔는데, 하늘 같은 선배인 전관 변호사들이 김우현 등의 검찰 간부가 내린 지시는 적법한 지휘인데 왜 혐의가 있다고 보냐며 마구 호통치는 자리였다고 한다. 한편 '검찰수사심의위원회 운영지침'은 공개되어 있는데, 전문수사자문단의 근거 규정인 '합리적의사결정을 위한 협의체 등 운영에 관한 지침'은 비공개 예규였고 그러다가 2020년 10월 7일 공개되었다. 수사자문단이 무슨 비밀결사도 아니고 왜 비공개로 했는지 알 수가 없다.

거대하고 단단한 벽이 무너지는 것도 하나의 틈에서 시작한다. 자그만 틈이 벌어지고 나면 바람, 물, 햇빛이 마음대로 드나들면서 단단하던 벽도 푸석푸석해지고 결국 무너지고 만다. 서지현 검사의 미투와 안미현 검사의 강원랜드 외압 폭로가 그런 틈이었지만, 검찰이 그런 틈을 그냥 두고 볼 리가 없다. 문 전 총장이 애초 수사의 투명성과 공정성을 제고하겠다며 만든 검찰심의위원회를 제쳐놓고 결론을 유도할 수 있는 전문수사자문단을 급조했는데, 박상기 전 법무부 장관이 아무런 지시를 하지 않는 사이에 그 틈이 메워진 것이다. 검찰청법에 의하면 법무부 장관은 구체적 사건에 대해서 검찰총장을 지휘·감독할 수 있는데도 말이다. 그 순간이 사라지자 이동재 기자가 의지할 수 있는 전 검찰총장의 꺼림칙한 유산이 고스란히 남게 된 것이다.

팩트 체크

2020년 6월 14일 강요 미수 혐의와 검언유착 의혹으로 검찰 수사를 받던 채널에이 이동재 기자가 서울중앙지검 수사팀을 신뢰할 수 없다며 대검찰청에 전문수사자문단의 판단을 요구하는 소집 요청 진정서를 제출했는데 수용되었다. 반면 복역 중이던 이철 전 밸류인베스트코리아 대표는 기자에게 협박성 취재를 당했다고 주장하며 수사심의위원회를 신청했다. 두 기구에 사건이 다 회부되면서 동시 진행되었는데 6월 29일 추미애 법무부 장관이 전문수사자문단 소집은 '나쁜 선례'라 비판했다. 왜 이 전문수사자문단이 수면 위로 떠올랐는가. 검찰총장의 의지에 따라 결정이 달라질 수도 있다는 의혹이 있었기 때문이다. 이 자문단은 검찰총장이 수사팀과 대검 담당 부서가 추천한 인사 중 일곱 명에서 열다섯 명을 위촉해서 회의를 개최한다. 검찰총장의 사람으로 구성되는데 영향을 받지 않을 수가 없다. 좋지 않은 선례가 전 문무일 검찰총장이 자문단을 활용했던 강원랜드 채용비리 수사외압 사건이다. 2018년 서지현 검사의 미투로 당시 검찰 간부가 수사심의위원회에 회부되었는데 기소 결정되었다. 또 안미현 검사의 강원랜드 수사외압 폭로가 터지자 의혹을 받는 검찰 간부가 다시 수사심의위원회에 회부될 위기에 처했다. 그러자 문무일 검찰총장은 전문수사자문단의 내규를 바꾸고 이 기구에 부하 직원의 판단을 맡겼다. 당시 급조된 전문수사자문단은 '검찰총장 수사내압 의혹 사건'을 심리하고 2018년 5월 19일 "수사 압력이 아니며 불기소가 타당하다"라고 의결했다. 검찰총장이 만든 전문수사자문단에서 검찰총장의 의혹 사건을 불식한 것이다. 이쯤이면 왜 이 기구가 문제인지 알 것이다.

이 두 기구의 성격을 보자. 전문수사자문단은 일선 수사팀과 대검 지휘부 사이에서 의견 차이가 발생할 경우 검찰총장이 직접 소집하는 자문기구다. 수사심의위원회는 검찰총장이 직권으로 소집할 수도 있지만, 사건 관계인, 즉 피해자나 피의자 등의 신청에 따라 소집된다. 전문수사자문단은 검찰이 추천하는 전·현직 검사, 판사 등 법률 전문가들로 구성되지만, 수사심의위원회는 학계나 언론계, 종교계 등 비전문가도 추첨 형식으로 포함된다. 두 기구 모두 권고 효력만 있다.

7월 2일 법무부 장관의 지휘권 발동으로 전문수사자문단 심의가 중단되자 이동재 기자도 수사심의위원회 소집을 신청했으나 위원회는 이동재 기자의 수사 계속 및 공소 제기를 권고했고 한동훈 검사장은 불기소를 의결했다. 서울중앙지검 수사팀은 '한동훈 검사장 수사 중단'에 반발해 수사를 강행하고 있다.

오염된 혀

2011년 7월경 김준규 검찰총장은 임기 만료 40여 일을 남겨놓은 시점에 검·경 수사권 조정을 담은 형사소송법 개정에 항의하면서 사퇴한다. 검·경 합의안이 국회의결 과정에서 변경된 데 대해 책임을 지겠다는 이유였다. 그러나 사퇴라는 건 포장일 뿐이고, 실은 조폭 패거리처럼 '나와바리'를 제대로 지키지 못한 우두머리를 부하들이 쫓아낸 것이다. 홍만표(그렇다, 모두가 다 아는 그 오피스텔 부자 홍만표다.)를 비롯한 대검 참모진이 집단으로 사직하겠다는데, 있어 봤자 식물 총장밖에 더 되겠는가? 김총장이 안에서는 "내가 왜 그만둬야 해"라면서 절규했다고 한다. 법무부 외청 따위가 국민의 대표인 국회가 그 권한으로 법률을 개정하면 당연히 따를 일이지, 떼를 쓰며 사퇴한 게 뭐 잘한 일인가. 그러나 당시 언론은 이렇게 말한다. "국가의 최고 책임자조차 서둘러 합의할 것을 압박했고, 그 요구를 받아들여 최대한 양보해 합의했는데 그것마저 뒤집히는 상황에서 김 총장은 말로 표현할 수 없는 상실감과 책임감을 느꼈을 것이다", "임기를 불과 40여 일 남긴 채 세계 각국의 검찰총장들을 서울로 초청해놓은 자리에서 '직'을 내놓아야 했던 김준규 총장의 고뇌와 충심을 후배 검사들은 가슴 깊이 새겨야 할 것이다." 검찰 내부 소식지라 해도 손색이 없다. 이런 기사들이 왜 나오게 된 걸까? 기자들이 검사들과의 친분 자기장에 걸려 시각이 오염되기 때문이다.

언젠가 법조 출입 경력이 오래된 기자를 만난 적이 있다. 그런데 이 기자가 대부분의 검사들이 패륜아로 취급하는 조 모 검사를 아주 높이 칭송했다. 그 검사에 관련된 일화는 대단히 많지만 딱 두 가지만 들어보겠다. 한 검사가 자기 방에 불려온 유력 피의자의 퇴청을 당시 차장이던 조 모 검사에게 알려주지 않았다가 된통 욕을 먹었다. 피의자가 검찰청을 나가는 길에 기자가 좋은 그림을 잡게 도와줬어야 했는데, 이 검사는 그 차장이 뭘 중시하는지 몰랐던 것이다. 차장검사실을 나서던 검사로서는 본래 업무도 아닌 이런 일로 심하게 까였으니 참담할 수밖에. 그런데 자신에게는 고래고래 욕하고 소리 지르던 그 차장검사가 기자와 통화를 하면서는 너무나 나긋나긋하고 온화한 목소리로 "아, 죄송합니다. 바보 같은 검사놈 때문에"라고 해서 더욱 참담했다고 한다. 또 한번은 검찰수사관이 압수수색영장에 기재된 범위를 벗어난 물건을 압수수색 절차에서 가져왔다. 그러한 물건은 위법수집 증거라 증거 능력이 없다. 담당 검사가 조 모 차장에게 보고하고 피의자에게 반환하려고 했는데 조 모가 임의 제출로 처리하라고 지시했다. 피의자를 검찰청에 불러놓고 강제수사인 압수수색으로 확보한 증거에 대해 "이거 임의 제출하시는 거죠?"라고 하면 임의 제출이 되는 것일까? 그럴 리가 없다. 공판에서 피의자가 문제 삼았기에 담당 검사가 징계를 받게 생겼다. 그런데 그 조 모 검사가 "자네 왜 그렇게까지 했나"라며 시치미를 뚝 떼는 것이었다. 담당 검사가 분이 올라서 씩씩거렸다. 다행히도 그 검사실 계장의 메시지함에서 "차장님 지시입니다. 임의 제출로 하라는데요"라는 지시 내용이 남아 있어 시치미떼던 차장을 눌러버릴 수 있었다. 그렇다면 조모 검사는 왜 기자들에게 인기 폭발일까. 일단 기자들에게 입안의 혀처럼 군다고 한다. 브리핑 중에 형사소송 절차에 관해 지식이 필요한 사항이 나오면 다른 검사는 '법조 출입이면서 이것도 몰라'라는 태도인데, 조 모 검사는 아주 친절하게 설명해준다는 것이다. 둘째, 신선한 기삿거리를 항시 제공한다고 한다. 종일 블루투스 이어폰을 끼고 기자들과 통화하며, 수사 상황을 실시간 중계하는 것이다. 게다가 인간관계를 맺는 기술도 남다르다. 기자들과 한 달에 한 번씩 등산을 하는데, 등산에서 단둘이 있을 기회를 만들어 개인적인 고민을 털어놓는다는 것이다. 그러면 본인을 정말 친하게 생각해서 이런 사적인 이야기까지 털어놓는 것이라는 생각이 들면서 안 그래도 검사와 친해지고 싶던 기자들이 껌벅 넘어가는 것이다. 이렇게 검사들과의 친분 자기장에 걸려 기자들의 시각과 혀는 오염된다. 어느 언론사는 법조 기자의 검찰 편향성이 심하게 눈에 띄어 부서를 바꾸게 할 정도였다. 그런데 그 기자가 새로 옮긴 부서에서도 관련 정부 부처에 파견 나온 검사들만 만나고 다니더란다. 이 기자에겐 검찰이 마음의 고향이 되어버린 것이다. 이런 기자들에겐 "내가 왜 그만둬야 해"라고 울부짖으며 쫓겨난 검찰총장이 고뇌와 충심에 가득 찬 자기희생을 한 것이 되고, 형사소송법에 정한 위법수집증거의 배제법칙을 무시하고 부하들을 궁지로 몰아넣는 검사가 세상 훌륭한 검사다.

팩트 체크

언론과 검찰의 공조는 검사와 기자의 돈독한 관계로 기사가 나가고 국민들은 그들의 우정을 '정의의 진실'로 읽는다. 검·경 수사권 조정의 형사소송법 개정이 국회에서 개정되자 책임을 묻는 내부 압박에 사표를 내면서 불만을 터트린 검찰총장에게 어느 기자가 우정과 연민의 시선으로 기사를 썼다. 2011년 7월 사표를 낸 김준규 검찰총장에 대해 쓴 글이 그것이다. "김 총장은 말로 표현할 수 없는 상실감과 책임감을 느꼈을 것이고 '직'을 내놓아야 했던 김준규 총장의 고뇌와 충심을 후배 검사들은 가슴 깊이 새겨야 한다."

검사들의 외교에 객관성을 잃어버린 기자들이 문제다. 기자들이 착각하는 검사와의 인간적인 관계는 검사의 탁월한 기자 관리로 이루어진다. 패륜아로 취급되는 모 검사를 기자들이 높이 평가하는 것 역시 그 때문이다. 브리핑 중에 형사소송 절차에 관한 질문을 하면 자세하게 설명해주고, 언제나 기삿거리를 제공해주며, 등산 모임도 조직해 개인적인 고민도 토로하면 기자 아닌 누구라도 "그 검사 참 인간적이야"라는 감탄을 쏟아내지 않겠는가. 자신의 입신양명을 위해 부하직원마저 희생양으로 삼는 모 검사가 기자들에게 인기 폭발인 정황을 보면 검사가 기자를 진심으로 좋아하고 존경했을 리가 없다. 그저 자신의 출세를 위한 도구로 생각했을 터다. 그러니 수사 상황을 실시간으로 기자에게 제보하고 사모임을 만들고 고충을 토로해 인간관계가 돈독해지면 '검언유착'이 아니라 '검언우정'이 되는 것이다. 달콤한 인간관계에 중독된 기자가 쓴 주관적인 기사는 감상문일 뿐이다. 그 오염된 혀가 국민을 현혹한다.

열정의 변질

잘 알다시피 윤 총장은 2013년 국정원 대선 개입 사건을 수사하다가 항명으로 징계를 받고 좌천되어 대전고검과 대구고검을 전전했다. 영락없이 검찰의 반란군, 천덕꾸러기 신세였다. 그때는 비슷한 처지의 사람들, 무죄 구형 사건으로 정직 4개월의 징계를 받고 창원지검으로 날아간 임은정 검사, 적격심사에서 떨어져 퇴직명령을 받은 박병규 검사와 연락을 주고받고 안부를 챙긴다. 대구고검 근무 당시 임은정 검사에게 보낸 그의 영롱한 글귀를 보자. "역사는 자기가 맡은 일을 열정적으로 수행한 무수한 필부필녀들에 의해 발전해온 것이고 역사상 위인들도 그저 자기가 맡은 일을 열정적으로 한 사람들에 불과하네. 우리가 몸담고 있는 검찰도 각자 맡은 일을 열정적으로 행하는 많은 검사, 직원들에 의해 발전되어 온 것이라고 생각하네. 열정은 보상을 바라지 않고 그 자체가 보상이네." 대검 중수부 과장, 서울중앙지검 특수부장, 여주지청장 같은 잘나가는 보직에만 있었던 사람인데, 한직인 고검 검사로 처박힌 처지는 참 낯설고도 궁했을 터. 나는 누구인가, 여기는 어디인가를 고민하다가, 역사를 밀어가는 개개인의 열정과 그 열정의 총합이 불러오는 결과에 대해서 "나는 후회하지 않아" 하며 저렇게 빛나는 글을 쓴 것이다. 그런데 열정에 대한 보상을 바라지 않는다는 그에게 보상은커녕 보복이 온다. 본인뿐 아니라 채동욱 총장에게도. 박근혜 정부는 채동욱 총장 찍어내기를 시도했고, 거기에 협력한 게 〈조선일보〉다. 국정원은 2013년 당시 원세훈 전 국정원장에 대한 구속영장을 청구한다는 보도가 나오자 '채 전 총장 혼외자 첩보 보고서'를 작성해 남재준 전 원장과 서천호 당시 2차장에게 보고했다. 그 보고서가 〈조선일보〉로 흘러 들어가 1면 단독으로 혼외자 의혹이 보도됐다. 해당 기사에는 해당 정보의 주체만이 열람하거나 발급받을 수 있는 혼외자와 그 생모의 가족관계등록부, 항공권 발권 기록, 교육행정 정보, 아파트 입주자카드, 채 전 총장의 가족관계등록부 등의 내용이 언급된다. 이게 다 국정원의 터치였던 것이다.

조현오 전 경찰청장은 고 장자연 사건 수사 당시인 2009년 경기지방경찰청장으로 재직하고 있었다. 서울서부지방법원의 법정에 증인으로 출석한 그는 이렇게 증언했다. "이동한 〈조선일보〉 사회부장이 제 집무실로 찾아와 '〈조선일보〉 사회부장으로서 말씀드리는 게 아닙니다. 〈조선일보〉를 대표해서 말씀드리는 겁니다. 우리 〈조선일보〉는 정권을 창출할 수도 있고 정권을 퇴출시킬 수도 있습니다. 이명박 정부가 우리 〈조선일보〉하고 한판 붙자는 겁니까?'라고 했습니다." 2018년 7월 MBC 〈PD수첩〉이 '고 장자연' 1·2편을 방송하자 〈조선일보〉가 MBC 등을 상대로 정정 보도 및 손해배상을 청구하는 소송을 제기했다. 물론 〈조선일보〉가 패소했다. 그런데 〈조선일보〉의 방침은 "경찰에게는 협박을, 검사에게는 접대를"인가? 〈PD수첩〉 후속 보도에 의하면, 2008년 가을 권재진 당시 대검찰청 차장은 박문덕 하이트진로 회장의 초대를 받아 방상훈 회장의 동생인 코리아나호텔 방용훈 사장과 술자리를 가졌는데, 장자연 씨가 접대했다고 한다. 이게 사실이라면 검찰도 우리 빛나는 선배를 욕되게 하지 않기 위해서 장자연 사건을 열심히 묻을 수밖에 없다. 검찰과거사위원회는 2018년 6월 공소시효를 2개월 남기고 장자연에 대한 강제추행 사건에 대한 재수사를 권고하고 사건을 서울중앙지검에 넘겼지만, 별다른 성과는 없었다. 이 사건 말고도 서울중앙지검에는 방상훈 사장 본인이나, 티비조선의 간부 등이 고발된 배임죄 등 사건들이 다수 걸려 있었다.

한편 검사윤리강령 제14조에는 "직무 수행의 공정성을 의심받을 우려가 있는 자와 교류하지 아니하며 그 처신에 유의한다"라고 되어 있다. 이 규정 위반으로 징계를 받은 검사? 물론 있다. 2016년 11월 서울서부지검의 김현선 부장검사는 김형준 부장검사와 만나 식사를 대접받았다는 이유로 감봉 1개월의 징계를 받는다. 김형준 부장검사의 스폰서인 김희석은 제이제이 게임스라는 회사를 소유·경영했는데, 2016년 4월 그 회사의 바지사장 한진우가 김희석을 서울서부지검에 횡령 및 사기로 고소한다. 그런데 그 고소장에는 피고소인 김희석이 회삿돈을 빼돌려 12억 원의 비자금을 조성하고, 이 중 1,500만 원을 김형준 검사에게 제공했다는 내용이 포함되어 있었다. 마음이 급해진 김형준 검사는 2016년 6월 10일 서울서부지검의 부장검사들을 불러모아 여의도에 있는 메리어트 레지던스호텔 양식당에서 식사를 했다. 그리고 여러 부장검사들 중 그 고소 사건의 주임검사가 속해 있던 형사부의 부장이던 김현선이 징계를 받은 것이었다. 검사들에게 윤리강령은 그야말로 휴지 조각보다 더 하찮은 규율이나 다름없다.

팩트 체크

열정은 인간의 감정 중 하나로, 어떤 일에 열렬한 애정을 가지고 열중하는 마음을 말한다. 그렇다면 그 열렬한 애정은 검찰에서 어떻게 변질되는가. 2013년 검찰 내부에서 좌천이나 탈락으로 아픔을 겪고 있던 세 사람이 있었다. 과거사 무죄 구형으로 정직 4개월의 징계를 받고 창원지검으로 발령 난 임은정 검사, 검찰 내부 문제를 비판했다가 적격심사에서 떨어져 퇴직명령을 받은 박병규 검사, 그리고 항명 사건으로 징계를 받고 좌천된 당시 고검 검사 윤석열 현 검찰총장. 그때 윤석열 고검 검사는 이들에게 동병상련의 편지를 보낸다. "열정은 보상을 바라지 않으며 그 자체가 보상이네." 그 열정은 "정의를 구현하는 것"이라 믿어 의심치 않는다. 보상을 바라지 않았던 열정은 어떻게 보상을 받았는가. 당시 박근혜 정부는 보상 대신 보복을 했다. '국정원 댓글 사건'으로 불리는 국정원 여론 조작 사건에 대한 검찰의 단호한 수사에 정부는 채동욱 검찰총장의 혼외자 첩보 보고서를 조선일보에 제공해서 축출한다. 원세훈 전 국정원장 구속영장 청구에 대한 답변이었다.

당시 1면 단독으로 나온 기사의 기억이 선명하다. 그 사건으로 서초구청의 국장이 개인정보 유출로 구속되기도 했다. 댓글수사팀의 윤석열 현 총장과 그의 팀원들도 해체되고 좌천되었다. 그런데 정부가 바뀌고 서울중앙지검장으로 복귀한 윤 총장이 방상훈 〈조선일보〉 사장을 만난다. 박상기 전 법무부 장관은 언론 인터뷰에서 "윤석열 검찰총장이 서울중앙지검장 시절, 언론사 사주들을 만나고 다녔다는 소문이 있어 이를 윤 총장의 최측근인 법무부 간부에게 확인했고, 그 간부로부터 '한 언론사 사주와 과거 인연으로 사적으로 만난 것은 사실'이라는 보고를 받았다"라고 말했다. 〈조선일보〉가 채동욱 전 총장을 제거하고 댓글수사팀을 해체해서 본인을 좌천시켰는데도 만난 것은 마피아의 유명한 일갈을 기억나게 한다. "개인적인 감정은 없다, 사업일 뿐이다." 이때 검찰에는 〈조선일보〉와 관련된 여러 사건이 접수되어 수사 중이었다.

대한민국에서 〈조선일보〉는 무소불위인가. 조현오 전 경찰청장의 법정 증언 중 "우리 〈조선일보〉는 정권을 창출할 수도 있고 정권을 퇴출시킬 수도 있다. 정부가 우리 〈조선일보〉와 한판 붙자는 거냐"라는 〈조선일보〉 임원의 발언은 권력 위에 언론이 있다는 말로 들린다. 물론 2018년 7월 MBC 〈PD수첩〉의 고 장자연 방송에 대한 정정보도 및 손해배상 청구 소송은 〈조선일보〉가 패소했다. 〈PD수첩〉 후속 보도에 의하면 2008년 당시 대검찰청 차장과 〈조선일보〉 방상훈 회장의 동생 방용훈 사장과 함께한 술자리에서 장자연이 접대했다고 한다.

모두가 걸려 있어 묻을 수밖에 없었던 사건이었던가. '정의구현'의 그 열정은 어떻게 변모되고 있는가.

전관 변호사는 어떻게 검찰의 비선실세가 되는가

판사나 검사로 일하던 사람이 변호사로 갓 개업한 경우 처음 맡은 소송을 유리하게 판결해주는 관례. 전관예우의 뜻이다. 이러한 전관예우 때문에 많은 폐단이 생겨난다. 그러나 인사 발표가 나면 옷을 당장 벗을 수도 있는 검사들에게 검찰의 수사권, 기소권은 일용할 양식이 나오는, 조상 대대로 부쳐온 땅과 같다. 그래서 검·경 수사권 조정은 그 땅을 일부 빼앗기는 셈이고, 공수처 설치는 검사들 뒤통수가 뜨끈뜨끈하게 감시할 곳이 생기는 것과 다름없다.

2011년 의정부지방법원의 형사 법정에서 일어난 일이다. 유령회사를 설립해 거액의 가짜 세금계산서를 발행하고 판매한 탈세 사건의 공판날, 판사가 공판검사에게 물었다. "피고인 세명 중 죄질이 무거운 주범 1인은 불구속 상태이고, 죄질이 훨씬 가벼운 나머지 피고인은 구속시켰는데, 이유가 뭡니까?" 질문을 받은 검사의 얼굴이 붉으락푸르락했다. 알고 보니 아주 센 검찰 전관 변호사가 선임되어 그 전관 변호사가 구속할 사람을 정한 것이 그 내막이었다. 수사 검사는 공범 세 명을 모두 구속시키려 했지만 차장검사가 관선 변호사로 나서 "두 명만 구속시키되 검사장님이 구속할 사람을 고르시게 하자"라고 했다. 그리고 검사장 출신의 그 센 전관이 죄질이 가벼운 두 명을 고른 것이었다. 그 전관은 세 명의 공통 변호인으로 선임되어 있었지만 수임료는 주범에게서 나올 테니 그렇게 고를 수밖에 없었던 것.

엊그제까지만 해도 검사장님이라는 호칭으로 부르던 이가 변호인으로 선임되면, 주임검사는 그가 여전히 검사장인지 뭔지 헷갈릴 수밖에 없다. 그래서 그 변호사가 주임검사에게 사건의 진행 경과를 물어보면 수사 기록을 줄줄 읊어주기 마련이다. 공무상 비밀 누설죄 아니냐고? 아니, 검사들 중에 누가 이 아름다운 전통을 감히 깨려고 할 것이며, 공수처가 생기더라도 들키지만 않으면 그만이다. 검사들에게 가장 큰 죄는 들킨 죄 아니겠는가.

그렇다면 검사가 전관 변호사에게 쩔쩔매는 이유가 뭘까? 앞서 말했듯 그분들이 향후 어떻게 될지 알 수 없기 때문이다. 우병우도 변호사를 하다가 민정수석으로 들어갔고 박형철도 청와대 반부패비서관으로 들어가지 않았나. 검찰에는 꺼진 불도 다시 보자는 말이 있다. 그 꺼진 불이 되살아났을 때, 이전에 사건을 잘 봐주었다면 반드시 보답한다고는 장담할 수 없지만, 앙심을 품게 했다면 훼방 놓고 괴롭히는 것은 가능하다. 일례로 2016년 전관 변호사 홍만표를 통해 법조 브로커 이민희를 알게 된 조 모 차장검사는 전화로 이민희에게 친절하게 법률 상담까지 해주었다.

한편 2006년 한 형사 법정에서 검사였던 피고인이 전관 변호사의 영업 비밀을 털어놓은 일도 있었다. 전관 변호사의 첫 사건은 무슨 일이 있어도 봐준다고 고백한 것이다. 그렇게 잘 풀리기 매우 어려운 사건의 피고인이 전관 변호사의 첫 의뢰인이 되고 그 첫 사건이 잘 해결되면 해당 전관 변호사에겐 의뢰인이 줄을 선다.

물론 아주 가끔 말을 안 듣는 미친 검사가 등장하기도 한다. 그럴 때 활용하는 게 재배당의 기술이다. 2006년 서울북부지검에서 있었던 일이다. 사립대학의 입학 비리 사건이었는데, 주임검사가 입시 브로커 여러 명 외에도 대학교수를 인지해서 입건하려 했다. 하지만 전관으로부터 청탁받은 지검장이 대학교수에 대한 인지를 끝끝내 막았다. 그리고 1년 후에 사건을 말 잘 듣는 다른 검사에게 재배당시키는 것으로 사건은 끝났다. 재배당은 검사의 전담, 전문성, 역량, 사건 부담 등을 종합적으로 고려해야 하는데도 결국 그걸 판단하는 검사장이 자의적으로 해버리면 그만이다. 그전에는 서울중앙지검의 최 모 검사가 미성년자를 유흥접객원으로 고용한 사건을 봐주라는 지시를 무시한 일도 있었다. 그 때문에 해당 직위는 원래 정해진 보직 기간이 1년인데, 6개월 만에 전보되고 사건은 재배당이 이루어졌다.

법률로는 전관 변호사의 수임 제한이 정해졌지만, 검찰 전관 변호사가 다 드러나게 위임장을 내고 한 적이 있기나 한가. 현직이든 전직이든 검사들에게 가장 큰 죄는 들킨 죄니까 안 들키면 그만일 뿐이다.

이렇게 전관 변호사는 검찰의 안과 밖, 사적인 관계와 공적인 관계의 구분을 지워버리고, 검찰의 비선이 된다. 그렇다면 마지막으로 윤석열 총장은 뭘까? 조직을 걸고 도박하다가 검찰 선조가 대대로 지켜온 땅을 잃은 간 큰 검찰총장이라 할 수 있지 않을까.

팩트 체크

법조계의 전관예우는 오래된 관행이다. 검사가 퇴직하고 변호사로 개업하면 개업 직후 1년 이내에 평생 번 돈보다 더 많은 돈을 번다고 회자되는 이유가 전관예우에 따라 승소율이 높아지고 특히 첫 사건은 무조건 승소하기 때문이다. 또 그 변호사가 정계로 진출하는 경우가 많으니 검사들 간의 상명하복은 철저할 수밖에 없다. 그들의 끈끈한 유대관계는 다 이유가 있는 것이다. 다시 말해 전관예우는 검사들의 미래다. 수사권과 기소권은 검찰의 힘인데, 수사권이 경찰로 넘어가면 문제가 된다. 바로 이 전관예우가 힘을 잃는 것이다. 이렇듯 여러 폐단을 일으키는 전관예우는 공수처 설치와 검·경 수사권 조정 등 검찰 개혁의 당위성을 드러낸다.

누가 장모님을 자유롭게 했나

피해자는 죽고 가해자는 웃는 '잔혹동화'에 대해 말해보려 한다. 그중에서도 영원히 웃는 가해자는 바로 검사들이 아닐까. 윤 총장의 장모님보다 더 수상한 장모님에 관한 이야기다.

풍문에 의하면, 이 장모님은 남편의 바람기로 심신이 지친 사람이라 딸에게는 그런 처지를 물려줄 수 없다는 사명감이 넘쳐났다고 한다. 반면 품위는 바닥이라 판사인 사위가 거슬리는 언행을 하면 "내가 너를 얼마를 주고 사왔는데"라는 말까지 했다고 한다. 이렇듯 돈으로 행복의 조건을 갖추려던 장모님은 결국 큰 사고를 치고 만다. 사위가 사촌 동생과 불륜관계라는 억측 아래 그 사촌 동생을 청부 살해한 것. 그 유명한 윤길자 사건이다. 그런데 피해자의 가족은 검찰로부터도 큰 상처를 입는다. 피해자의 오빠가 2013년 세브란스 병원에 근무하는 이로부터 제보를 받아 알게 된 사실. 문제의 장모님이 2004년 살인교사죄로 무기징역을 확정판결 받은 후 당연히 교도소에서 착실히 콩밥을 드시고 계신 줄 알았는데 병원 특실에서 자유롭게 외박과 외출을 하며 지낸다는 사실을 알게 된 것이다. 그것도 6년간이나.

윤길자는 2007년 7월에 유방암 등을 이유로 3개월간의 형집행정지를 받는다. 그러고는 아홉 차례에 걸쳐 2013년 5월까지 집행정지가 연장됐다. 2013년 5월 25일 〈그것이 알고 싶다〉 방송에서 이 일을 다룬다고 하니, 검찰은 부랴부랴 5월 21일에 형집행정지를 취소하고 윤길자를 교도소로 돌려보낸다. 그 뒤로 검찰은 형집행정지 신청에 제출된 허위진단서 발급을 의뢰하고 실제 발급한 행위로 윤길자의 남편 및 주치의 박병우를 기소한다. 이 사건의 재판부는 이렇게 판단했다. "윤길자에 관한 부당한 형집행정지 결정이 내려지게 된 것은 의료 기록 등을 통해 윤길자의 건강 상태를 제대로 확인하지 않은 검사의 과실에 기인한 것이며, 검찰은 무기징역형을 선고받은 수형자에 대한 형집행정지 결정을 함에 있어 더욱 주의를 기울였어야 한다."

부당한 형집행정지 결정에 검사의 과실이라······. 진짜 과실일까, 아니면 고의일까? 형집행정지 신청이 들어오면 공판부의 형집행정지 담당 검사가 수형자를 직접 만나보고 임검 보고서란 걸 작성한다. 이 임검 보고서에 기초해 부장검사, 차장검사, 검사장의 결재를 순차적으로 받는다. 이 형집행정지 사건은 검사 전관 변호사들의 블루오션이다. 담당 검사 및 검사장을 상대로 로비할 전관 변호사가 각각 달라붙어서 전력투구한다. 때론 학연으로 뚫어보려 노력하기도 한다.

윤길자 사건에서 형집행정지를 가장 처음으로 신청한 담당 변호사 김 모와 수원지검 검사는 고등학교 동문인 데다 사법연수원 동기였다. 당시엔 수형자의 진단서와 의료기록을 검찰 측 자문위원에게 보내 의견을 구하는 절차가 있었다. 박병우는 윤길자의 주치의인데, 그 의사의 진단만 가지고 형집행정지를 내준다는 건 있을 수 없는 일이지 않은가. 그 있을 수 없는 일이 일어난 것이다. 검사가 검찰 측 자문위원에게 윤길자의 의료 기록을 보내주지 않았기 때문이다. 박병우 사건에서 "검사가 의료 기록 등을 통해 윤길자의 건강 상태를 제대로 확인하지 않았다"라는 법원의 언급은 바로 이 점을 가리킨다. 윤길자는 여러 교도소에 이감되어 가며, 이감된 곳의 관할청마다 형집행정지를 받아낸다. 임검 당시 나이롱환자인 게 너무나 뻔해서 포항지청의 담당 검사가 "이거 안 됩니다. 반드시 나중에 문제됩니다"라고 울부짖었다는 얘기가 들려올 정도다. 그나마 양심은 있는 검사였다.

한편 주치의 박병우가 기소된 재판에서는 검찰 관계자들을 증인으로 부른다. 그러나 누가 나오겠는가. 서면 진술서만 제출하고 아무도 나타나지 않았다. 소환에 응하지 않는 증인은 구인할 수 있지만, 누가 감히 검사를 강제 구인하겠는가. 그렇다면 세브란스 병원은 어떻게 되었을까. 압수수색을 당하고, 병원 관계자들이 뻔질나게 참고인으로, 증인으로 불려 다니는 등 난리가 났다.

글의 초입에서 피해자는 죽고 가해자는 웃는 잔혹동화라 한 것을 기억하는가. 판사의 사촌 동생만 죽은 게 아니다. 피해자의 부모는 사건이 있고 난 후 서로 얼굴 보면 딸 생각만 떠오른다고 부부가 떨어져 살았는데, 그중 어머니가 2016년 2월 집에서 사망한 채로 발견된다. 어머니는 사망 당시 몸무게가 38킬로그램이었다. 165센티미터라는, 그 세대 치고는 큰 키였으니 얼마나 피폐한 상태였는지 짐작이 간다. 윤길자, 그 남편, 주치의까지는 처벌받았지만, 끝까지 웃은 가해자는 검사들이다. 부당한 형집행정지 결정에 관해서는 아무도 징계받지 않았으니 말이다.

검사들의 간덩이가 점점 자라는 이유는 대검의 감찰이란 게 다 형님, 아우 하는 사적 관계에서 무마되고 뭉개지기 때문이다. 안태근, 진동균 사건을 보라. 2019년 10월 법무검찰 개혁위원회가 이런 셀프 감찰을 폐지하라고 권고했지만 아직도 그대로다. 재력을 바탕으로 권력을 손에 넣고, 그 권력을 자석으로 더 큰 부를 끌어들이는 '장모님'을 누가 자유롭게 하는지 생각해볼 일이다.

팩트 체크

2002년 발생한 여대생 청부 살인 사건은 판사 사위를 돈으로 샀다고 생각한 장모가 사위와 사촌 여동생 사이를 불륜 관계로 억측하고 여대생인 사촌 여동생을 납치해 청부 살해한 일이다. 장모인 영남제분 회장 부인 윤길자는 2004년 살인교사죄로 무기징역 확정판결을 받았다. 그러나 그녀는 가짜 진단서로 무려 6년 동안이나 병원 특실에서 자유자재로 외출하며 지냈다. 이 사실은 피해자의 가족이 제보를 받고 반발을 하면서 불거졌다. 〈그것이 알고 싶다〉가 이 사실을 다룬다고 하자 검찰은 형집행정지를 취소하고 교도소로 윤길자를 돌려보낸다. 재판부는 윤길자의 남편과 주치의를 허위진단서 발급 의뢰와 발급한 행위로 각각 징역 2년, 집행유예 3년, 벌금 500만 원을 확정했다. 그러나 검사에게는 건강 상태를 제대로 확인하지 않은 '과실'이라는 판단을 내렸다.

검찰의 지연과 학연 봐주기는 어제오늘 일이 아니다. 윤길자의 형집행정지를 신청한 변호사와 담당이었던 수원지검 검사는 고교 동문에 사법연수원 동기였다. 그 검사는 수형자의 진단서와 의료 기록을 검찰 측 자문위원에게 보내 의견을 구하는 법적 절차마저 생략했다. 죽은 여대생의 집안은 말 그대로 풍비박산이 났으나 이 일로 징계를 받은 검사는 없었다. 검사들은 늘 웃는 가해자로 남는다.

검찰공화국의 열사들

왜 검사들은 검사 출신 전관 변호사의 사건을 잘 봐주는 것일까. 이전에 상관이었다거나 같이 근무했다거나 하는 인연 혹은 학연이 없어도 친절하게 잘해주는 경우가 많다. 그 이유는 바로 해당 전관 변호사에게 자기 미래의 모습을 투영하기 때문이다. 현직에 있는 본인도 인사에서 물먹으면 언젠가는 개업을 할 것이고, 물먹은 것도 서러운데 사건을 부탁하러 와서 후배들에게 무시당하면 비참할 테니. 이렇게 해서 이심전심하며 검찰의 아름다운 전통을 이어가는 것이다. 그래서 법정형이 높은 매매 목적의 마약 소지 대신 단순 투약 목적 소지로 의율하고, 피의자가 바지사장인 줄 알면서도 구속하고 진범은 놔주곤 한다.

검사의 봐주기가 눈에 뻔히 보이면 법원도 때론 골이 나서 판결문에 적시해버린다. 기소하지 않은 범죄는 심리할 수 없다는 불고불리의 원칙에 따라 형사판결의 주문에서 유죄를 판시할 수는 없지만 대신 판결 이유에 넣어버리는 것이다.

정운호 사건을 보자. 서울중앙지검 강력부는 2015년 도박죄로 정운호를 구속기소했다. 그러나 회삿돈으로 도박 빚을 변제한 데 대한 횡령 혐의는 증거 불충분의 이유로 불기소처분했다. 한편 같은 시기에 도박 혐의로 기소됐던 해운업체 대표 문 모 씨와 코스닥 상장기업 사주 임 모 씨에게는 검찰이 10억 원과 42억 원 횡령 혐의를 적용했다. 이 피의자들은 홍만표 변호사와 같이 잘나가는 전관 변호사를 선임하지 않은 게 잘못 아니겠는가. 그런데 2015년 기소된 정운호의 도박죄에 대한 1심 판결문을 보면 "2012~2014년 마카오 등 동남아 일대의 카지노에서 1회 최고 배팅액이 수억 원에 이르는 고액 도박을 한 뒤 한국으로 돌아와 회삿돈을 이용해 도박 자금을 정산했다"라고 명확히 적시하고 있다. 물론 나중에 2016년 정운호 게이트[18]가 터지자 서울중앙지검 특수1부는 정운호를 횡령죄로 기소한다.

물론 검찰 전관 변호사라고 다 돈을 쓸어 담는 것은 아니다. 어떤 검사장 출신 변호사는 안 먹힌다고 소문이 나서 개업을 하

---

18 고액의 상습도박으로 실형을 선고받은 정운호가 보석이나 집행유예를 조건으로 수십억 원의 수임료를 판사, 검사에게 제공한 사건.

고서도 돈을 못 벌고 개업지를 변경하기도 했다. 그 전관 변호사가 한때 부하였던 부장검사를 만나러 검찰청에 찾아갔다. 그런데 복도에서 기다리던 전관 변호사에게 다 들리도록 그 부장검사가 "내가 저 인간을 왜 만나야 하나"라고 수모를 주었다고 한다. 그 검사장이 한때 대검찰청 감찰부장을 하면서 현직 검사 20여 명의 법조 브로커 연루 의혹을 혹독하게 조사한 적이 있었기 때문이다. 해당 비위 건을 조사하면서 검사들의 가족 계좌까지 털었던 것이다.

반대로 최교일의 경우를 보자. 2012년 법무부 감찰관실 소속 서영수 검사가 안태근 강제추행 건에 대해 임은정 검사에게 피해자를 알아보라고 했을 때, 당시 최교일 법무부 검찰국장이 나서서 해결해주었다. 이러면 안태근이 나중에 변호사가 되어 찾아온 최교일의 사건을 잘 봐주지 않을 수 있겠는가.

검사들이 "암에 걸려 죽어가는 검사도 다음 인사를 걱정한다"라는 말이 나올 정도로 인사에 집착하는 이유는 인사가 조직에서 자신의 가치에 대한 평가이기도 하지만, 변호사 개업 후 수입으로 이어지기도 하기 때문이다. 형사사건 한 건에 수억을 받을 수 있는 건 특수통이나 검사장 출신 변호사들이나 가능한 일이다.

검찰에서 옷을 벗고 나오는 검사들은 이프로스에 사직 인사를 올리는데, 이게 바로 변호사 개업 인사다. 사직 인사에 달린 검사들의 댓글을 동판에 새겨 개업한 변호사 사무실에 걸어놓는 양반도 있다. 영업 재산이 되는 검찰 내 인맥을 자랑하기 위해서다. 그래서 사직 인사에 댓글이 적게 달리면 심지어 아는 검사들에게 전화해서 댓글을 달아달라고 부탁하기까지 한다.

검찰에는 검찰공화국 수호에 앞장선 열사도 있다. 2011년 대검 기획조정부장을 맡아 검·경 수사권 조정에서 최종 조정안을 받아들일 수 없다며 사표를 낸 홍만표가 바로 그다. 수사권 조정에 대해서 검찰 조직의 불만을 대변하며 그만둔 데다 건강까지 상했다고 하니 검사들의 따뜻한 후원이 답지했다. 그래서 정운호의 보석 신청에 대해서 검찰은 법원이 알아서 하라는 '적의처리' 의견을 법원에 제출했고, 항소심에서는 1심보다 낮은 형량을 구형했다. 그러나 2009년 강금원 회장은 "서울대병원 진단 결과 당장 뇌 수술을 해야 할 만큼 건강이 좋지 않다"라고 하며 뇌종양 진단서를 제출했는데도, 검찰은 수감 생활에 아무런 문제가 없다며 보석 불허 의견을 재판부에 제출한다. 2020년 8월에 사직한 문찬석 전 광주지검장은 검언 유착 의혹 사건 수사를 '사법 참사'라 칭하며 현 정권이 검찰의 정치적 중립성을 침해한다는 글을 남겼다. 문 지검장이 다수 검사들이 못하는 말을 대신 해주고 떠난 건데, 검사들에겐 그가 십자가를 지고 골고다 언덕을 오르는 헌신이 된 셈이다. 그래서 검사들의 뜨거운 울분과 동지애를 결집시키고 그것이 곧 변호사 영업의 성공을 위한 기반이 된다.

마지막으로 검찰공화국이란 검찰이 대한민국을 지배한다는

뜻이기도 하지만, 특권층으로 이루어진 그들의 폐쇄된 세계가 있다는 뜻이기도 하다. 1987년에 이한열의 추모식에서 "전태일 열사여 박종철 열사여"라고 외친 문익환 목사처럼 검사들에게 는 종묘사직과 검찰공화국을 지킨 호국영웅으로 홍만표 열사, 문찬석 열사가 있다.

팩트 체크

퇴직한 검사들이 변호사가 되었을 때 현직 검사들은 전관 예우라는 특별한 대우를 한다. 그 이유가 무엇인가. 바로 자신의 미래 모습이기도 하지만 무엇보다 그들이 정계로, 행정 수반으로, 권력의 자리로 나아가기 때문이다. 그러니 검사 선배 변호사가 수임하는 사건은 눈에 띄는 봐주기가 된다. 같은 마약 소지도 매매가 아닌 단순 투약 소지로 형 량이 낮아지고 진범은 내보내며 바지사장만 구속하는 일이 생기는 것이다. 법원의 판사도 알지만 기소하지 않으면 처 벌할 수 없는 불고불리의 원칙이라 대신 판결 이유에 넣어 버린다고 한다.

정운호 네이처리퍼블릭 회장의 도박 사건을 보면 이렇다. 검찰은 동남아에서 정운호 대표가 100억 원대 도박을 했다 는 정황을 확인했다. 이 돈이 회삿돈이라는 의혹이 있었으 나 검찰은 횡령 혐의는 조사하지 않고 도박만 조사했다. 서울중앙지검 강력부는 정운호를 도박죄로 구속기소해서 1심에서 징역 1년을 선고받는다. 그러나 회삿돈으로 도박 빚을 변제한 횡령 혐의는 증거 불충분의 이유로 불기소처분했다. 다른 기업의 도박 혐의자들은 도박과 횡령 혐의가 다 적용되는데 정운호가 횡령 혐의에서 빠진 것은 검사 출신 선배 변호사 홍만표를 선임했기 때문이었다. 홍만표 변호사는 검사 시절 전 노무현 대통령의 수사를 진행하면서 피의사실을 언론에 공표한 혐의로 고발당한 바 있다. 노통이 검찰로 소환되는 모습을 창가에 서서 바라보며 웃고 있던 그 검사다. 법원 재판 1심 판결문에 판사는 "2012~2014년 마카오 등 동남아 일대의 카지노에서 1회 최고 배팅액이 수억 원에 이르는 고액 도박을 한 뒤 한국으로 돌아와 회삿돈을 이용해 도박 자금을 정산했다"라고 명확히 적시했다. 홍만표 변호사는 당시 전국 변호사 수익 순위 1위로 연간 수입이 91억 원이었다고 한다. 또 2016년 정운호는 판사 출신 최유정 변호사에게 60억 원을 수임료로 제공했다가 보석이 기각되자 정운호 게이트로 터졌는데 이때서야 서울중앙지검 특수1부는 횡령죄로 기소했다. 검찰 출신 변호사라고 다 통용되는 것은 아니다. 현직에 있을 때 같은 검사들의 법조 브로커 비리를 조사하면서 가족 계좌까지 털어 원성을 샀던 한 변호사는 개업을 해도 한산했다.

검사들의 서로 밀고 밀어주기는 자신의 은퇴 후를 보장하는 것이기 때문에 끈끈할 수밖에 없다. 그러니 그 유명한 서지현 검사의 성추행 가해자 안태근을 감싸고 해결해준 이가 최교일 법무부 감찰국장이 아닌가. 본인에겐 나름 보험이었을 것이다. 검사들이 철저한 상명하복일 수밖에 없었던 이유로 인사 문제가 나오는데 인사가 자신의 가치 평가이기도 하지만 보직에 따라 향후 변호사가 되었을 때 수임료가 달라지기 때문이다. 은퇴 인사도 극적인 효과를 내서 후배 검사들에게 자신을 각인시킨 대표적인 케이스가 역시 홍만표 변호사다. 검·경 수사권의 최종 조정안을 받아들일 수 없다며 이로 인해 건강까지 상했다고 피를 토함으로 후배 검사들의 열화와 같은 성원은 수임된 사건의 높은 성공률을 불렀다.

전 광주지검장 문찬석도 사직하면서 검찰 조직을 위해 검언유착 의혹 사건 수사를 '사법 참사'라 칭하며 현 정권이 검찰의 정치적 중립성을 침해한다는 글을 남겼다. 후배 검사들의 울분을 부르는 이 이별 인사는 또 성공적인 변호사 생활을 약속하는 것이 될 것이다.

피보다 진한 조직애는 조직을 떠난 후에도 계속 이어진다.

국민의 인권을 수호한다는 '거대한 사기극,'

2020년 1월 김웅 검사가 "거대한 사기극에 항의하기 위해 사직한다"라고 하며 봉건적 명령에 거역하라고 후배 검사들에게 포효했다.[19] 그렇다면 2013년에 김웅 검사는 어땠을까. 당시 국가정보원 댓글 사건 특별수사팀 팀장이던 윤석열 검사가 수사팀에서 쫓겨나 정직 1개월 징계를 받은 다음 고검을 떠돌았다. 박근혜정부는 국정원을 동원해 신상을 사찰하고 〈조선일보〉와 합동작전으로 채동욱 전 총장을 쫓아냈다. 그때 김웅 검사, 찍소리

---

19 대검에서 검·경 수사권 조정 법안을 담당했던 인물로 사의를 표명하면서 그 당시 국회 본회의를 통과한 검·경 수사권 조정 법안을 비판하는 글을 이프로스에 올렸다.

213

도 안 하고 있었잖은가. 그 당시의 상황이 부당하지 않았다고 봤다면 2020년 1월에도 미약한 판단력으로 말한 것이라고 할 수밖에. 만약 용기가 없었던 거라면 자기도 못 한 거역을 후배들에게 외치는 건 비겁한 노릇이다. 어찌 그걸 본인만 모를까.

2007년 3월에 어느 검사장이 물러나면서 이프로스에 사직 인사를 올렸다. 그런데 그 글에 비추천이 압도적으로 많이 달렸다. 검사들과 계장들이 이제는 말할 수 있다는 심정으로 다 비추천을 누른 듯했다. 이게 위에서 보기에 민망한 모양이었다. 면전에서 하는 아부에 넘어가 자기가 훌륭한 사람인 줄 착각하고 있었는데 나갈 때 받게 되는 이 솔직한 평가라니. 자기의 앞날 같기도 했는지 그때 간부들이 검사들에게 그 사직 인사 글에 추천을 누르라고 종용했다. 그 사건 후엔 아예 익명의 추천, 비추천 기능을 없애버렸다. 검사들이 이렇게 진실을 두려워한다.

검찰 간부들은 그간 공판중심주의를 둘러싸고 법원과 갈등이 있거나 검·경 수사권 조정 관련 등 이슈가 있을 때마다 "요즘 검사들 기개가 없다. 적극적으로 의견을 내봐라"라고 해왔다. 본인들은 혹시라도 눈 밖에 나거나 구설에 휘말릴까 봐 조심하면서 말이다. 이렇게 검찰에는 비겁의 피가 면면히 흐른다.

2017년 수원지검의 차장검사 성추행이 언론에 보도되었다. 감찰은 외려 언론에 누가 제보했는지를 색출하면서 사건을 뭉개는 데 집중했다. 감찰 담당 검사가 직접 기자에게 구명을 위한 연락을 했을 정도였다. 제보자 색출에 곤란해진 검사들도 보도한 기자에게 "저희 차장검사님 너무나 좋은 분이신데, 오해가 있었을 뿐입니다"라는 해명 전화를 앞다투어 돌렸다. 제보자가 아닌가 서로 의심을 던지다가 종국에는 거짓말탐지기 조사도 받겠다고 나섰다. 감찰 담당 검사도 딱하지만, 거짓말탐지기 조사를 받겠다고 한 검사들도 딱하다. 자기의 인권을 초개같이 버리는 이런 분들이 과연 국민의 인권은 지켜주겠는가. 이제야 검찰이 정연주 KBS 사장, 미네르바 사건, 〈PD수첩〉을 무리하게 수사한 일이 이해될 것이다. 언론 자유의 가치도 모르는 이들이다.

검사들 사이에서 멍석말이를 당한 임은정 검사에 대해 박철완 검사는 "검사가 보직의 우열을 내면화하면 조종당함과 능멸을 자초할 수 있다. 서지현 검사와 임은정 검사가 보직의 우열에 기초한 인사 불이익을 운운해서 참으로 부끄러웠다"라는 글을 이프로스에 올렸다. 번지수가 한참 잘못된 글이다. 보직의 우열을 내면화하면 능멸을 자초할 수 있다는 말은 이성윤 검사장의 메시지를 오해한 강남일 고검장에게 해야 할 말이다. 정유미 검사는 임은정 검사를 두고 페이스북에서 수천 팔로워를 거느리고 있는 검사가 "진실되고 대다수가 동의할 수 있는 내용"이 아닌 내용을 검찰 조직을 대표해서 전한다고 했다.

신뢰는 일방통행이 아니다. 가족 인질극을 벌이는 사람들이 국민의 권익을 위해서 검·경 수사권 조정에 반대한다고 강변하면 누가 믿겠는가. 국민이 임은정 검사를 바라보는 이유는 피를 흘리며 걸어간 길이 우리의 희망과 이어져 있다고 믿기 때문이다. 임은정 검사를 검찰 개혁을 한 번에 가져올 철인으로 믿는 것도 아니다. 「로마서」에 나오는 "우는 자들과 함께 울라"라는 말처럼, 우리 곁에 있어 줄 사람이라고 믿기 때문이다. 임 검사는 나침반이다. 혹시 변절해서 고장 나면 알아서 버릴 테니 검사들은 무지몽매한 국민이 '아미스타드호'를 북쪽으로 돌려 노예 되기를 자초한다는 걱정 따위는 하지 않아도 된다. 이프로스에 올라온 저런 글들에 악성 댓글을 다는 검사들이 네티즌들의 악성 댓글을 수사하고 처벌한다니 웃긴 일이다. 나는 검사들이 하는 말이 모두 이렇게 들린다. "저희가 국민의 인권을 지켜드리겠습니다. 이거 다 새빨간 거짓말인 것 아시죠."

팩트 체크

2020년 1월 검·경 수사권 조정 법안이 국회를 통과하자 김웅 검사는 이프로스에 "거대한 사기극에 항의하기 위해 사직한다"라는 글을 올렸다. 후배들에게 동조할 것을 호소하는 그 글은 과거 그의 행태를 떠올리게 한다.

2013년 검찰이 그 유명한 국가정보원 댓글 사건을 수사하고 원세훈 전 국정원장과 김용판 전 서울지방경찰청장을 기소하자 박근혜 정부는 검찰에 보복한다. 〈조선일보〉와

협업하여 채동욱 검찰총장의 혼외자식 의혹 단독 기사를 내고 법무부 장관 황교안은 감찰을 하여 그에게 사표를 받았다. 이때 국가정보원 댓글 사건 특별수사팀 팀장이던 윤석열 검사는 국정원 직원들의 압수수색·체포 영장 청구 사실을 상부에 보고하지 않았다는 이유로 수사팀에서 쫓겨나고 정직 1개월 징계를 받았다. 검찰 조직으로선 상당히 부당한 처우임에도 당시 김웅 검사는 침묵했다.

또 사건 뭉개기는 검찰의 제 식구 감싸기의 한 형태다. 2017년 수원지검 소속 검사의 성추행이 언론에 보도되자 검찰은 언론 제보자 색출에 주력하고 사건을 뭉개는 데 집중했다. 검찰 내부에서 서로 제보자가 아닌지 의심하며 거짓말탐지기까지 거론됐다. 감찰 담당 검사가 직접 기자에게 구명을 위한 연락을 했을 정도였다고 한다.

불의에 침묵하고 검찰 조직의 제 식구 감싸기로 덮어버리는 비리에 비판의 포문을 연 임은정 검사가 시지프스가 될지 골리앗을 이기는 다윗이 될지는 아무도 모른다. 그러나 누군가 반드시 해야 할 일이었다.

불량자원이여, 안녕

천성관, 김학의, 진경준, 우병우, 안태근, 최교일, 황교안, 한동훈, 진동균. 이들의 공통점은 무엇일까? 검찰에게는 우수자원이었는데, 국민에게는 불량자원이었다는 점이다. 이제까지 법무부는 인사 발표를 하면서 "지역 편중을 지양하고 출신 학교별로 균형 있게 우수자원을 배치했다"라거나 "법무검찰의 역량을 집중하기 위해 관련 주무부장 등에 특별수사, 강력수사 등 수사 분야의 전문성을 인정받은 우수자원을 배치했다"라고 발표해왔는데 우수자원으로 잘나가던 검사들이 저런 인물들이라니. 한편 현직 검사 시절에 저지른 강제추행죄로 구속돼 재판을 받고 있는 진동균 전 검사는 통합진보당 해산 태스크포스팀에서 일했던 공안통 꿈나무였다. 법무부가 펴낸 「통합진보당해산 심판 사건 백서」에서, 당시 황교안 법무부 장관은 "진정한 '자유'를 보장하기 위해서라도 자유의 일탈 혹은 남용에 대한 제한이 필요하다"라고 했다. 그렇다면 미래통합당은 북한과 내통한 게 아니라면, 그래서 우리 사회를 극도로 혼란케 할 목적이 아니라면 대체 무엇 때문에 자유의 한계를 일탈한 전광훈 목사랑 어울리면서 집회를 여는지 모르겠다. 자, 그렇다면 우병우 라인, 윤석열 사단이니 하면서 사조직이 줄 세우기, 나눠 먹기 인사를 했던 시절, 검찰 내에서는 어떻게 하면 우수자원이 될 수 있었을까.

2013년 어느 검찰청에서 있었던 일이다. 검사로 임명된 지 1년 만에 어느 검사가 특수부로 배치된다. 수사 능력을 1년 만에 인정받기란 쉽지 않기 때문에 드문 일이다. 그런데 특수부장이 그 검사를 불러서 골치 아픈 특정 사건을 적당히 묻으라 지시한다. 그 2년 차 검사는 무릎을 꿇고 "부장님, 그건 절대로 안 됩니다"라고 비장하게 외쳤다가 곧이어 툭툭 털고 일어나서는 "부장님, 알겠습니다"라고 했다는 전설이 전해져온다. 무릎을 꿇고 외친 건 나도 할 만큼 해봤다는 자기만의 변명을 만들기 위한 퍼포먼스였던 셈이다. 또 이렇게 해주면 "그 자식 곤조 있네"라고 하면서 위에서 귀엽게 보기도 한다. 여하튼 그 후로 이 검사는 서울중앙지검에 배치되고 대검연구관의 보직을 받아 잘나갔다. 만약 거절했다면, 부장으로부터 받는 근무평정이 밑

바닥을 기고 특수부에 가는 건은 꿈도 못 꿨을 것이다. 그런데 같은 검찰청의 형사부 소속 다른 검사는 눈엣가시로 찍히면서 그 뒤로 검사들의 유배지 또는 버뮤다 삼각지대로 불리는 의정부지검, 서울북부지검을 차례로 돌고 있다. 그 검사에겐 있었던 일은 이렇다. 어느 날 후배 검사가 찾아와서 몸을 파들파들 떨면서 부장검사가 부당하게 사건에 압력을 넣는다고 말한다. 그 검사는 연차가 낮은 후배 검사 대신 부장을 찾아가 "부장님, 검사윤리강령 위반입니다. 감찰 제보를 하겠습니다"라고 항의하고, 그 부장은 "내가 그 말을 전해서는 안 되는 건데 잘못했네. 자네가 좀 참아주게"라고 한다. "나도 양심이 있소"라는 저항의 코스프레를 한 그 검사는 상급자가 "소신이 있다", "용기와 기개가 있다"라고 평가하는 반면 부장에게 투항을 얻어낸 검사는 "독선적이고 인화를 해친다", "막무가내에 독불장군이다"라는 평가를 받는 것이다. 그러니 이제까지 만들어진 검찰의 인사 자료 자체가 신뢰할 수 없는 것이 당연하다.

한편 검찰 내 하나회[20]에 속하거나 잘나가는 검찰 간부의 총애를 받는 검사의 또 다른 이점은 비위 행위를 하고도 비호를 받을 수 있다는 것이다. 권 모 검사는 2015년 수감자를 장기간 검사실로 소환해 금융 거래 내역 등의 압수된 수사 자료를 분석

---

20 전두환과 노태우가 중심이 되어 1950년대에 만들어진 육군 내 사조직으로 조직폭력배를 방불케 하는 배신 방지 조항으로 유명했다. 노태우 정부 때까지 정권의 주요 세력으로 존속했다.

하게 했는데, 그 와중에 수사 기밀이 유출된다. 이 일 때문에 권 검사는 2018년 면직의 징계 처분을 받는다. 그런데 구금된 사기범을 검사실에서 범죄 행각을 벌이도록 방치한 김영일 검사는 어떻게 되었을까. 해당 사기 사건은 피해자가 1만 명이 넘었고 피해자들의 손해액만도 1조 원이 넘었다. 그런데 1심에서 징역 12년을 받은 다단계업체 IDS홀딩스의 김성훈 회장은 다른 사건을 제보하겠다는 명목으로 서울중앙지검의 검사실에 출정해서 검찰청 전화로 외부의 공범과 연락하고 사기범죄로 얻은 수익도 은닉했다. 이 사건이 JTBC에서 보도된 무렵인 2020년 초, 김영일 검사는 대검의 수사정보담당관으로 윤석열 총장을 보좌하고 있었다. 윤 총장의 측근으로 불리는 김 검사는 현재까지도 감찰이나 징계가 감감무소식이다.

다음으로는 검찰에서 나올 수밖에 없었던 검찰의 불량자원 임수빈 전 부장검사에 대해서 알아보자. 임수빈 전 부장검사는 〈PD수첩〉 광우병 보도 사건을 담당했는데, 죄가 안 된다는 의견을 강하게 피력했다. 2008년 6월 23일 임 부장검사를 부른 천성관 서울중앙지검장은 "〈PD수첩〉 사건은 처벌보다는 실체적 진실 발견이 중요한 사건이다"라고 말한다. 같은 해 8월 20일과 그다음 날에는 대검에서 전화를 걸어와 강제수사를 요구하고, "총장님 뜻이다. 사표 안 된다. 재배당도 안 된다. 체포영장만 해달라. 결론은 임 부장 마음대로"라고 전달한다. 이어 2008년 9월 2일 오전에는 최교일 서울중앙지검 1차장과는 법리 논쟁을 했는데, 최교일은 그 직후에 "무죄 나와도 아무 문제없는데, 잘 알면서 왜 그래"라고 말했다고 한다. 수사는 기소를 목표로 하는 활동이기 때문에 범죄가 성립되지 않는 사건에 대해 압수수색이나 체포 등의 강제수사를 하는 것은 검찰권의 남용인데도 천성관, 최교일은 저런 뻔뻔한 요구를 했던 것이다. 그러나 결말은 잘 알다시피 임 부장은 검찰을 떠나야 했고, 천성관은 검찰총장으로 임명될 뻔하다 스폰서 의혹으로 낙마하고, 최교일은 서울중앙지검장으로 임명된다. 그리고 검찰의 우수자원 박길배, 김경수, 송경호 검사가 〈PD수첩〉 사건을 이어서 수사하고 기소한다.

한편 2020년 1월 송경호 서울중앙지검 3차장 검사는 "국민으로부터 부여받은 권한이므로 오로지 헌법과 법에 따라 국민을 위해서만 쓰여야 하고, 사익이나 특정 세력을 위해 쓰여서는 안 됩니다"라는 윤 총장의 취임사를 중앙지검 확대간부회의에서 그대로 읽었다. 〈PD수첩〉 사건 수사에 관하여 피눈물을 흘리며 참회록을 써야 할 사람이 터진 입이라고 저런 말을 하는 건 아니라고 본다.

2020년의 검찰 인사에 대해 조중동이 "윤석열 사단 학살 넘어 전멸됐다", "윤석열 수족 모두 쳐냈다"라고 난리를 치는데, 이때까지 검찰의 우수자원이라고 불리던 검사들이 어떤 사람들인지를 잘 생각해보지 않으면 안 된다. 이제까지 검찰의 우수자원은 국민에게는 불량자원이었으니까.

팩트 체크

법무부는 인사 발표를 할 때 '우수자원을 배치했다'라는 표현을 쓴다. 필자는 역대 대표적 우수자원으로 분류되었던 인물들이 국민에게 불량자원이었음을 피력한다.

후배 검사와 여자 수사관을 성추행하고, 건설업자의 별장에서 성 접대를 받고 넥슨의 공짜 주식과 한진그룹 사건 무마로 뇌물을 수수하고, 성추행 사건을 은폐하고 가해자가 아닌 피해 여검사에게 인사 불이익을 주고 '박근혜와 김기춘을 가장 존경한다'라며 국정농단을 일으킨 이들은 어떻게 우수자원이 될 수 있었을까.

이 검사가 누구인지는 모르겠으나 검찰의 전설인 것 같다. 2013년 검사로 임명된 지 1년 만에 특수부로 배치된 병아리 검사는 특정 사건을 적당히 묻으라는 지시에 무릎을 꿇고 안 된다고 외치다 일어나서는 "부장님, 알겠습니다"라고 했다. 상사의 심리를 정확하게 꿰뚫은 그 검사는 서울중앙지검에 또 대검연구관 보직을 받았다. 저항하는 몸짓을 보이다 다소곳하게 수긍하는 모습이 상사의 총애감이었던 모양이다. 절대 거절하지 않는 것, 그것이 포인트다.

또 다른 검사는 후배 검사가 부장검사의 부당한 지시를 호소하자 그대로 달려가 검사윤리강령을 들먹이며 부장검사를 협박했고 사과를 받아냈다. 그리고 그는 의정부지검, 서울북부지검 등 주변부의 험로를 걷게 되었다. 그에 대한 평은 뭐라고 점잖게 평을 하든 또라이로 축약된다. 검찰의 전통인 상명하복을 무시한 대가다.

또 검찰의 핵심 그룹에 속하거나 간부의 총애를 받는 이점은 자신의 비위행위에 대한 비호다. 그러니 비위를 저지르고도 아무런 징계 없이 근무하거나 은퇴할 수 있는 것이다. 2015년 권 모 검사는 수감자를 검사실로 소환해서 수사 자료를 분석하다가 수사 기밀이 유출되어 2018년 면직 징계 처분을 받았다. 그런데 구금된 사기범이 검사실에서 개인 전화를 쓸 수 있도록 편의를 봐줘 외부의 공범과 연락하고 범죄 수익도 은닉할 수 있게 한 김영일 검사는 2020년 9월까지 대검의 수사정보담당관으로 윤석열 총장을 보좌했다.

또 다른 예로 〈PD수첩〉 광우병 보도사건의 수사를 담당했던 임수빈 부장검사는 이 사건이 죄가 되지 않는다고 주장했다. 강제수사와 체포영장을 요구했던 천성관 서울지검장과 무죄 나와도 상관없으니 강행하라는 최교일의 뜻에 반발한 대가로 그는 결국 검찰을 떠나야 했다. 상명하복을 불응한 불량자원인 그가 떠나고 우수자원인 박길배, 김경수, 송경호 검사가 〈PD수첩〉 사건을 이어서 수사하고 기소했다. 2020년 1월 〈PD수첩〉 광우병 사건을 기소했던 송경호 서울중앙지검 3차장 검사가 "국민으로부터 부여받은 권한이므로 오로지 헌법과 법에 따라 국민을 위해서만 쓰여야 하고, 사익이나 특정 세력을 위해 쓰여서는 안 됩니다"라는 윤 총장의 취임사를 중앙지검 확대간부회의에서

낭독했다니 놀랍다.

철저하게 상명하복을 따른 검사들은 우수자원이고, 생각하는 검사는 불량자원인가. 생각하는 검사를 못 견디는 자칭 메이저 언론 조중동은 혹시 검언유착이 붕괴되는 사달이 벌어질까 두려운 것인가.

난장이의 꿈

윤석열 총장을 비판하는 사람들은 윤 총장을 '윤짜장', '윤춘장'
이라 부른다. 또 윤석열이란 이름이 적힌 저주인형을 찌르거나
빨간색 펜으로 이름을 쓰는 일 등의 퍼포먼스도 벌인다. 이를
두고 조중동이 분연히 떨치고 일어나 조롱이 지나치다느니, 살
인 의식을 치른다느니 요란스럽게 군다. 검찰이 한 가족에게 내
린 저주가 무섭겠는가, 저런 애칭이나 유치한 퍼포먼스가 무섭
겠는가.

기소권을 가진 검찰의 직접 수사는 브레이크가 걸리지 않는
다. 사건을 인지해서 주거, 사무실을 압수수색하고, 통화 내역,
금융 거래 내역을 다 들여다보고, 피의자를 몇 번이나 소환했는

데 건질 만한 것이 나오지 않으면 어떨 것 같은가. 자괴감과 낭패감이 쓰나미처럼 몰려온다. 이런 상황이 되면 검사들이 "아, 씨발, 종잇값도 안 나오겠네"라고 외치는 지경에 이른다. 기록을 뭉텅이로 만들어놓고, 무혐의 결정이나 기껏 벌금 몇백만 원하기 위해 검사 수십 명이 달려든 게 아니다. 물론 진단이 틀렸으면 여기서 멈추면 좋으련만 중이 제 머리 못 깎는다고 남이 말려주면 모를까 스스로는 못 멈춘다. 병이 있다고 가진단해서 배는 일단 갈라놨겠다, 이 병이 아니더라도 다른 병이라도 있으리라 믿고서 다른 장기까지 샅샅이 뒤지고 터는 것이다. 죄는 미워하되 사람은 미워하지 말라는 말이 있지만, 이런 검사들은 그저 사람이 미울 뿐이다. 그래서 죄를 없애지 않고 사람을 없애 버린다. 불완전하고 나약한 인간이 하는 갚음이 더 큰 죄악이 될 것을 염려해 하느님이 "복수는 내 것이라. 내가 갚으리라"라고 하셨는데, 이런 검사들이야말로 "복수는 내 것이라, 내가 갚으리라"라며 스스로 신이 되기를 자처한다.

어느 검사의 부인이 병원 응급실에 내원했는데, 제대로 검사도 마치지 않고 집에 돌아갔다가 그날 밤에 사망한 사건이 있었다. 대기 시간이 너무 길어지니 집에 있는 아이들이 걱정되어 그냥 돌아간 것이었다. 남편은 부인이 병원에 갈 정도로 아픈데도 야근한다며 집에 들어오지 않았는데 실은 동료들과 마작을 했다든가, 술집에 있었다든가. 그런데 부인이 죽고 나자 그 검사를 집에 보내지 않고 마작판에 붙들고 있던 검사들이, 의료과

227

실이 명백하니 해당 병원을 압수수색하자고 논의했다. 그 수사는 자신들의 죄책감을 털고 처가 식구로부터 차가운 비난을 듣는 동료를 구하기 위한 푸닥거리인 셈이었다. 박근혜가 해경을 해체한 것과 똑같다. 내용과 규모만 다를 뿐. 이런 사람들에게는 이 세상이 '나 빼고' 다 잘못된 것이다.

또 한번은 어느 검사장이 장애인 주차 구역에 불법주차한 사실이 보도된 일이 있었다. 이 검사장이 공식적으론 잘못을 인정하고 사과한다고 하고선 뒤로는 사건을 최초 보도한 기자를 캐보라고 검사들에게 말했다. 그 기자가 무미건조하게 불법주차 사실만 보도했으면 좀 나았을 텐데, 제보한 시민 인터뷰를 통해 이렇게 디테일한 정황까지 전했으니 심기가 거슬렸던 것이다. "두 관용차가 버젓이 장애인 주차구역에 주차되어 있는 겁니다. 뭐라고 했더니 교육감 쪽 기사는 죄송하다며 차를 빼는데 검사장 차량은 요지부동이었습니다. 법을 수호하시는 분인데 본인은 무시해도 되는 법인가 봅니다." 이런 검사들에게 수사기소권이란 자신을 암흑의 군주로 만드는 절대반지다. 그런데 『반지의 제왕』에서 절대반지를 파괴하는 운명을 왕이 될 인간도, 잘생긴 요정도 아닌 호빗에게 맡긴 이유가 무엇일까? 사심 없는 자가 가장 멀리 나아갈 수 있다는 것, 평범하고 낮은 자가 가장 숭고하고 거룩한 꿈을 이룰 수 있다는 것에 대한 메타포가 아닐까?

팩트 체크

죄는 미워하되 사람은 미워하지 말라는 말은 영화 〈신과
함께〉를 떠오르게 한다. '사람이 미워서' 죄가 나올 때까지
터는 것이다. 검찰이 처음 혐의를 두었던 사건의 증거가 나
오지 않으면 다른 부분으로 확장해 끊임없이 털어대는데 이
때 검사의 위치는 가히 신의 경지다. 죽어야 끝난다는 말이
있다. 죄를 없애지 않고 사람을 없애버리는 경우인데 견디
지 못하면 진짜 죽기도 한다. 사람이 미운 검사들에게 수사
기소권이란 무소불위의 권력인 것이다. 수사에 있어 사심이
있어선 안 된다. 사심이 인간의 한계라면 시스템을 바꾸면
된다. 사건의 배분부터 수사 과정과 재판 결과가 투명하게
노출된다면 사심이 개입될 여지가 없을 것이다. 거기서 문
제가 발생한다면 끊임없이 보완하고 수정하면 된다. 첫걸음
을 떼기가 힘들지 일단 걷기 시작하면 나아갈 수 있다.

어떤 해로운 정의

검사들은 수사하고 조서를 작성하는 자기들 손끝에서 세상이 바뀐다고 본다. 그 변화가 정의로운 방향이라면 반발할 사람이 없다고 생각할 수 있지만, 민주주의 사회에서 어느 조직의 주도 하에 그것이 이루어진다면 그 또한 문제 아니겠는가.

2019년 12월 언론이 앞다투어 윤석열 총장의 심경을 전했다. 그 심경이란 다름 아닌 "문 대통령에 대한 충심은 변함이 없다"라며 "이 정부의 성공을 위해 내가 악역을 맡은 것"이라는 말이었다. 그때나 지금이나 대검 검사들, 청와대를 굴복시키거나 아니면 대통령 탄핵까지 밀어붙일 수 있다며 으쌰으쌰하고 있는데 윤 총장, 어디서 약을 파는지? 당시 자유한국당 곽상도 의원도 청와대의 울산시장 선거개입 의혹을 언급하면서 "문 대통령을 대통령으로 불러야 할지 고민해야 할 시점"이라고 한 바 있다. 역시 검찰 선후배들은 마음과 마음으로 통하나 보다.

이에 법무부는 전혀 새로운 패턴으로 이듬해 2월 인사를 해서 윤 총장의 힘을 빼놓겠다고 밝혔다.[21] 차기 법무부 장관도 계획이 있겠지만, 윤 총장도 그에 못지않은 플랜 A, B, C가 있을 터. 윤석열 사단에 속한 검사들을 지방으로 보내더라도 특별수사팀을 조직하여 파견받아 쓰면 그만이라 했다고 한다.

이참에 몇몇 검사들은 내부에서 양심 고백까지 했다. 이명박, 박근혜 두 대통령을 수사하고, 기소한 것에 대해서였다. 우리가 이 나쁜 정권에 잠시 굴복하여 욕을 당한 것이라고. '이명박근혜' 시절에 충성하고 그 후에 적폐 수사로 그들을 잡아넣게 된, 지그재그 인생에 대한 내러티브가 필요하지 않겠는가. 부역자의 낙인을 지우기 위해 열심히 일하신 검사분들이 이렇게 새롭게 입장 정리를 하셨다. 그렇다면 윤 총장이 취임사에서 뭐라고 했는지 돌아볼 필요가 있다. "법은 사익이나 특정 세력을 위해 쓰여서는 안 된다"라고 했다. '29만 원 할배'가 1984년에 발표한 다음 내용의 국정연설만큼이나 공허한 말이다. "제5공화국이야말로 폭력의 배제, 즉 평화와 정의가 그 행동지표가 되고

---

21 실제로 2020년 1월 법무부는 윤석열 사단의 핵심 간부를 대거 교체하는 인사를 단행했다.

있다는 것을 다시 한번 강조하지 않을 수 없습니다. '법은 멀고 주먹은 가깝다'라는 말이 있습니다만, 법과 질서가 파괴되는 사회 속에서 안정과 발전과 민생의 행복은 보장될 수 없습니다."

위선적인 사람들은 자기 이익과 권력을 지키는 수단으로 법과 정의를 사용하기 때문에 말은 공허하고, 권력 행사는 불공정하며, 결과는 해롭다. 이런 사람들에게 법은 타인을 통치하고 지배하기 위한 수단일 뿐 자신에게는 적용되지 않는다. 2019년 12월 3일에 '검찰 기자단'이라는 제목으로 〈PD수첩〉에 방영된 후 대검의 대응과 법조 기자단의 항의성명을 보면 어이가 없다. 차장검사 브리핑, 문자메시지 등을 통한 공보가 공보준칙 등에 따른 정상적인 공보 활동이라 한다. 차장실에 기자를 한 명씩 불러 정보를 흘리고 차장검사가 친절하게 전화를 걸어 참고인 소환 일정과 여차하면 피의자로 소환될 수도 있는 참고인이라고 상세히 알려주는 방식이 정상적이라니. 게다가 공식적으로 보도자료를 언론에 배포한 울산지방경찰청 경찰관들을 피의사실공표죄로 조사하고 있다. 왜 그럴까. 맞다. '울산'이잖는가. 고래고기 환부 사건의 보복인 거라 생각하지 않을 수가 없다. 물론 검찰은 아니라고 한다. 본인들은 생중계를 하고 예고편까지 트는 분들인데 말이다. 2017년 12월쯤인데 기자들이, 의뢰인들에게 지급할 판결금을 쏵쏵한 변호사를 이전에 검찰이 봐준 것과 관련해 곧 조만간 큰 건이 터진다고 온통 말하고 다녔다. 대구 공군비행장 소음 피해에 관한 집단소송이 문제의 소송이고, 변호사가 로비한 검사장, 분쟁 상대방이 로비한 야당 대권 주자까지 해서 엮여 있다고 하면서. 변방의 변호사인 내가 들었을 정도이니 도대체 얼마나 떠벌리고 다녔을지 짐작 가능하다. 결과는 완전히 흥행 실패였다. 용두사미도 이런 용두사미가 없었다. 수사도 마무리되지 않고 기소도 하기 전에 무슨 기자들에게 예고편을 트나 생각했다. 근데 기소가 소설이고 영화이니 제작보고회나 예고편이 있을 법도 하다는 생각도 들었다.

제 결점은 더 큰데도 남의 결점을 흠잡고 그럼으로써 자신을 실제와는 다른 사람처럼 보이게 치장하는 사람들에 대해 프란치스코 교황은 이렇게 말했다. "위선자들은 악마의 일꾼입니다. 위선자들은 공동체를 파괴합니다. 위선은 친절히 말하는 것 같지만 매우 잔인하게 남을 심판합니다. 그들은 겉보기에 힘 있고 아름다운 왕자로 행세하지만 뒤에서는 살인을 저지릅니다."

팩트 체크

검찰의 행태가 정의의 발로가 아닌 이익에 근거한다고 볼 수 있는 사례는 많다. 검찰은 외부에 비친 얼굴은 정의를 표방하나 내부는 다른 얼굴을 하고 있다. 대통령에 대한 충심을 발언해놓고 진정한 권력은 자신들임을 은연중 드러낸다. 이명박, 박근혜 두 전 대통령을 수사하고 기소한 것은 우리가 이 나쁜 정권에 잠시 굴복하여 욕을 당한 것이라는 검찰 내부의 소리가 많은 생각을 하게 한다. 그 말은 전 정권에 그랬던 것처럼 현 정권도 기소 가능하다는 자신감의 표출이 아닌가. 법을 타인을 통치하고 지배하기 위한 수단이라 여기고 그 법이 자신들은 비껴간다는 인식이 검찰들의 사고인 것 같다. 단적인 사례가 울산지방경찰청에서 합법적인 보도자료를 언론에 배포한 것을 피의사실공표죄로 조사한 건이다. 검찰은 기자에게 실시간 정보를 흘려도 되고 타 기관은 안 된다고 생각한다. 이 조사 건을 저자는 경찰에 대한 검찰의 보복으로 보는데 바로 울산 고래고기 환부 사건에 대한 보복이다. 또 하나, 검찰에서 누출된 정보의 예로 대구 북구 주민 1만여 명이 국가를 상대로 낸 공군비행장 전투기 소음 피해 손해배상 청구 소송을 수임해 승소 확정판결을 이끈 변호사가 자신의 성공보수 외에 주민 1만여 명이 받아야 할 지연이자 142억 원을 빼돌린 혐의로 기소된 사건이다. 이 사건의 정황은 실시간 기자들에게 알려졌다고 한다. 그야말로 나는 되고 너는 안 된다는 특권의식이다.

택군의 시간

대통령의 임기가 절반을 훌쩍 넘어 후반에 들어섰다. 검사들이 유독 더 유난스러운 이유가 여기에 있다. 바야흐로 '택군擇君의 시기'로 접어들었기 때문이다. 조선시대에 당쟁이 격화되면서 신하들이 반정을 일으켜 임금을 바꿨다. 임금이 마음에 들지 않으면 자기가 벼슬을 그만둘 것이지 자신이 원하는 인물로 왕을 세우면 나라가 어찌 되겠는가. 물론 모든 '늘공'들이 이게 가능하지는 않다. 검찰이 잘하는 선별적 수사, 선별적 기소로 되는 것이다.

2006년 초에 경찰청 차장이 2003년 광주의 건설업체 사장으로부터 뇌물을 받았다고 검찰에서 조사를 받는다. 그런데 그

건설업체 사장이 "저희 지역에 근무하시다가 가는 분께 제가 이제까지 인사차 전별금을 드렸습니다. 판사와 검사에게도 다 드렸습니다. 그게 문제라면 왜 이분만 조사를 합니까"라고 했다. 그 사장이 전별금을 줬다는 판사와 검사들도 다 수사받고 기소되었을까. 당연히 그랬을 리 없다. 2005년 말에 '단군 이래 최대의 브로커'라 불린 윤상림이란 사람 때문에 사회가 떠들썩했다. 수첩엔 법조계 인사 400명의 연락처가 있고, 수배 중에도 판사두 명과 골프 여행을 다녀오다가 공항에서 바로 체포된 놀라운인물이다. 당시는 지금도 해결되지 않는 숙제인 수사권 조정으로 검·경이 대립하던 시절이기도 했는데, 윤상림 사건에서 '봐주기 수사'라는 여론이 들끓자 시선도 돌릴 겸 겸사겸사 경찰을 집중해서 손봤다는 설이 있다. 구색 맞추기 차원인지 뭔지전 대검 차장이었던 변호사를 윤상림으로부터 사건을 소개받고 소개비를 준 혐의로 기소하긴 하는데, 그 변호사는 윤상림과의 거래에 대해선 무죄를 선고받는다. 윤상림이 소개해준 사건으로 5억 원을 벌고 1억 3,500만 원을 소개비로 주었다는 게 공소사실이었다. 똑같은 재판부가 경찰청 차장에 대해선 "피고인은 직무와 관련성이 없다고 주장하지만 돈을 받을 만한 합당한이유가 있지 않은 한 공무원이 돈을 받으면 뇌물죄가 성립한다"라고 밝히고, 변호사에 대해선 "김 전 차장이 윤 씨에게 만약 사건 소개비 명목으로 돈을 건넸다면 실명 계좌나 고액권 수표로주고받지는 않았을 것", "김 전 차장이 작성해온 금전출납부나 업무일지에도 대여금으로 적혀 있는 점 등을 감안할 때 윤 씨에게 건넨 돈을 사건 소개비로 보기 힘들다"라고 하며 무죄를 선고한다. 바로 이것이 잘 알려진 '유무죄의 비밀'이다. 판사가 무죄를 선고하고 싶으면 피고인의 변명을 모두 믿어버리면 되고, 유죄를 선고하고 싶으면 검사의 증거를 모두 믿어버리면 되는 것이다. 검찰은 "빚 독촉을 한 사실이 없고, 갚을 시점도 정하지 않은 점에 비춰볼 때 사건 수임과 관련된 대가"라 판단해서 기소한 것이지만, 믿고 안 믿고는 판사 마음이지 않은가.

전별금 이야기를 좀 더 하자면, 검사들이 2000년대 초반까지는 공공연히 전별금을 받았다. 나의 연수원 동기들 역시 2학년 때 지청으로 발령받고 나서 수금한 전별금을 서로 비교하면서 "너는 400만 원밖에 못 받았냐, 나는 800만 원 받았는데"라는 얘기를 나눴다. "이젠 의정부, 대전 법조 비리로 떠들썩해져 조심해서 그렇지, 전에 간부들은 전별금으로 전세에서 집 마련하고, 아파트 평수를 넓혀갔다더라"라는 얘기도 했다.

전별금을 둘러싸고 전해지는 일화가 재밌으면서도 씁쓸하다. 매일 집에 들고 가기 번거로워 전별금을 검사장실 캐비닛에 보관한 어느 검사장이 있었다. 그런데 그 전별금이 어느 날 밤에 없어진 것이다. 쇼핑백에 돈 봉투를 담아 쇼핑백째 캐비닛에 넣어두었는데 말이다. 어디 신고할 일은 못 되니, 검찰청 내부자의 소행으로 보고 한 명씩 불러 취조했으나 수사 능력이 별로였는지 못 잡았다고 한다. 어느 지청에서는 지청장이 범죄예방위원들(현재 법사랑위원)로부터 받은 추석 떡값 3,000만 원을 지청장실에 두었는데 없어진 일도 있었다. 이 지청장은 점잖은 체면에 하나하나 불러서 족치지는 못하고 의심이 가는 사람을 쏘아보고 다녔다고 한다. 검사가 수금한 검은돈을 쏙싹한 이 미지의 인물들이야말로 진정한 용자가 아닐까.

어쨌든 검찰은 자신이 핀라이트를 비춘 곳에 세상의 모든 악이 있는 양 몰아가고, 조력자 언론과 함께 난리를 피운다. 우리가 정신을 놓고 어리바리 굴면, 그들은 택군에 성공한다. 이것이 택군의 시기를 유심히 살펴야 할 이유다.

팩트 체크

대통령의 임기가 중반을 넘어서면 레임덕 현상이 일어난다. 이때 선별적 수사, 선별적 기소가 일어나는데 2006년 경찰청 차장의 전별금 사건도 그 예다. 이 건은 뇌물수수 혐의로 조사받는 과정에서 건설업체 사장이 "경찰과 판사, 검사 모두에게 전별금을 드렸는데 왜 경찰청 차장만 문제가 되느냐"라고 했는데도 경찰만 수사했다. 2005년 11월에 신문 지면을 달궜던 윤상림은 고위 관계자와의 친분을 과시하며 사건을 수임해주고 청탁 등의 명목으로 거액을 뜯어낸 희대의 브로커였다. 이 사건에도 법조계 인사들이 다수 연루되었는데 변호사 한 명만 기소되었으며 그마저도 무죄 판결을 받았다. 똑같은 사안을 두고 똑같은 재판부가 경찰청 차장은 뇌물죄로 기소하고 대검 차장 출신 변호사는 무죄를 준 것이다. 모두 알고 있는 검찰의 전별금도 기소되거나 수사 대상에 오르지 않는 것으로 보아 법은 그들에게 적용되지 않는 듯하다. 또 한 언론 기사는 윤상림 브로커 사건 연루 법조계 인사들에게 관심이 집중되자 시선을 다른 곳으로 돌리고자 경찰청 차장의 뇌물 사건을 기획 수사했다는 의혹을 제기하기도 했다.

검찰이 기획한 수사 건에 언론이 동조하고 전 국민이 휘둘리는 동안 다음 택군이 지명될 수 있음을 잊으면 안 된다. 지금 시기가 중요한 이유다.

권력과 품위

사법연수생들이 아름다운 통영 앞바다를 바라보며 "야, 우리 검찰은 절대 가지 말자"라고 다짐하던 날이 있었다. 사법연수원의 한 검찰 교수가 어느 여름날 사법연수생들을 데리고 통영에 여행을 와서 통영지청의 검사들과 나이트클럽에 자리를 마련한 날이었다. 그 교수를 두고 연수생들은 편애를 한다고 말했다. 그런데 그건 다 오해였다. "여기 일산에서 을지로까지 택시비가 얼마 나오지"라고 물었을 때 택시비만 딱 조사해서 알려주는 연수생과 "교수님, 제 차로 을지로까지 모셔다드릴게요"라고 말하는 연수생 중 누가 더 예쁘겠는가. 제자 중에 제일 눈치 빠르고 싹싹한 제자를 우병우가 연 변호사 사무실에 취직시켜주었는데, 검찰이 우병우를 조사하면서 그 제자가 몇 번이나 조사차 검찰에 불려 다니게 된 것이 그 교수님 잘못은 아니지 않은가. 그냥 자기 운이 나빴다고 할 수밖에.

스스로 너무 높으신 이런 분들은 독야청청을 담당하고 있기에 신세를 진 일 따위란 없고 어디까지나 상대의 호의일 뿐이며, 그러므로 꺼림칙하고 의혹이 가고 미심쩍은 것들은 미천한 우리의 입에서 나와야 한다. '최순실 대통령'이 쥐락펴락했던 승마협회에서도 그랬다고 한다. 협회장이 "여기 이 업체 좀 다녀와 봐"라고 하자, 다녀와서 곧바로 그 업체와 거래하겠다는 품의서를 써서 올리는 직원이 예쁘겠는가, 이쪽이 먼저 조바심이 나서 "그 업체에서 보고 느낀 게 없나"라고 묻는데 이놈이 협회장을 놀리는지 모른 척하는 직원이 예쁘겠는가. 연수원 교수가 권해서 온 자리일 뿐 재미날 것은 없는 그 자리에서 통영지청의 박 모 검사는 여자 연수생들에게 "지청장님과 블루스 한번 추지 그래"라며 지청장과 춤출 것을 집요하게 권했다. 여검사들은 지청장의 비위를 맞추느라 하기 싫은 의식을 치르듯 지청장과 블루스 타임을 이미 마친 뒤였다. 그날 밤 연수생들은 박 모 검사를 피해 다녔는데, 그나마 박 검사의 과거를 모르는 것이 다행이었다. 박 검사가 대구지방검찰청에 근무하던 시절 사귀었던 어떤 여자는 대구지방법원에 소송을 제기한다. 그 가엾은 여자는 법정에서 말한다. 그 검사가 사귀던 동안 낙태를 수차례 시켰고 그래서 위자료를 원하는데, 꼭 돈을 받겠다는 목적이 아니라 갑자

241

기 연락이 두절되어 법정에서 얼굴이라도 한번 보려고 소송을
제기했다고. 그러나 그 검사는 법정에 끝끝내 나타나지 않고 변
호사를 시켜 1,000만 원에 민사조정을 했다고 한다. 아니 검사
님들아, 법조인들은 어쩔 수 없이 법조인명록에서 근무지가 다
검색되는데, 왜 야반도주를 하세요?

박근혜를 누나라 부른다고 알려진 검사 출신의 변호사도
청주지방검찰청을 떠나고 난 후에 룸살롱의 마담이 빌려준 돈
2,000만 원을 독촉하러 검찰청에 왔다가 청주를 떠났다는 소식
에 아연실색해서 돌아갔다고 한다. 그날의 하이라이트는 아직
남았다. 그 여름 나이트에서 디제이는 오신 손님들을 즐겁게 만
들겠다고 통영지청장의 이마에 넥타이를 두른다. 좀 촌스럽기
도 하고 일본풍인 듯도 하지만 손님들을 즐겁게 해보려고 한 일
인데 뭐 그리 노할 일이란 말인가. 그러나 그 지청장은 씩씩거
리면서 "내가 조선의, 아니 대한민국의 검사다. 네가 나를 어찌
알고……"라는 말을 포효하는 사자처럼 내뱉어 일순 나이트를
얼어붙게 만든다. 그날이 바로 그 자리를 빠져나온 연수생들이
통영 바닷가에서 검찰에는 지원하지 말자고 약속하였다는 바
로 그날이다.

검사들은 가진 권력이 막강한 탓에 남들이 자신을 두렵고
어려운 존재로 바라보는 데 익숙해지기 쉽고 그러고 나면 더 나
은 인간이 되기를 노력하지 않는다. 모자라고 치사하고 탐욕스
러운 자신의 내면을 들여다보고 부끄러워하는 일 따위는 하지

않게 되는 것이다. 그러나 품위는 인간이 지닌 권력에서 나오는 법이 없으며, 내면에서 나온다. 그리고 그 사실이 세상을 살 만한 곳으로 만든다.

팩트 체크

인간의 인격과 교양은 권력과 관계없는데도 선민의식을 갖는 검사들이 많다. 선배 검사에게 조공하듯 여자 사법연수원생들에게 블루스 타임을 강요하는 박 검사, 그 박 검사가 대구지방검찰청에 근무하던 시절 만났던 여자가 대구지방법원에 소송을 제기한다. 여자는 사귀던 동안 낙태를 수차례 한 것에 관해 위자료를 구하는데, 꼭 돈을 받겠다는 목적이 아니라 박 검사와 갑자기 연락이 두절되어 법정에서 얼굴이라도 한번 보려고 소송을 제기했다고 진술했다. 그러나 박 검사는 법정에 나타나지 않고 변호사를 시켜 1,000만 원에 민사조정을 했다고 한다. 박근혜를 누나라 부른다는 검사 출신의 변호사도 청주지방검찰청을 떠나고 난 후에 룸살롱의 마담이 빌려준 돈 2,000만 원을 독촉하러 검찰청에 왔다가 청주를 떠났다는 소식을 들었다고 한다. 자리가 주는 권력은 한시적이다. 퇴직하고 남는 것은 늙고 초라한 일개 인간일 뿐이다. 왜 그 자리가 영원하리라고 생각하는가. 인간의 품위는 권력이 아니라 내면에서 나온다.

나의 가장 소중히 지니인 것

환자를 버리고 떠난 의사들이, 자신들은 학창 시절 공부에 매진하여 전교 1등을 한 훌륭한 사람들이니 진료에 복귀한 후에도 환자들이 공공의대 의사 따위보다 자신을 당연히 찾아올 것이라고 믿고 있다.[22] 인생 끝까지 들고 가고 싶은 게 학창 시절의 성적이라면 관이랑 묘비명에도 새겨 마땅하지 않겠나. 그러나 자신이 진정한 의사라고 생각하기에 앞서 여기 법조계에도 똑같은 사람이 있다는 사실을 알면 그 생각이 달라지지 않을까.

---

22 2020년 9월 의사 파업 당시 의사협회는 파업을 설명하는 홍보물에 '전교 1등 의사 VS 공공의대 의사'를 비교하는 글을 올려 여론의 비난을 받았다.

검사 출신의 모 여대 로스쿨 교수는 매년 신입생들에게 "너희는 판사가 검사보다 성적이 좋은 줄 아는데 나 때는 검사로 임용된 사람들의 성적이 더 높았어"라고 아직도 사법연수원 성적을 과시한다. 어떤 검사들은 자기보다 잘나가는 검사들을 보고 "나는 초임이 서울동부지검이고, 쟤는 부산이었는데"라며 속 쓰려 한다. 임용 성적순으로 서울, 수도권, 그 외 지방 이렇게 배치받기 때문이다. 이런 사람들은 본인들이 너무나 귀한 사람들이어서 귀한 대접을 받아야 한다고 생각하는 것이 특징이다. 그래서 뭔가 조금이라도 서운하면 앙심을 품는다.

2003년에 몇몇 정치인들이 모 금융회사의 퇴출을 막기 위해 로비를 하던 사장으로부터 뇌물을 받았다는 혐의로 기소된다. 그런데 공판기일에서 어느 피고인의 변호인은 검찰의 수사 과정에서 검사에게 뇌물 공여자와의 대질을 요구하였으나 검사가 대질을 시켜주지 않았다고 주장한다. 이런 사정이 실제 있으면 공여자의 진술이 지닌 신빙성 여부가 재판부의 심증 형성에 부정적인 영향을 미치지 않는가. 대법원 판결 중에는 그런 사정을 무죄 이유 중의 하나로 적시한 사례가 실제 있다. 피고인의 주장에 대응하기 위해 검사는 변호인단 중에 수사 과정에 참여한 검찰 전관 변호사를 상대로 다음 사항을 사실대로 설명해달라 요청했다. 변호인이 피의자 신문에 참여하였는지, 검사가 피의자 신문에 변호인이 참여하는 것을 허용하지 않은 사실이 있는지, 변호인 본인이 대질 조사를 요청한 사실이 있는지, 피고인으로부터 대질 요청을 검사가 거부하였다는 말을 들은 사실이 있는지. 법정에 나와 있던 변호인은 딱 보기에도 긴장했다. 세 번째와 네 번째 질문에 관하여 피고인 쪽을 보는 등 몹시 주저주저하더니 그런 사실이 없다고 답변했다. 물론 변호인단의 주장을 스스로 거짓이라고 밝힌 셈이니 몹시 창피할 수밖에 없었다. 문제는 변호사를 하시던 그분이 법무부 장관으로 돌아왔다는 것. 검사들이 신고식 때 "검사 ○○○" 하고 자신의 이름을 외치는데, 자신을 서운하게 했던 검사들에게 그분은 몇 번씩이나 "다시", "다시", "다시"를 요구했다고 한다. 그리고 이전에 법정에서 자신을 난처하게 한 문제의 그 검사는 한직으로 날려버렸다. 누구 때문에 날아가게 되었는지 알려야 더 재미있으니 전화해서 "요즘 지방의 관사 사정은 괜찮은가"라고 물었다고 한다.

성남지청에서 있었던 일이다. 어느 선배 검사가 후배 검사에게 성남, 하남, 광주에 소재한 골프장에 대한 수사를 기획해보라고 조언한다. 골프장에는 찾으면 찾는 대로 걸리는 것들이 있기 마련이다. 허가받은 면적을 초과하여 산림을 훼손한 행위, 무허가 건축물을 세워 식당 등으로 이용하는 행위, 환경 관련 규정 위반 등. 그런데 왜 그런 기획 수사가 필요했느냐 하면, 선배 검사에게 골프장에서 뭔가 서운한 일이 있었기 때문이다. 이런 때는 골프장 사장이 찾아와 "아이고, 언제라도 공 치러 오십시오"라면서 바짝 엎드리면 된다.

이렇듯 검사들은 아주 훌륭한 본인은 잘못을 저지를 리도 없고, 잘못을 해서도 안 된다고 생각한다. 그런데 잘못한 경우에는 이를 바로 잡아서 반성하는 것이 아니라 감추거나 덮기 일쑤다. 그래서 자신이 완벽하다는 환상 속에 살 수 있는 것이다. 경주지청의 어느 검사는 강간죄로 기소한 피고인의 DNA와 피해를 입었다고 주장하는 사람의 몸에서 검출된 정액의 DNA가 일치하지 않는다는 보고서를 국립과학수사연구소로부터 받았다. 하지만 그 보고서를 캐비닛 깊은 곳에 던져놓고 다른 검찰청으로 이동해버린다. 마침 인사를 목전에 두고 있던 때여서 굴러가는 낙엽도 조심해야 했거늘 이게 불거져서 언론에 나기라도 하면 곤란해질 게 뻔했기 때문이다. 피고인은 1심에서 유죄를 선고받는다. 그러나 항소심에서 기록을 꼼꼼히 본 판사가 "국과수에 감정을 의뢰한 것으로 되어 있는데 보고서는 제출되지 않았네요"라고 알아본 덕분에 무죄를 받을 수 있었다. 당연하게도 그 검사는 아무런 징계도 받지 않고 검사장이 되었다.

2015년 충주지청의 검사가 기소한 준강간죄 사건도 있다. 피해자의 몸에서 정액이 발견되지 않았다는 감정 보고서가 있음에도 수사관은 피의자에게 그의 정액이 검출되었으니 자백을 하라고 강요한다. 피의자는 "그럴 리가 없다. 검사 결과가 잘못된 것 같다. 채취된 검체에 대하여 재검사를 해달라"라고 검사에게 요청하지만, 검사는 다시 살펴보지도 않는다. 1심에서 무죄를 받은 피고인은 2017년 수사 검사를 징계해달라고 진정했지만, 검찰은 "오인하여 잘못 피의자를 조사한 것을 징계 사유로 할 수 없다"라며 징계 절차를 개시하지 않겠다고 최종적으로 결정한다.

나의 가장 소중히 지니인 것이 사법시험, 사법연수원 성적 혹은 그로 얻게 된 지위인 사람들은 이렇게 초라하다. 타인과 비교하거나 타인을 억압하는 것만으로 자신의 훌륭함을 드러낼 뿐이니. 하지만 인생의 품위란 것을 지키는 방법은 그게 아닐 터다.

팩트 체크

인격은 학교 성적으로 말해지는 것이 아니다. 성적 우위의 유치한 우월감은 결정적인 국면에서 튀어나와 인격의 바닥을 보여준다. 이런 유형의 인간들은 자기보다 성적이 낮은 유형이 더 빨리 출세가도를 달리거나 성공하면 분노로 밤을 새운다. 조금이라도 무시당했다고 느끼면 상대에게 보복하기도 하는데 그 방법이 치졸하다.

판검사로 퇴직해서 변호사 개업을 하면 전관예우로 대우하는데 이러한 관례는 상대가 단순히 선배여서가 아니다. 그 창대한 뒤끝을 알 수 없기 때문이다. 변호사가 국회의원이 되고 행정부의 수반이 되는 건 아주 흔한 일이다. 지금 대한민국 국회에 판검사 출신이 몇 명인지 세어보면 된다.

퇴직한 변호사가 현직 검사에게 법정에서 모멸감을 느꼈을 때 잊지 않고 보복한 경우가 바로 필자가 든 예다. 변호사는 법무부 장관이 되어 다시 입성해서 그 검사들을 좌천시켰고, 누가 좌천시켰는지 힌트까지 준다. 골프장에서 서운한 대접을 받으면 골프장에 대한 수사도 기획할 수 있는 것이 검사다. 털어서 먼지 안 날 리 없으니 권력 남용으로 걸릴 일도 없다. 사업장 하나 망하게 하는 것은 가벼운 일이다. 비단 사업장뿐이겠는가.

어떤 검사는 강간범으로 기소한 남자의 정액 DNA와 피해자의 몸에서 검출된 DNA가 다르다는 국과수 보고서를 받고 자신의 실수가 드러날까 봐 보고서를 캐비닛에 넣어버린다. 이 사건은 강간범으로 몰린 자가 유죄 선고를 받았다가 항소심에서 판사가 보고서의 존재 유무를 확인하면서 그 사정이 드러났다. 그래도 검사에게 징계는 없었다. 비슷한 사건으로 정액이 검출되지 않았다는 국과수 보고서를 받았음에도 검사는 자백을 강요했고 재판에서 무죄를 받아 피의자는 수사 검사를 징계해달라고 억울함을 진정했지만 아무 징계도 이루어지지 않은 일도 있었다. 오해할 수도 있지, 뭐 그런 걸로 징계를 주냐는 것이 결론이었다.

비교나 억압으로 자신의 우수성을 드러내는 존재의 잘못된 우월감은 열등감과 진배없다. 칼은 아무나 잡는 게 아니다.

울고 있던 사람은 어떻게 스스로를 구원하는가

이명박 정부의 민간인 사찰 사건을 기억하는가. 국무총리실 소속 공직윤리지원관실이 자신의 블로그에 쥐코 동영상을 올린 KB한마음 대표 김종익 씨를 불법 사찰한 사실이 밝혀져 검찰이 수사를 개시한 사건이다. 그때 특별수사팀 검사가 보다 못해 팀장에게 "부장님, 그렇게 하시면 나중에 구속됩니다"라고 항의했다. 장진수 주무관에게 입막음을 위해 건네진 관봉 돈다발의 출처에서 보듯이 범인은 청와대인데, 팀장이 민정수석실에 보고하고 지시를 받는다고 추측해 항의했던 것이다.

2012년 4월 7일 새벽 특별수사팀에 속한 또 다른 검사는 이프로스에 항의성 사직 인사를 올린다. 그러다 압박이 들어왔는지 글을 금방 삭제한다. 그렇다면 수사팀에서 도대체 어떤 일들이 벌어졌을까. 먼저 2012년의 2차 수사를 보자. 2012년 3월 19일 장 전 주무관은 "2011년 4월 청와대 민정수석실이 관봉 5,000만 원으로 회유했다"라고 폭로한다. 그는 받은 즉시 돈다발 뭉치를 휴대전화로 촬영해두었지만, 돈을 쓰고 나서는 찜찜한 마음이 들어 사진 파일을 삭제해버린다. 위 폭로를 한 후에 자신의 휴대전화를 검찰에 제출하는데 검찰은 사진을 복구하는 데 실패했다며 15일 만에 휴대전화를 돌려준다. 그리고 장 전 주무관은 인터넷에서 '파이널데이터'라는 복구프로그램을 다운로드받아 단 10분 만에 사진을 복구한다. 쯧쯧, 검사들이 정말로 수사를 하기 싫었던 것이다. 불법 사찰을 한 범죄자들이 그 범죄를 입막음하려고 자기네 돈도 아니고 국민이 낸 세금으로 조성된 국가 예산을 썼다는 것이 너무 기막히고 웃긴 이야기인데, 이걸 또 덮어준 게 검사들이라니. 다음으로는 증거물로 압수한 김경동 주무관의 유에스비가 분실된다. 2012년 3월 23일 검찰은 지원관실 주무관 김경동의 자택 등을 압수수색해서 유에스비 여덟 개를 압수한다. 그중 한 개는 반환하고 나머지 일곱 개를 서울중앙지검의 특별수사팀에서 보관했다. 그 유에스비가 왜 중요하냐면, 거기에 담긴 문건들이 소위 '일심 충성 문건'이라 불리며 민간인 사찰의 몸통이 이명박 대통령임을 보여주는 것들이기 때문이다. 유에스비에 담긴 파일 중 일부는 다행히 출력되어서 기록에 첨부되어 있는데, "통상적인 공직 기강 업무는 총리가 지휘하되, 특명사항은 브이아이피께 절대 충성하는 친위조직이 비선에서 총괄지휘" 하고 "브이아이피 보고는 '공직윤리지원관실→청와대 비선→브이아이피(또는 대통령실장)'로 한다"라는 내용이 담겨 있다. 그리고 김경동은 'BH보고' 폴더에 있는 파일들은 유에스비 자체를 청와대 공직기강팀 등에 전달하는 방식으로 보고했다고 진술했다. 2018년 검찰과거사위원회가 이 사건을 조사하면서 유에스비의 소재를 확인했다. 검찰은 대검찰청 디지털수사과에 포렌식[23]을 의뢰하였다고 하는데, 정작 디지털수사과에 확인해보니 분석 의뢰 내역 및 분석 결과가 없었다. 그런데 몇몇 검사들은 범인이 최재경 중수부장이라 하며 이렇게 진술했다. "수사 책임자인 박윤해 팀장이 대검에 보내라고 했고, 유에스비를 가져오라고 한 사람은 최재경 중수부장이라고 들었다", "'일심 충성' 문건이 유에스비에서 나온 사실을 알고 최 중수부장이 유에스비를 들고 오라고 했다. 검찰수사관이 직접 가서 증거물을 담당하는 서울중앙지검 검사한테 받아온 것으로 알고 있다."

그렇다면 거슬러 올라가 2010년의 1차 수사에서는 무슨 일이 있었을까. 수사 기록에서 민간인 불법 사찰·증거 인멸 과정에서 사용된 대포폰에 관한 통화 내역이 없어져 버린다. 박근혜 때와 비슷하게, 청와대 비서관과 국무총리실 직원들이 무슨 범

---

23 범죄 사실을 밝혀내기 위한 수사에 쓰이는 과학적 기술.

죄단체 조직원들처럼 대포폰을 사용했기 때문이다. 그런데 수사 기록에는 대포폰 네 개 중 끝 번호가 9111로 끝나는 전화와 5008로 끝나는 전화만 조사되어 있었다. 그것도 장진수 주무관이 사용하던 9111 전화는 전체 통화 내역이 1차 수사 기록에 편철되어 있었지만, 5008 전화의 통화 내역은 단 하루의 내역만 있었다. 청와대 고용노사 비서관 이영호가 사용하던 6442 전화와 국무총리실 차장 박영준이 사용하던 3847 전화는 통화 내역이 기록에 없었다. 처음부터 조사되지 않았던 걸까? 아니다. 이영호에 대한 피의자 신문조서를 보니 검사가 6442 전화, 3847 전화의 통화 내역에 기초하여 질문을 하고 있음을 확인할 수 있다. 그리고 그 질문에 포함된 내용은 9111 전화나 5008 전화의 역발신 내역으로는 알 수 없는 것이었다. 그래서 2차 수사에서의 유에스비와 마찬가지로 검찰이 통화 내역을 가지고 있다가 청와대의 관여 사실을 은폐하기 위해 폐기했다고 추측할 수 있다. 그렇다면 "그렇게 하시면 나중에 구속됩니다"라는 말을 들은 부장검사는 어떻게 되었나. 공수처가 없으니 별수 있나. 검사장으로 영전하신 다음 무사히 퇴직하셨다. 한편 불법 사찰의 피해자 김종익 씨를 보라. 이명박정부는 그를 대표이사직에서 물러나게 하고 회사 지분도 포기하도록 종용했다. 김종익 씨는 회사 자금 횡령으로 수사를 받게 되었는데, 경찰에서 무혐의 의견으로 올린 횡령죄를 기소한 것도 검찰이었다.

그 시절을 생각하면 어둡고 황량한 길에서 울고 있는 아이가 떠오른다. 국가에 의하여 버려지고 학대받은 아이. 그러나 아이는 각성했고 스스로를 구원했으며 그래서 아름답고 당당하다, 골리앗의 목을 따는 다윗처럼. 국가정보원의 특수활동비를 받아 장 전 주무관에게 입막음 목적으로 건네진 관봉 5,000만 원을 마련한 김진모 전 청와대 민정비서관이 2018년 2월 4일 결국 구속기소된다. 그런데 사실 2012년부터 장 전 주무관은 민정수석실의 연루에 관해 말해왔다. 불법 사찰에 관여한 최종석 전 행정관이 김진모를 찾아가 "내가 검찰에 들어가면 민정수석실도 멀쩡하지 못할 것"이라고 협박했고 김진모가 검찰에 전화해서 "어쩌다가 일을 이 지경으로 만들었느냐"라고 질책했다고 줄곧 주장했던 것이다. 2018년의 구속기소는 너무 늦은 감이 있지만, 그 겨울의 촛불이 없었다면 불가능한 일이기도 했다.

팩트 체크

민간인 사찰 사건은 2008년 대한민국의 국무총리실 산하 공직윤리지원관실이 공무원이 아닌 민간인을 불법적으로 사찰한 사건이다. 2010년 6월 29일 〈PD수첩〉에 보도되면서 그 전모가 드러났다. 〈PD수첩〉은 영화 〈식코〉의 패러디인 쥐코 동영상을 올렸다는 이유로 국무총리실의 조사를 받은 김종익 KB 한마음 대표의 이야기를 다루었다. 국무총리실은 사찰 내용을 청와대 사찰 담당 부서인 민정수석실에 보고하지 않고 고용노사비서실에 보고했다는 의혹이 제기되면서 청와대 조직 내부 간 갈등도 불거졌다. 2010년 7월, 수사가 진행되자 한나라당 남경필, 정두언, 정태근도 사찰을 받은 사실이 드러나 여권 내 권력 투쟁에 대한 의혹이 깊어졌다. 이 세 명의 사찰 시점이 이명박의 친형 이상득의 총선 불출마와 2선 후퇴 등을 요구했던 시점이라 '영포라인'의 개입 의혹을 불렀다. 민주당은 여당 의원들도 사찰하는 마당에 야당 의원들에 대한 사찰은 어떻겠느냐면서 "친노무현 성향의 의원들과 비서, 비서의 친인척까지 모조리 계좌 추적 등의 수사를 받았다"라고 증언했다. 이후 민주당은 박근혜도 사찰당했다는 사실을 폭로했다. 한편 2012년 3월 30일 KBS 새 노조는 2008년부터 2010년까지 3년간 국무총리실 공직윤리지원관실의 공무원, 민간인 사찰 내용이 담긴 문건 2619건을 인터넷에 공개했다. 의혹이 청와대로 집중되자 청와대는 전국언론노조 KBS가 폭로한 국무총리실의 사찰 문건 80퍼센트 이상이 지난 노무현 정부 시절 작성된 것이라 하며 특검제 도입 주장을 수용했다. 주범이 청와대일 때 당시 검찰은 어떤 자세를 취했는지 살펴봐야 한다. 권력의 하수인 그 자체였기 때문이다.

금줄을 치고 움직이는 그들

검찰은 스스로 성역이 되는 한편 금줄을 그어 세속의 권력이 미칠 수 없는 성역을 만들기도 한다. 그런데 이 게임판에서는 항상 검찰이 승리할 수밖에 없다. 금줄을 이리저리 움직일 수도 있고, 마음만 먹으면 금줄의 안쪽이든 바깥쪽이든 넘나들며 미운 놈 두들겨 패버리는 게 검찰이니 말이다. 22명의 선수가 볼을 쫓다가 결국은 망할 놈의 독일이 이기는 게 축구의 정의인 것처럼 무조건 검찰이 승리하는 게 이 게임의 룰이다.

2002년 인천지검 특수부가 한 폐기물 처리 업체의 횡령 사건을 수사하다가 72억 원이 대상 임창욱 회장의 계좌에 입금된 사실을 알아낸다. 이어 최종적으론 빼돌린 회사 자금이 220

억 원으로 밝혀졌다. 어떻게 되었겠는가. 대상의 임직원 세 명만 기소되고, 유독 임 회장만은 2004년 1월 참고인 중지 결정을 받아서 수사가 중단된다. 이게 끝일까. 아니다. 아주 재미난 일이 기다리고 있다. 2005년 전수안 당시 고등법원 부장판사는 위 피고인들에 대한 판결에서 공소외 임창욱과 공모공동한 사실이 인정된다고 적시한다. 불고불리 원칙에 따라 법원은 기소된 3인에 대한 공소 사실만 한정해서 판단해야 하는데 법원이 보기에 검사들의 기소권 전횡이 눈 뜨고 볼 수 없는 지경이었던 것이다. 죄가 있다는 법원의 예비 판결에 따라 임 회장은 뒤늦게 2005년 7월 구속기소되어 유죄 판결을 받는다. 그렇다면 애초 처분을 한 검사들과 이종백 당시 인천지검장은 어떻게 되었을까. 대검이 감찰 거부 결정을 내린 덕에 아무런 일도 없었다. 검사들은 영원한 승자다. 이종백 전 검사장은 2007년에 무려 국가청렴위원회 위원장으로 임명되었으니 참 웃긴 일이다.

성완종 리스트 사건을 보자. 사망한 그의 바지 주머니에는 정치인 8인의 명단이 적힌 메모지가 있었다. 메모지에 "김기춘 10만 달러, 허태열 7억 원, 홍문종 2억 원, 부산시장(서병수) 2억 원, 유정복 3억 원, 홍준표 1억 원, 이완구, 이병기(금액 미표시)"라는 글이 적혀 있었다. 이후 어떻게 되었을까. 검찰은 이완구와 홍준표 2인만 기소하고, 박근혜의 최측근으로 대선 자금 수사로 이어질 수 있는 나머지 6인에 대해선 불기소처분한다. 수사 결과 발표가 정말이지 가관이었다. 메모지에도 없던 이름인

노건평의 특별사면 개입 혐의를 중점적으로 발표했기 때문이다. 성완종으로부터 특별사면을 청탁받고 금전을 수수했는데, 공소시효가 지나 기소할 수 없다는 내용이었다. 박근혜 게이트를 노무현·노건평 게이트로 전환하려는 가상한 노력이었다. 사람들이 이번에도 '기승전 노무현'이냐고 비아냥거릴 만했다. 나중에 노건평 씨는 국가배상 청구를 해서 승소한다. 검사들이 명확한 증거에 의하여 뒷받침되지 않는 사실을 발표했다고 법원이 인정한 것이다. 성완종 리스트 특별수사팀의 팀장이 당시 대전지검장이던 문무일이었다. 문무일은 2017년 검찰총장 청문회 무렵에 기자로부터 그 사건에 대해 질문을 받자 "사람으로서 할 수 있는 일을 다했다"라고 당당히 말한다. 사람에 대한 정의가 문무일은 보통 사람들과 다른 것으로 정리할 수 있겠다.

권력이 없다면 돈으로 면죄부를 사야 한다. 검사 출신의 어느 변호사로부터 들은 이야기다. 작전 세력 중 한 명을 긴급체포했는데, 검사 전관 변호인이 검사실에 와서 부탁하더란다. 오늘만 구속영장을 치지 말고 좀 봐달라고, 그러면 자신이 성공보수로 20억 원을 받게 되어 있다고, 다음에 소환하면 꼭 자신이 문제없이 출석시키겠다고. 피의자가 너무 급하게 체포되어서 주변 정리를 미처 못했던 것이다. 재산도 처분 및 은닉하고, 공범들 간에 협의도 해서 바지를 단단히 준비시키는 그런 단 며칠 간의 시간에 그 값이 매겨지는 법. 이게 바로 개미들의 눈물이 흘러가는 곳이다. 작전 세력에 당한 개미들의 돈은 이렇게 흘러 들어가 작전 세력이 면죄부를 사는 데 쓰인다. 15세기 독일에서 면죄부를 팔던 수도사 요한 테첼이란 사람은 "금화가 궤 속에 떨어지는 소리와 함께 죄지은 영혼이 연옥을 벗어나게 된다"라고 광고한다. 지강헌은 1988년 서울의 북가좌동에서 "유전무죄, 무전유죄"를 외쳤다.[24] 아직도 대체로 그런 흐름이다.

성서를 독점하며 면죄부를 팔던 그들이 개혁당했음을 잊지 말아야 한다. 역사를 안다는 건 실현될 미래를 현재에서도 바라볼 수 있다는 것이다. 마틴 루터는 성경을 독일어로 번역하는 작업에 대해 이렇게 이야기한다. "집 안에 있는 어머니와 거리에 있는 아이들과 시장에 있는 보통 남자와 이야기해보아야 한다. 그들이 말하는 방식에 맞추어야 한다." 멋대로 금줄을 치고 움직이는 그들에게 이제 우리의 정의를 가르쳐주면 된다.

---

24 미결수였던 지강헌이 이감 도중 도망쳐 서울 북가좌동에서 일가족을 인질로 삼고 '유전무죄, 무전유죄'를 외친 사건. 500만 원 절도인 자기보다 70억 원을 횡령한 전경환의 형기가 더 짧다는 데 분노해 사건을 일으켰다.

팩트 체크

검찰이 '그들만의 리그'를 보여준 단적인 사례로 대상그룹의 임창욱 명예회장의 사건을 꼽았다. 1998년 서울 방학동의 대상 공장을 허물고 아파트를 신축하는 과정에서 폐기물 처리 업체를 위장 계열사로 인수하고 폐기물량을 늘리는 방식으로 계약서와 회계장부 등을 조작해 72억 원을 빼돌린 혐의를 받은 사건이다. 2002년 인천지검 특수부는 72억 원이 아니라 최종적으로 220억 원을 빼돌렸음을 인지했다. 그러나 대상 임직원 세 명만 기소되고 실제 자신의 계좌에 72억이 입금된 임 회장은 2004년 참고인 중지 결정을 받는다. 이 말은 기소에서 제외된단 얘기다. 2005년 재판 당시 고등법원 전수안 부장판사는 위 피고인들에 대한 판결에서 공소외 임창욱과 공모공동한 사실이 인정된다고 적시한다. 불고불리 원칙에 따라 법원은 기소된 3인에 대한 공소사실만 판단해야 하나 법원이 보기에 검사들의 기소권 전횡이 심하다고 결정한 것이다. 불고불리의 원칙이란 소송법상의 개념으로 소송 당사자 사이에 주장하지 않은 사실에 대하여 판사가 개입하지 않는다는 당사자주의의 기본 원칙이다. 그런데 법원에서 이것은 기소권 전횡이라고 판단하고 임 회장에게 유죄 판결을 내린다. 오죽하면 법원에서 그런 판결을 내렸을까. 감찰을 해야 할 대검은 이 사건 관련 검사들에 대한 감찰을 거부한다. 그리고 당시 인천지검 검사장 이종백은 2007년 국가청렴위원회 위원장으로 임명되었다.

유명한 성완종 리스트 사건을 보자. 성완종은 당시 새누리당 19대 국회의원이었고 전 경남기업 회장이었다. 2015년 4월 9일 자원외교 비리와 관련 분식회계 혐의를 받고 자살했는데 로비 리스트를 남겨 사회적으로 큰 파장을 일으켰다. 그런데 검찰은 이완구와 홍준표 2인만 기소하고 박근혜의 최측근 6인은 불기소처분을 한다. 그리고 로비 리스트에도 없던 노건평의 특별사면 개입 혐의를 중점적으로 발표한다. 노건평은 노무현 전 대통령의 형이다. 성완종으로부터 특별사면 청탁 금전을 수수했는데, 공소시효가 지나 기소할 수 없다고 했다. 그러나 노건평은 국가배상 청구를 해서 승소한다. 그때 성완종 로비 리스트 특별수사팀장이 문무일 대전지검장이었다.

검찰 내부에서 일어나는 사건들을 국민은 잘 알지 못한다. 검찰에서 재직한 사람들의 생생한 증언에서 검찰 개혁이 당면 과제임을 알 수 있다. 성경을 독일어로 번역 작업하던 마틴 루터가 한 말을 기억하자. "집 안에 있는 어머니와 거리에 있는 아이들과 시장에 있는 보통 남자와 이야기해보아야 한다. 그들이 말하는 방식에 맞추어야 한다." 법도 그렇다.

희망의 이유

검찰은 법을 집행한다는 핑계로 세상에 악을 퍼뜨리는 조직이다. 사람을 심판한다는 건 그 심판하는 사람의 한계로 또 다른 죄를 짓게 되는 일이 아닌가 싶다. 판사가 형사 법정에서 엄숙하게 선고를 내리지만, 그 이면의 풍경은 이렇다.

어느 판사가 자신의 판결에서 어떤 경향성을 발견한다. 자백을 하는 사람에게는 형을 낮추고 부인하는 사람에게는 개전의 정이 없다고 형을 높이는 게 맞다. 그런데 이 판사는 '이렇게 강력하게 부인하는 걸 보면 혹시 정말 죄를 저지르지 않은 게 아닐까'라고 생각한다. 그래서 선고형을 스르르 낮춘다. 증거가 갖춰져 유죄라는 판단이 확실한데도 혹시나 자신이 오판할

지도 모른다는 두려움에 그렇게 하고 만다는 사실을 깨달은 것이다. 또 다른 판사는 자신이 무죄를 선고한 살인 사건 피고인의 상급심 결과를 계속 지켜본다. 결과는 뒤집어져서 유죄 판결이 선고되고 그 판결을 읽어보며 스스로 크게 납득한다. 왜냐하면 본인도 판결문에 적시된 그 점들 때문에 오래 고민했기 때문이다. 시아버지가 아들의 내연녀와 공모하여 손녀를 살해한 사건이 있었다. "사람이 아무리 그래도 그렇지. 자신의 손녀를 어떻게 살해해?"라는 생각과 아들의 내연녀가 거짓말을 하는 것 같지 않다는 판단을 저울질하다가 내린 판결이었는데, 본인도 유죄를 선고한 상급심 판결에 납득할 수밖에 없었다. 어떤 검사에게는 이런 일이 있었다. 남편이 부인의 내연남을 칼로 찔렀는데, 그 내연남이 상체를 팔로 막는 바람에 다행히 팔에만 상처를 입었다. 피해자가 자기가 죽을죄를 졌다며 처벌을 원하지 않았고 동기에도 참작할 점이 있다 해서 검사는 구속된 피의자를 석방시켰다. 그래서 피의자는 불구속 상태에서 재판을 받게 된다. 그런데 그 피의자가 한 달 후쯤 그 검사실에 다른 사건으로 구속되어온다. 이번엔 자기 아내를 살해하고 만 것이다. 담당 검사는 '내가 풀어주지만 않았더라면'이라는 생각에 심하게 자책한다. 그 사람은 법원에서 집행유예 판결을 받아 석방된 후에도, 아니면 실형 판결을 받아 복역을 마치고도 그런 일을 저질렀을지 모른다고 하며 마음의 짐을 덜어보려 하지만 잘 되시 않았다. 내게는 지갑을 훔쳐서 절도죄로 왔던 지적장애의 소녀의 경우가 그러했다. 부모의 학대와 방치에 가출해서 따뜻한 밥 한 끼와 잠자리를 주겠다는 사람이라면 누구든 따라갔고 결국은 임신한 상태로 구속되어 온 소녀. 주거부정이라는 구속 사유가 있는 게 맞지만, 그게 그 아이의 잘못은 아니지 않은가. 우리가 처벌하려던 게 뭐였을까. 그 아이의 범죄가 아니라 불행이었던 것 같다.

그 아이에게 구속영장을 친 검사와 구속영장을 내어준 판사보다 내가 하등 더 나을 게 없다. 아니 더 나쁠지도 모른다. 아무것도 하지 않고 위선이나 떨고 있으니. 『레미제라블』에서 자베르는 감옥의 죄수들 사이에서 태어나 감옥에서 자라난다. 그런 출생을 지우기 위해서 사회에 편입되려는 몸부림으로 간수와 형사가 되어 엄격하게 법을 집행하지만, 오히려 악을 낳는다. 나락에 빠진 팡틴을 가둬서 더 괴롭히고 장발장을 끝까지 쫓아서 불안 속에 삶을 살게 하니 말이다. 나도 자베르와 다를 바 없다. 아무런 선한 일을 하지 못했다.

사람을 심판한다는 건 자신이 할 수 있는 가장 정결한 마음을 가지고 임하더라도 그 자신의 한계로 오류를 저지를 수밖에 없다. 그래서 심판하는 사람이 다른 사람의 인생에 죄를 짓기도 한다. 자베르는 자신이 좇은 정의가 사회에 편입되기 위한 욕망에서 나온 편협한 것이라서 세상에 해악을 가져왔음을 깨닫고 스스로를 버림으로써 속죄한다. 그러나 우리 사회에서는 남의 인생을 망쳐온 많은 심판하는 사람 중에 제대로 속죄한 사람을 찾아볼 수 없다.

자신의 권력을 놓치지 않기 위해 혹은 더 큰 권력을 쥐기 위해 작정하고 한 집안을 도륙 낸 사람들을 생각한다. 그리고 그 야만의 칼날 아래 있었던 가엾은 한 가족과 그걸 지켜본 국민을 생각한다. 그런 사람들이 대한민국을 좌지우지하는 큰 권력을 쥐고 있는데 도대체 이곳에 희망이 있을까. 사실 희망에 거창한 이유가 있어야 하는 것은 아니다. 그러나 누군가 부당한 고통을 겪으면 손 내밀어주고 인간의 마음으로 같이 아파해줄 것 아닌가. 조그만 촛불을 들어 세상을 밝히려 할 것 아닌가. 나와 당신들이 그런 마음으로 이어져 있다는 게 나에게는 희망이다. 그게 나에게는 희망의 이유다.

팩트 체크

사람이 사람을 심판하는 것은 몹시 중요하고 고충이 큰 일이다. 판사는 매번 재판할 때마다 자신의 판단을 회의하고 의심하며, 검사는 유무죄의 사안을 적용하고 구속을 시킬 때 양심의 문제로 고민한다. 아무리 정결한 마음을 가지고 임해도 한계가 있어 오류를 저지르고 다른 사람의 인생에 죄를 짓기도 한다는 것이다. 『레미제라블』의 자베르 형사의 경우 자신의 정의가 사회에 편입되기 위한 욕망에서 나온

편협한 것이고 세상에 해악을 가져왔음을 깨닫고 자살로 속죄한다. 그러나 우리 사회는 심판하는 이들 중 많은 이들이 남의 인생을 망치고도 제대로 속죄하지 않는다. 법을 집행한다는 핑계로 세상에 악을 퍼뜨리는 것이다. 자신의 권력을 위해, 또는 더 큰 권력을 쥐기 위해 작정하고 한 집안을 도륙 내는 사람들이 대한민국을 좌지우지하는 큰 권력을 쥐고 있는데 도대체 희망이 있겠는가. 그러나 희망은 작은 불씨에서 시작된다. 고통을 겪는 사람에게 손 내미는 국민에게 희망의 불씨가 숨어 있다.

조작의 기술

증거, 사건, 기록 조작

3

미치광이의 칼날

그때를 기억하는가. 음반에 건전가요가 꼭 들어 있던 때. 애국 조회라는 이름으로 한여름 땡볕 아래에서 교장 훈화를 10여 분 넘게 듣는 일을 아침마다 하던 때. 방학이면 반공 도서를 읽은 후 독후감을 써내고, 학교에서 반공 웅변 대회가 열리던 때. 그 대회의 어린 연사는 본인이 규탄하던 북한의 만행보다 더 야만적인 일이 바로 여기서 일어나고 있었다는 걸 지금은 알까?

1987년 '29만 원 할배'의 오른팔 장세동은 살인범 윤태식을 반공 투사로 변신시켜버린다. 북한 공작원에 납치될 뻔했다던 살인범은 귀국 당시 인터뷰에서 "지금까지는 반공, 반공 해도 그 의미를 몰랐으나 우리가 왜 반공을 해야 하는지를 절실하게 깨닫게 됐다"라고 말한다. 피살자 김옥분의 가족은 반대로 삶이 철저히 파괴되고 만다. 윤태식이 살인범이라는 걸 아는 국가안전기획부(안기부) 놈들이 그 언니와 여동생 부부를 불러 간첩의 가족으로 몰아 괴롭혔기 때문이다. 김옥분의 자매들은 시집 식구들에게 천대받고 학대당했으며 결국 직장에서도, 시집에서도 쫓겨나고 만다. 시집 식구들은 연좌제로 피해를 당할까봐 자신의 손주마저 거두지 않고 버린다.

한번 든 얼룩이 쉽게 빠지지 않듯이 국가권력이 우리를 건전하게 만들기 위한 노력은 쉬이 사라지지 않는다. 1997년에『천국의 신화』라는 만화의 음란성을 이유로 이현세가 미성년자보호법 위반으로 기소된다. 2001년 6월 항소심에서 무죄가 선고되는데, 무죄 판결을 내린 판사의 이야기를 직접 들은 적이 있다. 청소년에게 악영향을 미칠 불량 만화를 처벌하는 규정이니까 고등학생인 아들 둘에게『천국의 신화』를 보고 음란성에 대해서 소감문을 쓰게 했다고 한다. 아들 둘의 그 의견이 판결문 작성에 많이 도움이 되었다고 전해진다. 그 사건을 기소한 검사는 판사가 했던 것만큼이나 신중하게 판단하지 않고 기소한 셈이었다. 그렇다면 그 검사는 삶이 무척 경건하고 엄숙한 사람이어야 마땅하다. 하지만 절대 그렇지 않다. 본인은 규율이 없고 규칙을 파괴하는 사람이었다. 일례로 2001년 법무부 법무심의관 시절 다른 정부 부처의 공무원들과 함께 영국 출장을 갔는데 그 검사가 히드로공항에서 잠적한 일이 있었다. 한국대사관에

잡혀 있던 만찬 약속을 펑크 내고 개인적인 일정을 가졌단다. 그래서 분노한 외교부로부터 공식 항의가 접수되었다. 이 검사가 징계를 받았을까? 당연히 안 받았다. 무슨 대단한 뒷배가 있었는지 모르겠으나, 검찰로선 관보에 징계 사유 싣는 것 자체가 부끄러워 징계를 생각하다가 그만뒀을 것 같기도 하다. 그는 법무심의관실에서도 일할 때도 업무는 하지 않았다. 인형 수집이 취미인데 바비인형에 푹 빠져 있었다. 사무실로 빈번하게 택배가 도착했고 택배 챙기기에는 열심이었으나 일에는 관심이 없었다. 하도 일을 안 해서 답답한 옆의 검사가 내가 좀 도와줄까 했다가 그의 일이 본인 일이 되어버리는 게 부지기수였다고. 그렇다면 해외연수에서 제외하는 게 맞지만, 검찰이 그럴 리가 없다. 미국으로 해외연수를 갔는데, 1년 후 연장 신청을 했다가 안 받아들여지니 사직서를 미국에서 팩스로 보냈다고 한다. 당시 송광수 검찰총장이 사직서를 내더라도 일단 국내로 들어와서 이야기를 해보자고 하는데도 막무가내였다고.

　이제 그림이 좀 보이는가. 이런 분이 이현세 작가를 기소할 때 신중했을 리가 없다. 그는 만화를 무척 좋아했는데, 야리야리하고 예쁘고 잘생긴 주인공이 나오는 순정만화가 주된 취향이었다. 그래서 어쩌다 자기 눈에 띈 거슬리는 만화를 치워버리고 싶었던 게 아닌가 싶다. 이 사건 기소에 대해서 결재 라인은 다른 의견이었다. 그렇지만 담당 검사가 직무를 수행하는 게 부적절하면 검사장이 직무이전명령을 내릴 수 있다. 그러나 무죄를 구형하겠다는 임은정 검사에게는 직무이전명령을 내려도 (그것도 권한도 없는 부장검사가) 이런 일은 그냥 놔둔다. 검찰에게 남의 인생 하나쯤, 만화가 하나쯤은 아무것도 아니니까.

2020년 2월, 문찬석 광주지검장이 이성윤 검사장에 대해 공개 항의했다는 보도가 나왔다. 검찰이 기소한 유재수 감찰 중단의 예에 의하면 문 검사는 당시 직무유기죄로 재판을 받고 있어야 하는데 어이없는 일이었다. 문찬석 검사는 2015년 진동균 검사가 강제 추행을 저지르고 아무런 처벌도, 징계도 받지 않고 사직하던 때에 진 검사가 속해 있던 서울 남부지검의 차장검사였다. 당시 여기저기 풍문으로 다 퍼진 이 사건에 대해 "'그냥 좀 힘들어서 쉬고 싶다'라고 하면서 사직서를 제출했다"라고 비호해주었다. 게다가 당시 대검 관계자는 사직 원인이 부장검사와의 불화라고 거짓으로 해명하기까지 했다.

검찰은 남을 치기 위해서 열심히 칼을 갈아 그 칼로 남에게 깊은 자상을 내면서도 칼날에 비친 자기 모습을 보지 않는다. 자기가 처단하려는 사람보다 더 흉한 모습이 비치는 데도 말이다. 불합리한 시절을 건너오면서 그들이 바라는 대로 건전해지지 않고, 불온한 자유를 품고 꿈꾼 모든 이들에게 경의를 보낸다.

팩트 체크

국가권력은 무고한 인간의 삶을 부지불식 간에 파괴한다. 1987년 안기부가 기획한 간첩 조작 사건은 흔히 '수지 김 사건'이라 불린다. 홍콩에서 남편 윤태식이 부부 싸움 중 부인 김옥분을 살해하고 북한으로 월북하려다 여의치 않자 미국 대사관에 갔다가 대한민국 대사관으로 인도되었다. 당시 제5공화국 대한민국 안기부는 부부 싸움 살인사건을 '여간첩 남편 납북기도 사건'으로 조작한다. 이 사건은 군부 독재 정권이 정권 유지를 위해 벌인 대표적인 간첩 조작 사건이다. 살해된 김옥분의 집안은 간첩이라는 오명을 쓰고 처절하게 파괴된다. 일가족 중에서 세 명이 화병과 정신병으로 세상을 떠났고 김옥분의 여동생 네 명 가운데 세 명이 간첩 집안이라는 사회적 지탄으로 이혼을 당했으며 조카는 따돌림 때문에 학교를 자퇴했다. 이 사건은 2001년 12월 언론이 윤태식 게이트로 다루면서 밝혀졌다. 2003년 안기부는 정식 사과를 했으나 한 집안이 다 파괴된 다음이니 만시지탄이었다.

1997년 이현세 만화가의 『천국의 신화』 사건은 만화 『천국의 신화』에서 야만과 전설 시대의 종언을 상징적으로 다룬 부분, 여신이 동물과 정사하여 동물을 낳고 동물을 잡아먹는 원시인에게 실망하여 사라지는 내용 등이 문제가 되었다. 이 만화는 동북아시아 고대 신화를 바탕으로 창세기부터 환인·환웅 시대를 거쳐 발해 멸망 시기까지를 다루는 대작이었다. 그러나 담당 검사는 예술과 외설의 문제로 논란이 되자 서둘러 성인용은 무혐의 처리를 하고 청소년판에 대해 미성년자보호법 2조를 근거로 약식기소한다. 이미 내용을 수정해 출간했는데도 불건전한 내용이 '연상'된다는 이유였다. 1998년 벌금형을 선고받고 항소, 2000년 1심 패소, 2002년 2심 승소, 2003년 최종심에 미성년자보호법 2조가 위헌판결을 받고 승소한다. 그러나 그동안 만화가 이현세는 스트레스로 작품 활동을 하지 못했고, 100권이 목표였던 만화『천국의 신화』기획은 불발로 끝나고 말았다. 이 판결의 유명한 일화가 자신의 고등학생 아들들에게 담당 판사가 만화를 읽고 소감문을 쓰게 해 판결에 적용한 것이다. 무죄 판결이 나긴 했으나 결과적으로 이현세 작가의 인생에서 가장 황금기였던 시절을 한 검사가 생각 없이 날려 보낸 셈이다. 그러나 검찰은 이 검사에게 어떤 제재도 하지 않았다.

이렇듯 한 사람의 인생이 어떻게 되든 누구도 책임지지 않는 조직이 검찰이다. 그러면서 정작 벌을 받아야 할 내부 사람은 감싸고 또 그로 인해 누군가가 피해를 받아도 눈을 감는다. 무소불위의 행태는 아무리 시간이 지나고 시대가 바뀌어도 달라지지 않는다.

검찰 잔혹극의 종말

알고 지내는 50대 초반의 검사가 전해준 이야기다. 그의 친구들이 다 박사모라 2019년 10월경 광화문 조국 반대 집회에 같이 가자고 연락을 해왔다고 한다. 그가 친구들에게 "너희 잘못 생각하는 거다. 이건 정치적 목적의 수사다"라고 설명했더니 "넌 못 나가는 검사라 생각도 꼬였구나"라는 악담을 들었다고 한다.

조국과 정경심의 딸이 받은 동양대 표창장 위조 논란을 둘러싸고, 검사들이 표창장에 찍힌 일자가 2012년 9월 7일이어서 공소시효 마지막 날인 2019년 9월 6일에 기소했다고 기자들에게 브리핑하는 자리였다. 어느 기자가 "피의자를 한 차례도 검찰 소환하지 않고 기소한 건데요. 만약에 실제 작성 일자가 그 이전이라면 공소시효 만료로 면소 판결을 받지 않습니까?"라고 송경호 차장검사에게 질문했다. 그랬더니 송 차장이 머뭇거리면서 제대로 답변하지 못했다. 1년 후나 2년 후에 용도가 생길 경우를 대비해 미리 위조문서를 만들어두는 게 일반적인 일이겠는가. 또 문서 위조범이 "문서의 다른 부분은 다 허위지만 일자만은 내가 문서를 만드는 오늘 일자로 해야지"라고 하면서 문서를 위조하는 게 흔히 있을 법한 일일까? 그러니 검찰의 표창장 위조 기소는 2013년 서울대 의전원, 2014년 부산대 의전원 제출 목적으로 2012년에 미리 작성해두었고, 표창장에 찍힌 바로 그 일자가 작성 일자라는 검사의 완전한 상상에 기초해 있는 셈이다. 이쯤 되면 법원이 공소 사실에 변경 허가를 하지 않는 것이 당연하지 않겠는가? 마구잡이로 일단 던져놓고 나중에 분칠하려는 것이니 말이다. 강호의 도의란 것이, 구라 치고 밑장빼기 하다 걸리면 손모가지 날아가는 법. 이번 판은 나가리시키고 새로 패 돌리라는 땡깡이 대체 웬 말인가.

게다가 검찰과 당시의 자유한국당이 짝짜꿍하거나 아니면 적어도 사인을 마구 주고받은 흔적들도 있다. 2019년 9월 6일 조국 장관 인사청문회에서 자유한국당의 여상규 위원장이 "부인이 곧 기소될 것 같다. 부인이 기소되면 후보를 사퇴하겠느냐"라고 질문한다. 그리고 동양대 최성해 총장은 8월 27일 최교일을 만났다고 총장 측근이 밝혔다. 9월 26일 자유한국당 주광덕 의원은 국회 대정부 질문에서 조국 장관에게 "23일 검찰이 자택을 압수수색할 때 검사에게 전화 통화를 한 사실이 있느냐"라고 묻는다. 이건 주 의원의 질문을 통하여 최초로 밝혀진 것이다.

당시의 자유한국당 의원들은 검찰에서 지금 무슨 일이 벌어지고 있는지 어찌 그리 잘 알고 있었을까. 검찰은 공소권 남용을 스스로 인정하는 꼴이 되니 1차 기소를 공소 취소도 못하고 재판부의 공소장 변경 불허가 부당하다고 광광댔다. 구라 치는 놈들 손모가지 잘릴 날이 곧 올 것이다. 바로 이때 필요한 대사. "쫄리면 뒈지시든지."

팩트 체크

전 법무부 장관 조국에 대한 검찰 수사가 정치적 목적일 수 있다는 의혹이 있다. 수사 과정은 야당의 정치인들에게 실시간 중계방송처럼 알려지고, 당초 혐의를 두었던 부분보다 표창장 위조 등의 자녀 학업 비리로 초점이 모였기 때문이다. 조국의 여러 혐의 중 상당수는 자녀 학업 비리다. 이와 관련해 2020년 11월 정경심 교수에게 검찰은 징역 7년과 벌금 9억 원, 추징금 1억 6,400여만 원을 구형했다. 재판부에서 판결이 어떻게 판결이 날까. 검찰 수사의 시작은 창대하였으나 끝이 미미하다면, 이것이 검찰이 총력을 쏟고 온 나라를 뒤집어엎을 만큼 중대한 사안이었는지 짚어볼 필요가 있다. 사건의 공소시효는 7년이다. 검찰은 조국 자식의 표창장에 찍힌 일자가 2012년 9월 7일이니 표창장 위조로 공소시효 마지막 날인 2019년 9월 6일에 허겁지겁 기소했다. 단 한 차례도 검찰 소환 없이 기소한 것에 기자들이 표창장 작성 일자가 그 이전이면 면소판결이 될 수 있지 않느냐고 질문하자 대답을 못 했다고 한다.

검·경 수사권 조정이나 공수처 설치 같은 검찰 개혁이 발등의 불이긴 한 듯하다. 대한민국 최고 엘리트인 검사들이 표창장 위조에 집중하여 온 국민을 혼란에 빠트리는 것을 보면 말이다.

검사들의 과학

형사부 검사들은 자신들을 지게꾼이라 자조적으로 부른다. 경찰에서 송치받은 사건에 대해 기소 여부를 결정하는 것을 주된 업무로 하기 때문에 그 송치 사건의 기록들을 져서 나른다는 의미다. 한편 그들은 수사 능력을 인정받은 검사들이 갈 수 있는 특수부에 가기를 희망하면서도, 특수부에 대해 너희는 명품 소량 생산이라면서 왜 이렇게 불량률이 높으냐고 비아냥대기도 한다. 인지 사건의 특성상 무에서 유를 창조한다고 말해지는데, 창조 과정 중에 무리하기도 하기 때문이다. 실제로 2009년 기준으로 검찰이 인지해서 수사, 기소한 사건의 무죄율은 일반 사건보다 다섯 배나 높았다. 지금은 폐지되었지만, 검찰총장의 하명 사건을 수사하면서 총장의 직할부대로 불리던 대검 중수부의 무죄율은 2012년을 기준으로 일반 사건의 27배에 달했다. 그런데 27년 특수통 검사가 자신의 수사 경험을 꾹꾹 눌러 썼다는 책이 있는데, 그 책을 보면 어떻게 '무에서 유'가 창조되는지 엿볼 수 있다. 그 검사는 책에서 '과학적 심리수사 기법'을 이용하여 어려운 사건에서 피의자들로부터 자백을 곧잘 받았다고 자랑을 하고 있다. 자백은 주로 뇌물 제공에 관한 것인데, 그 '과학적 심리수사'란 것이 어떤 것인지를 알아볼 수 있는 에피소드가 나온다. 배임 및 횡령 혐의로 구속된 건설회사의 회장에게 정치인들에게 청탁하고 뇌물을 공여한 것을 자백하라고 하면서 그 검사와 사전에 작전을 세운 수사관은 건설회사 사장을 이런 말로 압박한다. "왜 회계장부를 내연녀 집에 숨기셨어요? 혼인 관계가 아니어서 증거은닉죄가 됩니다. 지금 그 여자 잡으러 갔어요." 이 수사가 심리전이 된 이유에 대하여 그 검사는 아래와 같이 적고 있다. "검사와 수사관은 그 여성의 집에 안 갔다. 집이 어디 있는지도 몰랐다. 여성을 구속하겠다고 압박하지도 않았다. 별건 수사는 아예 없었다. 사무실 안팎에서 전화 몇 통 걸고 받은 게 전부다. 회장이 연출된 상황을 스스로 믿게끔 한 것 외에는 달리 한 일이 없다." 내가 놀란 점은, 첫째로 그 수사 기법이 '가학적 심리수사 기법'의 오타가 아니라는 것이었다. 여러 페이지에서 줄곧 '과학적'이라 언급되어 있다. 검사들의 법과 원칙이 보통 사람들이 생각하는 법과 원칙과 다른 것처럼 이것도 그렇게 생각하면 되는 것일까. 특수부 검사들에게는 이것이 과학인가 보다. 둘째로 놀란 점은 해당 수사를 자랑하는 그 검사의 심리 세계였다. 그 건설회사 회장이 정 모 국회의원에 대한 뇌물공여를 자백한 4,000만 원 중 3,000만 원 제공은 2005년에 무죄로 확정되기 때문에 오류가 아주 큰 과학이라고 할 수 있다. 또한 정 전 의원에게 돈을 주었다고 진술한 사람을 법원의 증인 채택에도 불구하고 법정에 출두하지 못하도록 검찰이 방해했다. 이때 서울지검 특수부는 공소를 유지하기 위하여 해당 증인을 1년여 동안 239회나 검찰청으로 불렀다. 정 전 의원은 검찰이 공정한 재판을 받을 권리를 침해했다며 헌법소원을 제기했고, 헌법재판소는 정 전 의원의 손을 들어주었다. 2001년 8월 헌법재판소는 "검사가 정 의원 쪽의 접근을 차단하고 수사 과정에서의 진술을 번복하지 않도록 회유·압박하기 위해 재판의 핵심 증인을 자주 소환한 사실이 인정된다"라며 "쌍방 가운데 어느 한쪽이 증인 접촉을 독점하거나 상대방의 접근을 막는 것은 헌법에 어긋난다"라고 결정문에서 밝힌다. 검사들의 이런 '과학적 수사 기법'은 그 후에도 계속 활용되었다. 이철규 전 경기도 경찰청장은 제일저축은행 비리 사건으로 구속된 유동천 회장에게서 수차례에 걸쳐 4,000여만 원을 받았다는 혐의로 기소되었다가 2013년 10월 대법원에서 무죄 확정 판결을 받는다. 1, 2심부터 쭉 무죄였는데, 이 사건은 검찰의 과학적 수사에 구멍이 많았던지 판결이 무죄의 이유를 이렇게 밝히고 있다. "정확하게 기억나지 않는 사건을 임의로 재구성해 피고인에게 돈을 준 것이 확실한 것처럼 객관적 증거에 꿰맞춘 것처럼 보인다", "자신의 진술에 따른 이해관계를 예측해 피고인에게 돈을 줬다는 사실 자체를 꾸며내 진술했을 가능성이 크다." 이 전 청장은 "유동천이 돈을 안 줬는데 검사가 아들을 구속하려고 압박해 거짓 진술을 했다. 이 전 청장이 수갑 차고 들어오는 모습을 보면서 천벌을 받을 거다. 죽고 싶다고 했다"라는 말을 다른 재소자로부터 들었다고 한다.

한편 2010년 12월 20일 한명숙 전 총리의 정치자금법 위반 사건에서 한만호가 법정에서 진술을 뒤집는다. 그러자 서울중앙지검 특수1부의 엄희준 검사는 한만호와 같은 구치소에 있던 수감자 세 명을 불러내 구치소에 있던 한만호로부터 금전 제공 사실을 직접 들었다는 위증을 준비시킨다. 수감자 중 하나는 위증 압박을 받자 검사실 출정을 거부했다고 한다. 그러자 엄검사는 당시 미성년자였던 수감자의 아들과 조카를 별건으로 조사하겠다며 검사실로 소환했다. 해당 수감자가 주식매매를 하면서 아들과 조카 명의의 계좌를 이용했는데, 그 차익에 대해 조사를 하겠다며 둘을 부른 것이다. 역시 '과학적 심리수사 기법'에는 뭐니 뭐니 해도 가족인질극이 가장 큰 효과가 있었다. 수감자 중 하나인 최 모 씨는 2020년 4월 법무부에 진정을 제출했고, 아들과 조카마저 소환당한 위의 수감자는 그 최 모 씨의 진정을 뒷받침하는 진술을 했다. 그렇지만 윤석열 총장은 본래 검찰 식구가 아닌 외부 공모로 임명된 한동수 본부장이 있는 대검 감찰본부가 이 사건을 감찰하는 게 껄끄러웠던지 사건을 서울중앙지검 인권감독관실로 내려보낸다. 게다가 엄희준 검사는 2020년 1월 인사에서 대검에 꼭 유임시켜달라고 윤 총장이 요청했던 측근이었다. 이 사건을 엄정하게 감찰하지 않겠다는 건, 앞으로도 이런 '과학적인 수사 기법'으로 계속 수사해도 된다는 뜻이 아니고 무엇이겠는가.

여기서 최악의 검찰을 보게 된다. 기소권과 수사권을 한 손에 쥐고 있기 때문에 수사 위법성을 일차적으로 통제하고, 객관적으로 공소권을 행사하라는 검찰기관으로서의 본래의 기능 역시 전혀 이루어지지 않는 조직. 수사 개시부터 기소까지 아무 통제도 없이 전속력으로 마구 달려가는 조직. 게다가 사후적인 감찰 기능까지 무력한 조직. 그래서 검찰은 '가학 수사'를 '과학 수사'라 우겨대며 살아왔던 것이다.

팩트 체크

검찰 엘리트의 핵심 부서인 특수부의 업무는 여느 부서와 차원이 다르다. 이른바 사건을 인지하여 작품을 만들어내는 감각이 있어야 한다. 인지 사건을 진짜 사건으로 창조하는 과정은 소설처럼 발단과 전개, 결말까지 개연성이 있어야 하고 사실에 근거를 두어야 한다. 하지만 문제는 이 창조 작품의 무죄율이 높다는 것이다. 그렇다면 논픽션이 아닌 픽션에 가까울 가능성이 높다.

특수부 출신의 검사는 그 창조 과정을 '과학적 심리수사 기법'을 적용한 것이라 했다. 그리고 뇌물수수 관련 피의자들에게 이 기법을 주로 사용했다. 한 건설회사 회장의 경우 정치인에게 뇌물을 제공한 자백을 받기 위해서 검사들은 내연녀 체포, 회계장부 조사, 증거은닉죄 여부 등등 구두로 영혼을 탈탈 턴다. '가학'과 '과학'이 공포를 만나 문학이 탄생한다. 상상력이 빛을 발하는 순간이다. 작품은 법원 재판에서 완성되는데 완성도를 높이기 위해 자백한 사람은 증인으로 출두하지 못하도록 방해를 하기도 한다. 더 놀라운 일은 특수부 검사가 그 해당 증인을 239회나 검찰청에 출두시켰다는 사실인데, 이리 되면 한 개인의 삶은 완전히 파괴된 것이나 다름없다. 오죽하면 법원이 "증인 접촉을 독점하거나 상대방의 접근을 막는 것은 헌법에 어긋난다"라고 했겠는가. 그 사건의 피의자 국회의원이 공정한 재판에 대한 권리를 주장하며 헌법소원을 제기해 무죄를 받았다. 결국 작품은 물거품이 되어버린 셈이다.

또 다른 예로 이철규 전 경기도 경찰청장은 제일저축은행 전 회장 유동천에게 4,000만 원 뇌물을 받은 혐의로 기소되었지만 무죄 판결을 받았다. 판결문의 내용인즉 사건을 임의로 재구성해 피고인에게 돈을 준 것처럼 객관적 증거에 꿰맞추었다는 것이다. 소설이다. 이 '과학'의 속살, '가학'의 내용인즉 유동천이 돈을 안 줬는데 검사가 아들을 구속하려고 압박해 거짓 진술을 했다는 것이다.

2010년 12월 20일 한명숙 전 총리에게 뇌물 제공을 했다고 진술한 한만호의 진술이 법정에서 번복된다. 한만호, 그는 비망록을 남기고 2018년 세상을 떠났는데 그의 "제가 모함했습니다"라고 쓴 옥중 편지가 방송을 타기도 했다. 돈을 준 사실이 없다고 증언을 번복하자 검찰은 2011년 한만호를 위증 혐의로 기소하고 징역 2년을 받게 했다. 당시 특수부 검사는 한만호에게 압박을 가하기 위해 같은 구치소에 있던 수감자 셋에게 금전 제공 이야기를 들었다는 위증을 준비시킨다. 수감자 한 명이 거부하자 또 '과학'과 '가학'이 만난다. 바로 가족인질극이다. 미성년자였던 수감자의 아들과 조카를 별건으로 조사하겠다며 검사실로 소환한 것이다. 문제는 그때의 한 수감자가 2020년에 제출한 진정서가 서울중앙지검의 인권감독관실로 내려간 데 있다. 대검찰청 감찰부가 직접 조사해야 하는 사안인데 '징계시효가 지났다'는 이유였다. 그러자 자신도 위증을 강요받았다는 고 한만호의 수감 동료 한은상이 중앙지검 인권감독관들의 조사를 거부하겠다는 입장문을 공개했다. "대검의 감찰을 가로챈 자들이 범행을 사실 그대로 조사할 의지가 없어 보인다"라고 여겼기 때문이다. 이 사건이 왜 인권 문제가 되었을까. '과학'과 '가학'에서 '가학'이 우세했기 때문이 아닐까?

울지 않는 새를 죽이다

2015년 자원 개발 비리 사건 수사 때 생긴 일이다. 피의자가 신문 조서를 검토하는데 조서가 진술한 내용과 다르게 작성되어 있었다. 피의자가 수정을 요구했으나 검사는 틀린 데가 없으므로 고쳐줄 수 없다고 했다. 그런데 같은 수사팀에 속한 다른 검사가 마침 그 자리에서 신문을 지켜보고 있었는데, 피의자의 말이 맞는다고 정직하게 말해주었다. 조서를 작성한 검사는 당황했다. 고의로 허위 작성한 것도 아니었기 때문이다. 수사에서 성과를 내고자 하는 집착과 열망이 듣고 싶은 대로 들리게 한 것이었다.

김경수 경남도지사의 닭갈비 사건과도 이와 비슷한 경우다.

특검은 영수증에 찍힌 '25번 테이블'을 보고 매장에서 식사한 것으로 이해했는데, 실은 25번 테이블은 포장할 때 기재하는 가상의 테이블이었다. 특검이 영수증만 보고 작성한 것도 아니고, 수사 보고서를 작성할 때 식당 주인에게 전화를 걸어 확인했는데도 어이없는 일이 일어난 것이다. 단단히 오해한 특검은 증인으로 나온 식당 주인에게 "25번 테이블에서 드신 거라고 말씀하셨죠?"라고 물었다.

한편 김경록 씨는 정경심 교수의 부탁을 받고 컴퓨터 하드디스크를 교체한 것으로 알려져 있다. 그런데 하드디스크 교체 당일 집에서 마주쳤을 때 조국 전 장관이 "도와줘서 고맙다"라는 인사를 건넨 것을 보고 검찰은 조 전 장관에게 증거인멸 방조 혐의가 있다고 포착한다. 수사 성과와 결과에 대한 열망은 이렇게 듣고 싶은 대로 들리고 하고 마음에 떠오르는 대로 결론 짓게 만든다.

이런 사례를 보면 수사권과 기소권을 한 손에 들고 있는 일이 왜 위험한지 이해가 갈 것이다. 검사가 혐의에 대한 의심을 가지고 수사를 개시해서 수사 보고서를 작성하고 압수수색영장을 청구하고 피의자, 참고인을 소환 조사하는 등의 노력을 투입하다 보면, 스스로는 '이 산이 아닌가 봐'라고 하며 쉽게 내려올 수가 없다. 그랬다가는 검사로서 무능함이 드러나는 꼴이 되기 때문이다. 기록을 오동통하게 살찌워 놓고서는 "무혐의입니다"라고 하는 건 세상 무능력한 것이고, 수사를 하지 않고 팽

팽 논 것보다 더 해로운 것으로 치부된다. 게다가 '이 산이 아닌가 봐'라는 생각 자체가 들지 않기가 쉬운데, 수사 도중에 확신이 쌓이기 마련이기 때문이다. 상급자의 결재를 받기 위해서도 자기 확신이 필요하다. 그래서 자기 사건에 대해서는 고슴도치가 자기 새끼 바라보듯 하게 된다. 또한 수사란 내 앞에 있는 피의자가 나쁜 놈이라는 의심으로 시작하는 만큼 어떤 수단을 써서라도 굴복시켜 자백을 받고자 하는 유혹이 일어나는 게 보통이다. 그래서 자칫하다 협박이나 회유 같은 수단을 쓰고 만다.

결론적으로 수사권과 기소권이 결합되어 있으면 수사 검사의 확증편향과 오류가 시정되기 어렵고 위법한 증거 수집도 통제되기 어렵다. 더욱이 대한민국 검찰의 문제는, 칼을 빼 들었으니 무라도 썰어야 하지만 정말로 무가 없으면 내려놓아야 하는데 그렇지 않는다는 것이다. 새가 울지 않으면 억지로 울도록 만든다.

한명숙 전 총리가 대한통운 곽영욱 사장으로부터 뇌물을 받았다는 혐의를 받은 사건에서 곽 사장을 울도록 만들기 위해서 검찰은 어떠한 수단을 썼을까. 우선 회유책으로, 검찰은 부산지사 등으로부터 83억 원을 받아 횡령한 혐의를 두고 이 중 37억 원만 기소했다. 부산지사장은 비자금으로 조성된 금액 전체를 기소하고 곽 사장에 대하여는 개인적으로 사용한 것이 확인된 액수만 기소하는 차별적 기소를 한 것이다. 두 번째로는 미공개 정보를 이용하여 대한통운 주식을 사고팔아 약 57억 원

상당의 재산상 부당이득을 취득한 혐의에 대해 무혐의로 내사 종결했다. 검찰은 공판 진행 중에 법원의 문서 송부 요구를 거부하고 관련 문서를 내놓지 않았다. 그리고 횡령 혐의로 구속해 놓고서 뇌물죄 추궁을 위해 새벽 2시까지 조사와 면담을 강행한다. 피의자가 70세의 고령에 여러 지병에 시달리고 있는데도 말이다. 게다가 곽 사장은 10만, 3만, 5만 달러의 순으로 검사의 압박 때문에 뇌물 액수에 대해 일관성 없는 진술을 하였다고 법정에서 증언하였으나 검찰 수사 기록에 이 같은 자료가 하나도 남아 있지 않았다.

거짓으로 울 수 없던 새는 스스로 죽기도 한다. 성완종 경남건설 회장에 대한 수사 목표는 2005년 및 2007년 성 회장이 특별사면을 받는 과정에서 성 회장을 도와준 노무현정권 사람들의 비리였다. 고 성완종 회장의 인터뷰에 의하면, 검찰은 "자원 쪽을 뒤지다가 없으니 그만두고 제 마누라와 아들의 오만 것까지 뒤져서 가지치기해봐도 또 없으니까 1조 원 분식 이야기를 했다"라고 말했다. 성 회장은 오전 10시에 소환되어 장장 열여덟 시간 조사를 받기도 했다.

마지막으로 새를 울게 만드는 검찰의 바람잡이 언론을 보자. 조국 전 장관 건에선, 법조 기자들이 고맙다는 말 한마디에 엄청난 의미를 부여한다. "조국, 증거 인멸 알았나. 검찰 수사 새 국면"과 같은 제목을 붙인다. 그런데 그런 류의 기삿거리를 흘리던 한동훈 검사장이 피의자의 신분이 되자 의리로 똘똘

뭉쳤다. 녹취록에 의하면, 이동재가 "제가 사실 교도소에 편지도 썼거든요. 당신 어차피 쟤네들이 너 다 버릴 것이고"라고 하자 "그런 거 하다가 한 건 걸리면 되지"라고 한동훈이 대꾸한다. 그리고 이동재는 자신의 계획이 차질을 빚을 때마다 그에게 연락한다. 이철 대표의 거부로 계획이 무산될 위기에 있던 3월 10일과 20일에는 한 검사장에게 전화를 걸었고 통화를 마친 뒤엔 곧바로 이 대표에게 메시지를 보낸다. 그런데 기사의 제목이 이러하다. "채널에이 기자 공소장 공개… 검, 한동훈 공모 몰아가려 '악마의 편집'했나", "이동재 공소장 보니 한동훈 공모 억지로 밀어붙였다", "이동재 공소장 한동훈과 327회 연락 오가… 공모 증거는 없어…"

울기를 강요당하던 새는 날지 않고 추락한다. 그게 가장 안전한 착륙이기 때문이다.

팩트 체크

사건을 수사할 때 성과를 내고자 하는 검사의 집착은 보고 싶은 것만 보고 듣고 싶은 것만 들으면서 철저히 왜곡된다. 자원 개발 비리 사건은 MB 시절에 대한민국의 한국석유공사, 한국광물자원공사, 한국가스공사 등이 국내 및 외국 자원 개발 사업을 진행하며 국익에 천문학적 손해를 끼친 사건이다. 이 건은 모두 무혐의 또는 무죄로 판결되었으나 2018년 참여연대와 국민재산되찾기운동본부 등 9대 단체가 'MB 자원외교 진상규명 국민모임'을 구성하고 최경환 전 지식경제부 장관을 고발했다. 자원 개발 비리 사건의 조서를 본 피의자가 진술 내용과 다르다고 수정을 요구하고 검사가 거절하자 곁에 있던 다른 검사가 피의자의 편을 들었다. 고의로 작성하진 않았지만 인간의 과도한 열망은 자신이 원하는 방향으로 사실을 왜곡한다는 사실을 보여준다.

그 대표적인 경우가 김경수 경남도지사의 건이다. 댓글 조작 프로그램 시연을 드루킹과 같이 보았다는 것이 검찰의 주장이었다. 김경수는 그 시각 배달된 닭갈비를 회원들과 먹었고 드루킹의 브리핑을 같이 들었다고 주장했다. 검사가 증거로 제출한 영수증의 25번 테이블은 검사가 꾸민 조서와 달리 배달을 의미했다. 법정에서 닭갈비 사장이 25번 테이블은 없으며 포장을 의미한다고 하자 법정에서 탄성이 터졌다. "25번 테이블은 존재하지 않았고, 포장을 의미하는 것이다. 닭갈비 15인분을 계산했고 포장이고 단골이라 20인분 넘게 넉넉하게 줬다. 이 진술은 2년 전 특검 수사관에게도 똑같이 말했다." 2020년 6월 22일 2심 재판정에서의 일이었다. 사건의 성공에 대한 열망이 검사의 귀를 멀게 한 것이었다. 특검이 전화로 식당에 확인했지만 포장 배달이라는 말을 흘려버렸다. 집에서 정경심 교수의 컴퓨터 하드디스크를 교체하던 김경록에게 조국 전 장관이 "도와줘서 고맙다"라는 인사를 건네자 검찰은 조 전 장관에게 증거인멸방조 혐의를 두었다.

검사가 자기 믿음대로 수사를 몰고 가는 일은 비일비재하다. 울지 않는 새를 울게 하기 위해 '가학'을 '과학'으로 부르고 심지어 새를 죽음에 이르게도 한다. 수사권과 기소권이 한 손에 쥐여져 있기 때문이다.

나는 네가 2012년에 한 일을 알고 있다

2020년 6월 13일 한동수 대검 감찰본부장이 "한명숙 전 총리 사건 등에 대해 진상 조사가 불가피하다"라는 글을 SNS에 올렸다. 이것을 두고 어느 검찰 간부가 "감찰 조직의 장으로서 보안은 물론이고 중립성에 대한 개념이 없다"라고 힐난했다. 아무래도 이 간부에게 2012년 검란 때 윤석열 총장이 어떤 일을 했는지 알려줘야 할 것 같다.

검찰 개혁에 박차를 가해 총장의 입지를 회복한다는 시나리오는 윤대해 검사의 어이없는 실수로 위기에 처한다. 한 총장에겐 진정한 엑스맨이라고 할까. 그러나 한 총장은 곧이어 진정한 적을 만나게 되는데, 바로 최재경 중수부장을 비롯한 특수통 검사들이다. 대검찰청 중앙수사부는 총장의 직할부대라 불리던, 특수통 검사 중에서도 최고의 칼잡이들이 모이는 곳이다. 최재경에게 자신이 중수부의 문을 닫고 나오는 마지막 부장이 된다는 건 용납할 수 없는 일이었다. 그래서 중수부 폐지를 검토하겠다는 총장에 맞서 반란을 일으켰고, 이때 최재경과 혈맹 관계를 맺고 언론플레이를 담당한 인물이 바로 윤석열 총장이다. 당시 기사들 제목을 보자. "중수부 한밤까지 긴급회의 … "총장, 이성 잃었다"", "'이성 잃은 한상대' 감찰내용 직접 쓰고 장관 지시 어긴 채 '공개'"

혼이 비정상이던 대통령에게도 부역한 사람들이 이성을 잃은 총장이라고 무엇이 문제겠는가. 역시 중수부를 폐지하겠다는 게 더 큰 문제 아니겠나. 쿠데타 세력은 한 총장을 궁지에 몰아넣고 사퇴를 압박하기 위해 내부 이야기들을 언론에 흘리는데, 그중 하나가 에스케이 최태원 회장에 대한 구형이었다. 최태원 회장의 636억 횡령 사건은 당시 윤 총장이 부장으로 있던 서울중앙지검 특수1부에서 담당했다. 그리고 2012년 11월 22일 결심 공판에서 징역 4년을 구형했다. 적용 법조에 의하면 법정형 하한이 5년인데, 4년이 구형된 것이다. 해당 수사팀이 최교일 서울중앙지검장에게 7년 구형으로 의견을 제출했으나 최 지검장이 한 총장의 의중을 알고 있었기에 7년은 안 되고 5년으로 총장에게 올려보겠다고 해서 결정된 햇수였다. 최 지검장이 5년을 들고 갔다가 한 총장에게 심하게 까이고 4년을 받아온 것이다. 법정에서 4년을 구형하자 최태원 회장의 변호인단의 얼굴에 미소가 활짝 피었다고 한다. 검사들이 "범행 수법이 불량하고 회사에 끼친 실질적 손해가 매우 크며 동종 전과도 있다", "한 차례도 진지하게 반성하지 않은 데다 범행을 은폐하려는 시도까지 했다"라고 하며 양형 이유를 설명하자 잔뜩 긴장했는데, 정작 법정형 하한보다 낮은 형이 구형됐으니 그럴 만도 하다. 그런데 2013년의 윤 총장을 보라. 윤 총장은 결재를 받지 않은 채 국정원 직원들을 체포하고 압수수색한 행위로 징계를 받았다. 그리고 그해 10월 국회 법제사법위원회 국정감사에서 "부당한 지시는 이의제기를 해야 하는 것이 아니라 따르지 않는 것이 맞다"라고 했다. 부당한 지시는 검찰청법상의 이의제기권 행사도 필요 없고 그냥 따르지 않으면 된다고 하신 분이 구형 지시는 따르고서 나중에 언론에 슬슬 흘리는 뒤끝을 부리신 셈이다. 최교일은 나중에 윤 총장이 뒤통수쳤다며 크게 노여워했단다. "한 총장이 4년 아니면 안 된다고 하더라. 정 받아들일 수 없다면 내가 5년을 가지고 다시 한번 가보겠다"라고 했을 때 수사팀이 수용했다는 게 최교일의 입장이다. 그리고 사퇴 이후에도 명분을 다지기 위해 최태원 회장 수사에서의 편파성에 관한 이야기를 흘린다. 그즈음의 언론 보도를 보면 이렇다. "익명을 요구한 서울중앙지검의 한 부장검사는 한 전 총장이 수사와 관련해 사적인 감정을 많이 가지고 지휘한다는 느낌을 받았다며 이 사건을 수사하며 한 전 총장에 대한 후배들의 신뢰에 금이

갔다고 말했다. 검찰 관계자들이 압수수색을 나간 시간은 새벽 5시 30분. 이른 시간임에도 주요 사무실에는 종이 서류는 물론이고, 데스크톱 컴퓨터 등 증거자료가 될 만한 자료가 눈에 띄지 않았다. 당시 압수수색에 참여했던 한 검찰 인사는 "누군가가 이미 압수수색 사실을 알고 깨끗이 자료를 치워 놓은 느낌이었다"라고 기억했다."

이에 더해 최 중수부장 감찰을 둘러싼 볼썽사나운 이야기까지 흘린다. 한 총장은 반격을 위해 최 중수부장이 김광준 검사에게 언론 대응을 조언해준 행위를 감찰할 것과 이에 대해 언론 브리핑을 하라고 지시한다. 그런데 언론 공개는 '감찰 사실 공표에 관한 지침' 위반이 되기 때문에 감찰본부장이 불응한다. 그러자 총장이 직접 타이핑해서 대변인실을 통해 보도자료를 배포했다는 이야기가 흘러나온다. 부하들이 말을 듣지 않자 언론 보도자료를 직접 만드는 고독한 총장이라니, 이보다 더 불쌍하지 않을 수 없다. 한편 총장과 특수통 주연의 막장드라마에 지친 검찰 사람들은 이프로스에 이런 글들을 올린다. "절차가 있음에도 익명게시판에 감찰이 잘못되었고 사실은 어떻다더라, 총장님이 혼자 타이핑을 해서 보도자료를 만들었다더라 하는 글들을 올려 또 한 번 조직을 흔들어야 하는지 모르겠습니다. 그 정도 하였으면 서로의 주장은 어느 정도 한 것 아닙니까", "총장님뿐만 아니라 중수부장님, 그리고 차장님 이하 대검 간부님들의 동반 사퇴를 요구합니다! 당신의 억울함을 풀고자 언론을 통해 공개적으로 내부 갈등을 여과 없이 드러내 조직을 누더기로 만드시고 공개적으로 항명하신 중수부장님."

처음 이야기로 돌아가면, 내부 구성원들의 의견 표명에 대해서도 검사들의 엄청난 이중 잣대를 확인할 수 있다. 임은정 검사가 고발하거나 SNS에서 활동하는 데 대해 내부에선 "조직의 수치를 외부에 발설하는 사람은 검찰 가족이라고 생각할 수 없다"라는 말을 한다. 그런데 다른 검사들이 익명으로 언론에 피의 사실을 흘리거나 검찰 내부의 일들을 흘리는 것은 '내가 나니까' 되는 것이다.

2012년의 윤 총장에게서 지금의 윤 총장을 볼 수 있다. 중수부 폐지를 검토하겠다는 총장을 쫓아내신 분인데, 검찰의 권력을 나누고 쪼개자고 하면 당연히 대통령도 집으로 보내실 분이다, 아무렴.

팩트 체크

한명숙 불법 정치자금 수수 사건은 한명숙 전 국무총리가 대법원에서 유죄 확정 판결을 받은 사건이다. 한명숙은 한신건영에서 9억 원의 정치자금을 수수한 혐의로 2010년 6월 제5회 전국동시지방선거를 앞두고 검찰에 의해 기소되었다. 1심 재판에서 증인 한신건영의 한만호 대표가 뇌물제공 진술을 번복하여 증거불충분으로 무죄 선고를 받았으나 검찰의 항소로 2013년 2심에서 유죄 판결을 받았다. 대법원에서 징역 2년, 추징금 8억 8,300만 원의 확정 판결을 받고 복역했다. 2020년 5월 14일 〈뉴스타파〉와 MBC는 한명숙 전 총리에게 9억 원의 정치자금을 준 당사자인 한만호 전 한신건영 대표의 비망록 사본을 입수하여 공동 보도했다. 해당 비망록은 불법 정치자금 수수 사건에 대한 재판 과정 당시 증거로 사용돼 법원에 보관된 상태였으며, 증거 능력이 부정된 증거물이었다. 한만호의 비망록에 의하면 검찰의 협박과 회유에 의해서 자신을 수십 차례 불러 한명숙 전 총리에게 뇌물을 줬다는 진술을 하라고 지시했다고 한다. 그 과정에서 73차례 불러 5번의 조서를 작성하면서 구체적인 숫자를 맞추고 시험을 보기까지 했으며 검찰의 뜻대로 잘 움직였을 때에는 특식을 제공했다고 한다. 한만호는 "자신은 검찰의 강아지였다"라고 밝히며 "한명숙 전 총리에 대해 큰 죄책감을 느낀다"라고 서술하였다. 한만호는 본인의 가족을 지키기 위해서 검찰의 약속을 믿고, 검찰에게 협조했다고 한다. 하지만 양심에 가책을 느껴 결국 1심 2차 공판(2010년 12월 20일)에서 증언을 번복했다. 한만호는 당시 회사가 부도난 후 사기죄로 징역 3년형을 받았고 2011년 6월 13일 만기 출소했는데, 출소 한 달 뒤 위증 혐의로 다시 기소됐고 5년 후인 2016년 5월 1심에서 위증죄가 인정되어 징역 3년형을 받고 재수감되었다. 옥살이를 하는 동안 부친과 모친이 화병으로 모두 세상을 떠났으며 부인과도 이혼했다. 그리고 그 역시 출소 후 건강이 악화되어 2018년 병원에서 57세의 나이로 세상을 떠났다. 그의 비망록이 공개되고 다른 증언이 나오면서 이 사건에 대한 재수사가 불가피하다는 대검 감찰본부장의 의견이 페이스북에 공개되었다. 이에 대해 검찰 간부가 "감찰 조직의 장으로서 보안은 물론이고 중립성에 대한 개념이 없다"라고 비판했다. 검찰의 '보안'과 '중립성'이 과연 잘 지켜지고 있었는지는 2012년 검란 하나만 봐도 된다. 당시 한상대 검찰총장이 중수부 해체를 개혁안으로 들고 나오자 위기의식을 느낀 특수통 검사들이 총장을 사퇴시키기 위해 어떻게 언론플레이를 했는가. 그리고 그 중심에 누가 있었는가.

김웅 검사가 현 정부의 검찰 개혁을 '거대한 사기극'이라 지칭했는데 검사들이야말로 2012년 말에 검찰 개혁 쇼를 하다가 들통이 났다. 검사들이 사건만 조작하는 것이 아니다.

검찰이 위기가 아닌 적이 없었지만 2012년 11월은 정말 참담했다. 그 한 달 내에 감찰이 개시된 검사가 여섯 명에 이르렀으니 말이다. 첫 번째 김광준 부장검사. 유진그룹과 다단계 사기범 조희팔의 측근 등으로부터 10억 원대의 금품을 수수한 혐의로 기소되는 바람에 2012년 11월 19일 한상대 검찰총장이 대국민 사과문을 발표하기에 이른다. 김 검사로부터 기업의 미공개 정보를 입수하여 주식 투자를 한 다른 검사 세 명도 감찰 대상이 된다. 그런데 김 검사가 2008년에서 2010년 사이에 차명 계좌를 이용해 받은 돈 중 대가성이 입증된 것만 10억 원이라고 특임검사가 밝혔다. 많은 돈의 흐름이 있었지만, 10억 원을 제외한 나머지 돈에 대해선 검찰이 대가성을 군이 열심히 확인하지 않았다고 추측할 뿐이다. 두 번째 전재몽 검사. 전 검사는 법무연수원 소속으로 서울동부지검에 파견되어 근무하던 중 피의자와 성관계를 가져 성 추문의 주인공이 되었다. 대검 감찰본부가 감찰에 착수한 다음 날인 11월 23일 석동현 서울동부지검장이 사퇴한다. 세 번째는 박동인 검사. 그는 강남 일대의 성형외과 의사들이 프로포폴을 불법 투여한 사건을 수사했는데, 의사들을 변호사인 매형에게 연결해주고 매형을 선임한 의사는 기소유예로 봐주었음이 확인되었다. 박 검사도 같은 해 11월 중순 첩보가 입수되어 감찰이 진행되었다. 그런데 박 검사는 한명숙·한만호 사건에 다시 출연한다. 한만호는 법정에서 검사가 작성한 피의자 신문 조서 내용을 부인한다. 검찰은 그의 법정 진술을 탄핵하기 위해 같은 구치소 내 수감자들에 대해 집체교육을 실시한다. 〈뉴스타파〉 보도에 의하면 "김 씨와 최 씨의 출정 기록을 확인한 결과 2010년 6월부터 8월 사이 같은 검사실에 출정을 다닌 횟수가 열두 번이나 됐다. 둘이 같이 출정을 다닌 검사실은 1104호, 강력부 검사실이다"라고 하는데, 여기가 바로 박 검사의 검사실이었다. 자, 이쯤 되면 어떻겠는가. 검사들로서도 수면 아래를 쓸어가는 강한 바람에 쓰레기가 떠올라 눈에 띈 것뿐이고, 수면 아래에 보이지 않는 많은 쓰레기가 있다는 걸 인정하지 않을 수 없게 된 것이다. 드디어 여러 검찰청에서 평검사 회의가 열린다. 수원지검 평검사 회의의 결론은 이러하다. "평검사들은 최근의 '뇌물 비리' 및 '성 추문 비리'가 일부 검사의 돌출적인 '개인 비리'가 아니라, 검사의 특권 의식 및 내부 비리에 대한 온정주의, 무절제한 검찰권 행사에서 비롯된 '구조적 비리'라 진단하고, 모든 검사가 국민들께 통절한 심정으로 사죄하고 자성해야 한다는 데 의견을 같이하였음. 중수부 폐지, 공수처 신설 등의 방안에 대해 검찰의 입장이 아닌 국민의 입장에서 실질적인 논의가 이루어져야 한다." 다음은 서울서부지검의 평검사 회의 결론이다. "금번 개혁은 검찰의 정치적 중립성을 확보할 수 있는 마지막 기회라는 각오로 중수부 폐지 등을 포함하여 모든 개혁 가능성을 열어두고, 국민의 여망을 담아 충분한 논의와 진지한 숙고를 거쳐 이루어져야 하며, 검찰 구성원들도 이를 겸허히 수용하여야 할 것임."

세상에, 검사들이 이렇게 제정신일 수가 없다. 검사들의 특권 의식, 내부 비리에 대한 온정주의, 무절제한 검찰권 행사를 지적하고 사죄하고 자성한다는데, 국민의 여망을 수용하겠다는데 한 번은 믿어줘야 하지 않겠는가. 그러나 이는 앞서 말했듯 윤대해 검사의 어이없는 실수 때문에 거대한 사기극임이 밝혀지고 만다. 윤 검사는 같은 해 11월 24일 이프로스에 검찰 시민위원회 실질화, 검찰의 직접 수사 자제, 상설특검제 도입 등을 담은 검찰 개혁 방안을 올린다. 그런데 그로부터 이틀 후 대검찰청 김유철 연구관에게 보내려던 아래 문자를 기자에게 잘못 보내고 만다. "내가 올린 글이 벌써 뉴스에 나오고 있구나. (중략) 내가 올린 개혁 방안도 사실 별거 아니고 우리 검찰에 불리할 것도 별로 없다. 그래도 언론에서는 그런 방안이 상당히 개혁적인 방안인 것처럼 보도하고 국민들도 그렇게 생각한다. 이렇게 일선 검사들이 주장을 하면 무언가 진정한 개혁안인 것처럼 비춰지고 나중에 그런 것들을 참작해서 총장님이 정말 큰 결단해서 그런 개혁안을 수용하는 모양새가 제일 효과적일 거라 생각한다. (중략) 이런 분위기 속에 총장님이 큰 결단을 하는 모양으로 가야 진정성이 의심받지 않는다고 생각한다."

그렇다. 이것은 평검사들의 빗발치는 개혁 요구, 한상대 검찰총장의 결단 어린 수용, 리더십 위기에 몰린 한 총장의 옹립으로 이어지는 아름다운 시나리오였다. 김유철 검사가 누구냐면 한상대 총장이 퇴임사에서 잊지 않고 감사의 뜻을 전한 한 총장의 최측근이다. 이제는 폐기되어야 할 어느 정치 세력이 벌인 그간의 공작이 떠오른다. 2007년 대통령 선거 당시 비비케이 의혹을 폭로한 김경준에 대한 기획입국설, 그리고 2012년 10월 제18대 대통령 선거를 앞두고 노무현 대통령이 김정일에게 NLL을 포기하는 발언을 했다고 제기한 사건. 그 정치 세력과 검찰은 권력의 위기를 공작으로 타개하며, 조작의 유전자를 공유하는 자작극 전문가다.

팩트 체크

2020년 1월 김웅 검사(현 국회의원)가 이프로스에 올린 사직 인사는 "우리에게 수사권 조정은 아미스타드호(노예무역선)와 같고, 국민에게는 검찰 개혁이라고 속이고 결국 도착한 곳은 중국 공안이자 경찰공화국이며, 이 거대한 사기극에 항의하기 위해 사직하니 그깟 인사나 보직에 연연하지 말라"라는 내용이었다. 김웅 검사는 "추악함에 복종하거나 줄탁동시啐啄同時 하더라도 겨우 얻는 것은 잠깐의 영화일 뿐"이라는 말로 끝을 맺었다. 내부가 아닌 외부에서 오는 개혁은 일반적으로 저항을 받는다. 현 정부의 검찰 개혁을 '이 거대한 사기극'이라 표현한 데 대한 반론이 2012년 검란 사태 당시 검찰 내부에서 제기된 검찰 개혁이다. 그때 검찰 개혁의 발단은 검사들의 비리에 대한 내부 자성론이었다. 이 자성론은 실질적 개혁 방안으로 검찰 내부 통신망 이프로스에 구체적으로 올라왔는데, 그 내용은 검찰 시민위원회의 실질화, 검찰의 직접 수사 자제, 상설특검제 도입 등이었다. 그러나 이 개혁안을 올린 윤대해 검사가 대검찰청 김유철 연구관에게 보내려던 문자가 실수로 언론사 기자에게 가면서 세상에 드러나고 만다. 2012년 11월 27일 〈경향신문〉에 보도된 문자의 끝부분은 이렇다. "개혁을 하는 것처럼 하면서 사실 우리한테 유리한 방향으로 나갈 수 있는 것이다." 내부 개혁이 왜 힘든지 극명하게 보여주는 사례다.

기록 속에 지어 올린 세상

검찰의 현재 사건들은 언제나 과거의 사건들을 닮았다. 공명심에 사로잡힌 검사, 그들의 수사권 및 기소권 남용을 눈감아주는 제도로 비슷한 일들이 계속 반복된다. 그렇게 해서 겁 없는 검사들은 형사 기록 속에 자기만의 평행우주를 짓는다. 자기들이 지어 올린 세상이 잘 안 먹히면 법정에서 소동도 피우고 또 그러다가 도망가기도 하면서. 안 그렇습니까, 이광석 검사님.[25]

또 다른 예로 2007년 제이유그룹 사건의 백용하 검사가 있

---

25 조국 전 장관과 관련해 표창장 위조 사건을 기소한 인물로 기소 이후 재판이 불리하게 돌아가자 2019년 사퇴했다.

다. 백 검사는 이재순 전 청와대 비서관과 제이유 관계자의 유착 관계가 잘 나오지 않자 그림을 그리고 끼워 맞추려 한다. 첫 번째 팁은 초동 작업으로 일단 피조사자의 자존감과 품위에 상처를 내는 것이다. 백 검사는 피의자를 불러놓고 언제나 그 면전에서 손톱을 깎았다고 한다. 피의자는 손톱 조각이 얼굴에 튀는데도 항의조차 못 하고 수치심과 분노에 사로잡혔다. 피조사자를 일부러 아주 추운 날 불러 난방이 잘 들어오지 않는 좁은 대기실에 오랫동안 기다리게 한 다음 그냥 돌려보내는 검사도 있었다. 어느 하루는 기다리게 한 끝에 검사실에 불렀는데, 추위에 온몸을 떠는 피조사자를 앞에 두고 검사만 혼자 따뜻한 차를 홀짝였다고 했다. 별것 아닌 듯하지만, 검사실 철제 의자에 앉은 것만으로 기가 죽어 있던 터에 이런 상황이라면 사람이 더 작아지기 마련이다.

2004년 안상영 부산시장이 수뢰죄 혐의를 받던 중에 자살한다. 검찰은 부산구치소에 수감 중이던 안 시장을 서울구치소에 굳이 입감시킨 후 조사를 하지 않고 부산으로 돌려보낸다. 그래서 검찰은 서울에서 수사조차 하지 않았으니 강압 수사니 뭐니 할 것이 없다고 당당하게 발표한다. 그런데 문제는 안 시장을 무용하게 오라 가라 한 것이었다. 호송하는 내내 안 시장을 수갑을 채우고 포승줄로 묶어놓았다. 화장실도 못 가게 하는 바람에 교도관이 깡통으로 오줌을 받았다. 다음 날에는 검찰청에 불러다 앉혀놓고 오후 늦게까지 기다리게 했다. 이 사건으로

305

우병우 검사는 징계를 받는다. 그런데 당시 신상규 서울지검 3차장은 징계를 정치적 결정이라며 항의하고 우병우는 경고라는 매우 가벼운 징계임에도 내가 왜 징계를 받아야 하느냐고 길길이 뛰었다고 한다. 그렇다. '강기훈 유서대필 사건'의 그 신상규 검사이고 우병우는 누구나 다 아는 그 우병우다.

두 번째 팁은 수사에 협조하지 않으면 끝까지 괴롭히겠다는 협박이다. 백 검사는 추가 기소, 세무 조사 의뢰 등을 가지고 협박했다. 한편 한명숙 전 총리의 2009년 수뢰죄 사건에서 증거는 곽영욱 대한통운 사장의 진술뿐이었다. 그런데 검찰이 곽 전 사장의 증권거래법위반죄에 대해선 내사 종결하고, 미국 하와이의 고급 콘도를 매입한 건에 대해서는 자금 출처를 제대로 조사하지 않아서 이게 허위진술에 대한 대가라는 의심이 들 수밖에 없다. 검사들이 안심하고 '조서 문학'의 작가가 될 수 있는 배경은 봐주기 감찰에 있다. 녹취에 따르면, 백용하 검사는 피의자 김 씨에게 이렇게 말했다고 한다. "거짓말하고, 법원에 가서도 거짓말하세요. 실체에 맞아, 거짓말이든 뭐든…", "내 스토리는 딱 그 스토리지. 그러면 모든 게 해결되고, 이해도 딱 가고 아주 명쾌해", "강 모도 잡고 이재순도 잡고. 이재순은 뭐 형사처벌까지 가기를 바라지도 않아. 옷만 벗기면 돼", "괜히 무슨 뭐 검사가 진술을 강요했네, 그런 소리 하면 안 돼. 서로 비밀에 관해선 지킬 건 지켜가면서 그렇게 하자고."

이런데도 백 검사는 고작 2개월의 정직처분을 받았을 뿐이다. "허위 진술을 꾸며낼 것을 요구한 것은 아니나, 오해를 야기해서 검사의 품위를 손상했다"라는 것이 징계 사유였다. 그러니까 검사들이 백 검사를 동정하면서 "저라도 특수부에 가서 실적에 쫓기다 보면 그럴 수 있을 것 같아요. 수사라면 날고 기는 검사들 속에서 실적 못 내면 몇 개월 만에 쫓겨나 다시 가지도 못할 수 있잖아요"라고 했다고 한다.

"지금 있는 것은 언젠가 있었던 것이요, 지금 생긴 일은 언젠가 있었던 일이라. 하늘 아래 새것이 있을 리 없다"라는 성경 말씀처럼 이 모든 것이 기시감을 준다. 노무현 대통령은 "청와대도 이럴진대 정말 힘없는 사람들은 어찌 되느냐"라며 검찰의 수사 방식을 비판했다. 언론은 제이유그룹 수사 과정을 빌미로 청와대가 검찰 길들이기에 나섰다고 설레발 치고, 검찰은 '검찰 수사 뉴패러다임 구축방안'을 발표한다. 그런데 뉴패러다임 구축 어쩌고가 진심이었다면 한명숙 전 총리의 2009년 수뢰죄, 2012년 정치자금법 위반 기소나 채널에이 검언유착 의혹 등은 없었을 것이다.

언제나 과거의 사건들을 닮은 검찰의 현재 사건에서 다른 결말을 보기 위해선 어떻게 해야 할까. 그렇다. 한동훈이 냉골인 대기실에 종일 대기하거나 얼굴에 손톱 조각을 맞으면서 조사를 받고 혐의가 확인되면 교도소로 가면 된다.

팩트 체크

백용하 검사는 2007년 다단계 사기업체 제이유그룹과 이재순 전 청와대 비서관과의 유착 관계를 밝히기 위해 피의자 김영호를 취조하는 과정이 녹취록으로 노출되었는데 '검사 품위 손상'으로 2개월 정직처분을 받았다. 백 검사는 추가 기소, 세무 조사 의뢰 등을 가지고 피의자를 협박했다. 그는 손톱을 깎아 상대방 얼굴에 튀게 하는 모멸감을 준 것으로 알려져 있다. 2004년 수뢰죄 혐의를 받던 안상영 부산시장이 구치소에서 자살한 사건인데 서울지검에 수시로 호송되면서 비인간적 대우를 받은 것이 드러나 당시 우병우 검사는 경고처분을 받았다. 부산에서 서울로 호송하는 내내 수갑을 채우고 포승줄로 묶어놓아 교도관이 깡통으로 오줌을 받기까지 했다. 또 검찰청에 불러놓고 오후 늦게까지 기다리게 했다. 한편 2009년 한명숙 전 총리가 2007년 총리 재직시 곽영욱 전 대한통운 사장에게 인사 청탁으로 5만 달러를 받았다는 혐의로 수사를 받은 사건은 2013년 무죄로 판결되었다. 당시 곽영욱 사장의 여러 혐의가 무혐의 처리되었는데 이 사건 수사에 적극 협조했다는 의혹이 있었다.

검사들의 과도한 공명심은 때로 피의자를 비인간적으로 대해 죽음에 이르게 하고 협박과 회유로 사실이 아닌 조서를 작성하게 한다. 결론을 정해놓고 작성하는 조서가 '조서 문학'의 기원이다.

오지 않은 꿈

강기훈 씨에게 평화와 안식이 찾아올 수 있을까. 1991년 5월 8일 정부의 치안관계대책회의에서 분신 배후에 대해 조사해야 한다고, 검찰총장 또한 배후 세력의 개입이 철저히 밝혀져야 한다고 했을 때 검사들은 제물을 마련해 제단에 올려야 했다. 그때 강기훈 씨가 먹잇감이 되어 사냥당했다. 그는 당시의 분노와 공포, 절망 그리고 무력감이 찐득찐득 기억에 달라붙어 있을 것이다. 그런데 반대편 사람들의 기억은 마치 손에서 모래가 빠져나간 듯 사라져버린 모양이다.

2007년 11월 진실화해위원회가 강기훈 유서 대필 사건은 조작되었다고 발표했다. 주임검사였던 신상규는 그때 광주지방

검찰청 검사장이었는데, 매월 한 차례 열리는 검사회의에서 한 시간 넘게 울분을 토했다. 우선 수사의 계기부터 시작했다. 정권의 압력이나 청부를 받아 한 수사가 아니다, 애초에 김기설 가족의 의혹 제기에서 시작되었다, 그 누나가 검찰청에 찾아와 동생은 절대로 자살할 사람이 아니며 유서 내용이 이상하다고 해서 개시된 거라고 하며 격정적으로 토로했다. 거기 모여 있던 검사들이 '우리 검사장님 대단히 억울하신가 보다'라고 생각했으니 이것은 연기가 아니라 진짜였다.

1991년 서울지검 강력부의 막내 검사였던 남기춘이 이프로스에 글을 올렸다. "절대로 특정한 목적을 위해 증거를 조작하거나 진실을 은폐한 적이 추호도 없다는 점을 강조하고 싶으며 한치의 부끄러움도 없다는 점을 말씀드립니다"라고. 한 문장에 '절대로', '추호도', '한치의 부끄러움도'를 다 넣은 것만 봐도 얼마나 결연하고 비장한지 알 수 있다. 그런데 고통의 기억을 끌어안고 분투하는 사람에게 가해자들의 망각이란 얼마나 분한 일일까. 이제 그 검사들의 잊힌 기억을 들춰보자. 첫째, 신상규는 1991년 수사 과정에서 강기훈의 시필을 받았으나 자연스럽지 않다고 보고 폐기한다. 검사 마음대로 시필이 작위적이라고 봐서 국과수에 감정 의뢰를 하지 않은 것이다. 그런데 당시 강력부 수사관이었던 라 모 씨는 진실화해위원회에서 이렇게 말한다. "수사 초기에 강기훈이 유서 대필을 강하게 부인하기에 강기훈에게 '유서와 비교해볼 터이니 네가 직접 글씨를 써봐라'

라고 얘기하여 글씨를 쓴 적이 있는데, 누가 보더라도 유서 필적과 완전하게 달랐다. (이를 주장했다가) 수사진들에게 욕을 많이 먹었다. 수사에서 배제되기도 하였다." 둘째는 검찰이 대조 자료로 국과수에 제출한 강기훈의 자필 진술서에 대한 의혹이다. 누가 작성했는지 알 수 없게 이름이 들어간 부분이 빠진 채 내용만 두 장인 상태로 의뢰되었는데, 감정인은 이렇게 말한다. "처음에 검찰이 굳이 진술서 내용만 두 장 준 것을 이해할 수 없었다. 자료가 있으면 있는 대로 저희에게 주면 저희가 알아서 감정하면 되는데, 선별해서 주는 것이 안 좋았다." 반면에 강기훈 씨의 여러 필적 자료는 1991년에도 쉽게 확보할 수 있었다. 검사들이 찾으려고만 했다면 말이다.

이런 의혹이 2007년에서야 비로소 조사된 것이다. 1985년에 민정당연수원 점거 농성으로 구속되어 항소심이 진행되던 중 작성된 출정거부 이유서와 그때 가족들에게 보낸 엽서가 바로 그 필적 자료들이고, 유서와는 상이하다는 게 확인되었다. 1991년 김기설과 한집에 살았던 중학교 동창은 김기설이 사용하던 전대협 노트와 낙서장을 비로소 내놓는다. 언제라도 진실이 밝혀질 것으로 믿고 쭉 보관해왔다고 했다. 하지만 검사들의 의심이란 제멋대로다. 주가 조작과 120억 원 횡령 사건은 꼬리곰탕집에서 두 시간 밥을 먹으며 조사하면서, 누구 집 딸이 인턴을 하면서 졸았는지는 바쁘신 대학교수를 법정에 불러다 물어보질 않나. 만약 불성실한 인턴 생활을 해서 인턴 경력이 허위가 된다면, 한직인 고검에 박혀서 놀고 있는 검사들은 검사가 아닌 건가. 어쨌든 남기춘 검사의 글에 여러 검사들이 고개를 주억거리면서 주옥같은 댓글들을 단다. 그중에는 2017년 5월 법무부 차관이 된 검사도 있다. "진실화해위원회의 활동에 대한 진상규명위원회를 설치해야 한다. 진실은 가려질지언정 완전히 덮어지는 것은 아닙니다", "공개된 법정에서 무제한의 공방을 벌인 가운데 유죄가 확정된 사건이 일개 위원회의 결정에 의하여 뒤집히는 현실이 개탄스럽다", "검찰을 사탄시하는 집단인데 공정하며 중립적인 잣대로 진실을 밝힐 것이라고 기대할 수 있겠습니까. 포퓰리즘의 전형이다", "사실상 결론을 내려놓고 거기에 맞는 감정 결과만을 받아들였다. 과거사를 어지럽게 혼란시켜 갈등을 유발할 뿐이다", "후배들에게 귀감이 될 훌륭한 수사가 제대로 인정받지 못하고 폄훼되는 현실이 안타깝다."

왜 공수처가 생겨야 하는지 알 만하지 않은가. 이 검사들은 그 선배의 없어진 기억에 대해서는 추궁할 생각이 전혀 없다. 성경에서 "오만한 자는 남을 우롱하고 모욕을 준다. 그러나 복수가 사자처럼 숨어서 그를 기다리고 있다"라고 했는데, 웬걸. 과거를 추궁당하지 않는 가해자들은 망각 속에서 안전하고, 가해의 기억은 조금도 환기되지 않는다. 그러므로 강기훈 씨에게 평화와 안식이 깃들 리 없고, 그의 꿈은 여전히 오지 않았다고 본다.

팩트 체크

강기훈 유서 대필 의혹 사건은 1991년 5월 8일 당시 노태우 정권의 실정에 항의하는 김기설 전국민족민주연합 사회부장이 분신자살하자 검찰이 친구인 강기훈을 유서 대필과 자살방조 혐의로 기소 처벌한 인권 침해 사건이다. 이 사건을 둘러싸고 여러 재야단체에서 자살방조죄와 국가보안법 위반 혐의를 추가한 검찰을 비난하고 법원에서 무죄를 주장했지만 강기훈은 목격자 등 직접적인 증거도 없이 국과수의 필적 감정 결과와 정황에 따라 자살방조 및 국가보안법 위반으로 징역 3년을 선고받고 1994년 8월 17일 만기 출소한다. 사건 발생 16년 만인 2007년 11월 13일 대한민국 과거사정리위원회가 강기훈 유서 대필 의혹 사건에 대한 진실 규명 결정을 내리고 국가의 사과와 재심 등의 조치를 취할 것을 권고했다. 2012년 대법원의 재심이 개시되고 2014년 2월 13일 재심 판결에서 서울고등법원은 당시 검찰이 제시한 필적 감정이 신빙성이 없으며, 유서 대필 및 자살방조에 대해 무혐의·무죄로 재판결하였다. 이에 검찰이 판결에 불복하여 대법원에 상고하였고 2015년 5월 14일 대법원은 검찰의 상고를 기각하고 재심에서 강기훈의 무죄를 선고한 원심을 확정했다. 재심 공판이 열린 2014년 1월 16일 서울고등법원 법정에서 강기훈은 "무엇을 어떻게 표현해야 할지, 누구에게 욕을 해야 할지 그것도 잘 모르겠다"라고 최후진술하면서 이 사건의 책임자들인 '강신욱, 신상규, 송명석, 안종택, 남기춘, 임철, 곽상도, 윤석만, 박경순, 노원욱, 임대화, 부구욱, 박만호, 전재기, 정구영, 김기춘'의 이름을 읊었다. 이들 가운데 이 일로 인해 징계를 받은 이는 아무도 없다.

누구의 잘못도 아닌

타인의 고통

이미 삶이 망가진 한 사람에 대한 책임은 누가 져야 하는 걸까. 피해자만 존재하고 피해를 입힌 사람은 어떤 처벌도 받지 않은 사건이 바로 강기훈 유서 대필 의혹 사건이다.

2013년에 검찰이 사건평정위원회라는 걸 만든다. 주요 사건 1·2심에서 무죄가 선고되면 검사의 과오가 있는지 엄정하게 평가하고 인사평가에 반영하기로 하면서 만든 위원회다. 그런데 위원장이 신상규였다. 강기훈 유서 대필 의혹 사건의 주임검사. 아니, 무슨 장난하는 건가. 강기훈이 국가 및 신상규 등을 상대로 제기한 손해배상 소송의 판결을 보면, 신상규의 가혹 행위가 상세히 적시되어 있다. 연속 이틀 밤 2회, 하룻밤 1회씩 잠을 줄곧 재우지 않은 것, 주먹으로 때리고, "네가 말을 안 하면 주변에 있는 사람들을 족치는 수밖에 없다. 네 애미, 여자친구 잡아다가 하는 거 우습지 않아"라고 협박한 것까지. 가족인질 극은 검찰의 유구한 전통이다. 검찰수사관들은 더 했다. 김기설의 참혹한 사체 사진을 보여주며 대필을 인정하라고 추궁했다. 마약사범을 조사할 때 쓴다는 포승줄, 수갑, 쇠사슬이 벽에 죽 걸려 있는 11층 특별조사실을 보여주고 "널 천장에 달아매겠다. 네 시간이면 자백할 거다"라고 을러댔다. 2005년 경찰청 과거사진상규명위원회가 해당 사건을 들여다보기로 하면서 검찰에게 관련 기록을 넘겨 달라고 요청한다. 이때 검찰이 어떻게 했을까? 한 점 부끄러움이 없다면서도 요청을 거부했다. 서울 중앙지검은 "대법원 확정 판결까지 받은 사건에 대해 조작 의혹이 있는 것처럼 잠정 결론을 내고 언론에 공표하는 것은 사법부와 재판의 독립성과 권위를 심대하게 해친다"라고 사법부 핑계를 대며 언론플레이를 했다. 경찰은 주요 쟁점이 국과수의 허위 감정 여부인데, 위 기관이 경찰청 산하이므로 이 사건을 다루겠다고, 검찰이 자체 과거사위원회를 설치하면 사건과 관련된 그동안의 조사 결과를 넘겨주겠다고까지 밝혔다. 하지만 검찰의 비협조로 진상은 규명되지 못했다. 그로부터 10년 후인 2015년에 강기훈이 대법원에서 재심으로 무죄 확정 판결을 받았다. 2005년에 밝혀졌을 일인데, 그 멀고 고통스러운 길을 돌아온 셈이다.

2012년의 일이다. 어느 검사가 야당 국회의원을 표적으로 삼아 그 의원과 관련이 있던 회사의 사장을 불러 탈탈 털었다. 조사해도 노리던 건 나오지 않았다. 압수수색을 수차례 하고 수만 페이지의 수사 기록을 빵빵하게 만들었는데, 어쩌겠는가. 어느 회사라도 찾으면 있기 마련인, 걸면 걸리는 횡령배임죄로라도 기소해야지. 수사 검사가 그 정치인을 엮었으면 귀한 옥동자를 낳은 기분으로 공판까지 직관할 텐데, 보기도 싫은 미운 자식을 낳았으니 하던 대로 공판부가 공판을 수행했다. 그런데 사건이 너무 복잡하고 기록이 방대한 탓에 공판부 검사들 사이에 폭탄 돌리기가 일어났다. 공판 검사들이 일주일에 삼사일 재판을 들어가면서 허덕이다 보면 수만 페이지의 복잡하고 어려운 사건은 뒷전이 된다. 무죄를 받을 가능성까지 높은 사건은 더더욱 그렇다. 공판부에는 검사들이 6개월간 근무하니까 잘만 하면 미룰 대로 미룰 수 있다. 불필요한 증거를 신청하고, 증거 신청을 하겠다고 하며 기일을 더 받고서는 증거 신청 절차를 안 밟고, 의견서를 내겠다며 재판부에 기일 연기를 신청하는 등 별별 방법이 다 동원된다. 무죄를 정 피할 수 없을 때는 일부 공소를 취소한다. 공소장 변경에는 원래 검사장 결재가 필요하지만 죄명이 바뀌지 않는 한은 발각되지 않기 때문이다. 배임 1, 2, 3, 4 중에 무죄가 될 것 같은 배임 1, 2는 뺀다.

그렇다면 이 사건이 기소되기까지 피고인은 어떤 생고생을 할까? 검찰에 불려가 하루에 열 시간 이상 조사를 받는다. 피의자 신문 조서가 진술 내용과 맞지 않다고 정정해달라고 하면, 검사가 "분명히 이렇게 말했습니다. 벽 보고 서 있으면 떠오르실 겁니다"라고 말하며 검사실을 서너 시간 비운 후 돌아온다. 기소부터 확정되기까지 3, 4년이 걸리는데, 그쯤 지나면 수사 검사는 사건을 이미 잊어버린다. 공판 검사는 떠넘겨 받아 잠시 거쳐 간 사건일 뿐이므로 피고인의 고통에 관심도 없고 자신은 책임이 없다고 생각한다. 무죄 선고 후에 공판 검사는 무죄 분석 보고서를 작성하는데, 무죄 사유는 법원과 견해차, 증인의 진술 번복 등 누구에게도 문제 되지 않을 사유로 적당히 고른다. 이렇게 해서 사건은 고통받은 사람은 있으나, 누구의 책임도 잘못도 없이 마무리된다. 그래서 강기훈 사건에서처럼 검사들은 한 점 부끄럼이 없다고 진심으로 말한다.

윤 총장이 윤중천의 별장에서 접대를 받은 적이 있냐는 질문에 "나는 그렇게 대충 산 사람이 아니다"라면서 분개하더니 〈한겨레신문〉 기자 등을 고소했다. 또 조국 전 법무부 장관의 자택 압수수색에 참여했던 어느 검사에 대한 비난이 이어지자 "모욕죄로 수사를 해야 할 정도로 심각하다"라고 했다고. 강기훈 씨는 온 인생이 망가졌다. 타인의 삶을 하찮게 여기는 사람들이 이런 투정과 어리광을 하는 걸 보면 낯이 두꺼워도 보통 두꺼운 게 아닌 것 같다는 생각이 든다.

팩트 체크

강기훈 유서 대필 의혹 사건에서 강기훈은 검찰에서 가혹 행위를 당했다. 2005년 경찰청과거사진상규명위원회가 국 과수의 허위 감정을 확인하기 위해 검찰에 관련 기록을 넘 겨달라고 요청했지만 검찰의 거절로 끝내 진상은 규명되지 못했다. 그로부터 10년 후인 2015년에서야 강기훈 씨는 무 죄 확정 판결을 받지만 그의 삶은 이미 황폐해졌다. 당시 담 당 검사나 누구도 처벌을 받지 않았다. 삶이 무너진 피해자 만 있을 뿐이었다.

엘리트들의 콜라보레이션

박근혜 씨가 재판을 받는 날이면 태극기 부대가 법원 앞에서 태극기를 휘날리며 진을 친다. 그들은 행인에게 눈이 썩을 듯한 문구가 적힌 전단지를 나누어준다. "박근혜 대통령 탄핵은 여론 조작에 의한 불법 탄핵이었습니다", "문재인 좌파독재정권은 정통성이 없습니다." 뭐 이런 글귀다. 앞서 말했듯 윤 모 전 검사에게 고소장이란 길거리에 나뒹구는 전단지 같은 것이었나 보다. 알려진 바대로 그는 고소장을 잃어버리자 그 고소인이 이전에 고소한 다른 사건에서의 고소장을 복사하여 사용한다. 그렇다면 잃어버린 고소장과 다른 사건에서 복사해온 고소장의 내용이 완전히 동일한가. 그렇지는 않은 것 같다. 그 고소인이 고소장이 달라진 것을 알아보았다고 하니 말이다. 그러나 거리에서 뒹구는 전단지의 디자인이, 문구가 좀 달라진 것이 무슨 대수일까. 윤 모 검사의 판결문에서 판사도 그렇게 확인시켜준다. 이 사건의 고소장에 기재되어 있는 고소 내용에 유의미한 내용이 있거나 고소인으로부터 다시 동일한 고소장을 제출받아 사건을 처리하였을 경우 종국에 결정이 달라졌을 가능성이 있다고 볼 수 없다고. 미쓰비시 등을 대리하던 김앤장 변호사들이 강제징용 피해자들이 제기한 손해배상 사건에 관하여 양승태 대법원과 긴밀하게 협의한 것이, 또 임종헌 전 법원행정처 차장이 김앤장에 외교부의 의견 제출을 요청하는 촉구서를 제출하라는 컨설팅을 해준 것이 뭐가 문제겠는가. 어차피 결과는 똑같을 텐데. 민원인이 작성하여 공무소에 제출한 문서는 그대로 접수, 보관, 처리되어야 하고, 담당하는 공무원에 의하여 어떠한 조작이 가해졌다는 것 자체가 공무에 대한 신뢰를 심각하게 파괴하는 일이라 생각하지만 더 잘 아시고 더 잘 배우신 검사와 판사의 생각은 다른가 보다. 엘리트들의 멋진 콜라보레이션이라 할 수 있는 그들의 담합과 강변은 정신을 아득하게 만든다. 삼성전자가 코어스포츠에 송금한 돈이 삼성전자나 이재용 부회장의 관리하에 놓일 돈이 아니라 제3자 최순실이 사용할 돈이어서 재산 국외 도피가 아니라는 그 판결처럼 말이다.

팩트 체크

2015년 12월 부산지검 검사로 재직하던 윤 모 검사는 고소인이 제출한 고소장을 잃어버리자, 고소인이 과거에 제출한 다른 사건의 고소장을 활용해 표지를 만들고 승낙을 받지 않은 채 상급자의 도장을 임의로 찍는 등 고소장을 위조한 혐의(공문서 위조 등)로 기소됐다. 이 사실이 알려진 뒤 윤 씨는 2016년 5월 징계 없이 사직했다. 임은정 울산지검 부장검사는 지난해 9월 별다른 징계 조치 없이 윤 씨의 사표가 수리된 점을 지적하며 전·현직 고위 간부를 직무 유기 혐의로 서울지방경찰청에 고발했다. 공문서 위조를 알면서도 아무런 조치를 취하지 않았다는 이유에서다. 고소인이 고소장이 달라진 것을 알아보았음에도 재판부의 판결문은 "이 사건 고소장에 기재되어 있는 고소 내용에 유의미한 내용이 있거나 고소인으로부터 다시 동일한 고소장을 제출받아 사건을 처리하였을 경우 종국 결정이 달라졌을 가능성이 있다고 볼 수 없다"라는 내용을 담고 있다. 윤 모 씨는 징역 6개월과 선고유예를 받았는데 선고유예는 경미한 범죄를 저지른 피고인에게 일정 기간 형의 선고를 유예하고, 그 유예 기간 동안 문제를 일으키지 않으면 형의 선고를 면하게 하는 제도다. 이 건의 핵심은 공문서 위조가 아닌가. 강제징용 피해자들이 제기한 손해배상 사건이 있다. 대법원은 2012년 5월 강제징용 피해자들이 미쓰비시중공업, 신일

철주금과 같은 일본 전범 기업들을 상대로 제기한 손해배상 청구 등의 소송에서 원고들의 배상청구권을 인정하는 취지로 원심 판결을 파기 환송했다. 그때 일본 전범 기업 미쓰비시 등의 변호를 맡고 있던 김앤장 변호사들이 대법원장 양승태와 소송의 향후 절차를 긴밀하게 논의했다. 전 법원 행정처 차장은 김앤장에 외교부의 의견 제출을 요구하는 컨설팅까지 해주었다. 2013년 7월 서울고등법원에서 원고 일부 승소 판결을 선고하자 피고인 일본 전범 기업 측에서 재상고해 대법원에 접수됐다.

피해자들의 배상청구권을 인정한 2012년 대법원 판결을 뒤집기 위해 대법관 모두가 참여하는 전원합의체 회부가 필요했고, 양승태 대법원장과 김앤장의 '유착'은 이를 이행하기 위한 사전 작업이었으나 양 전 대법원장 퇴임 뒤 대법원 전원합의체는 상고기각 판결로 원심을 확정했다. 이 사건은 사법농단의 근거 중 하나로 '일본 강제징용 재판 고의 지연'으로 불린다. 항고심이나 원심이 모두 같은 결과인데 왜 윤 모 씨의 판결문은 '달라졌을 가능성이 있다고 볼 수 없다'며 판결에 너그러운 것인가. 삼성전자가 코어스포츠에 송금한 돈은 제삼자인 최순실이 사용할 돈이어서 재산 국외 도피가 아니라는 그 판결도 마찬가지다.

어제의 관용이 오늘의 고통이 되다

앞서 검찰의 불량자원에 관해 이야기했으니 이번엔 그 불량자원들을 내버려두면 어떻게 되는지 알아보자. "소신에 반하거나 비굴한 짓을 하지 않고도 27년씩이나 근무할 수 있도록 해준 검찰 조직과 검찰 가족들에게 감사드립니다. 대과 없이 명예로운 퇴임을 할 수 있어서 정말로 기쁘게 생각합니다." 2006년 1월 고검장 승진을 못 한 어느 검사장이 이프로스에 이렇게 사직 인사를 올린다. 그러자 다음과 같은 댓글들이 마구 달린다. "인자하시고 곧으신 검사장님, 존경해왔습니다. 바르게 사는 검사의 표본을 보여주신 검사장님께 감사드립니다", "검사로서 진정 좌고우면하지 않으시고 올곧게 항상 최선을 다해 검찰에 모든 열정을 쏟으셨던 선배님을 보내려니 가슴이 미어집니다", "검사장님께서 걸어오신 올곧은 검사의 길은 저를 포함한 후배 검사들에게 힘이 될 것입니다."

이 검사장이 누구일까. 바로 고영주다. 고영주는 영화 〈변호인〉의 소재가 되었던 부림 사건의 수사 검사였다. 부림 사건은 1981년 9월 독서 모임을 하던 학생과 교사, 회사원 등 22명을 영장 없이 체포해서 불법 감금 및 고문한 사건으로 1980년대 부산 지역 최대의 용공 조작 사건으로 일컬어진다. 고영주는 2013년 1월 애국시민 사회진영 신년 하례회 행사에서 '문재인은 공산주의자' 발언을 해 2020년 8월에 유죄 판결을 받았다. 그런 검사의 사직 인사 글에 권재진, 임무영, 변창훈, 신자용, 신경식, 정점식, 김훈, 김회재 등이 댓글을 다는 것을 보니 무슨 불량 검사들이 모여 반상회라도 하는 게 아닌가 하는 생각이 들었다. 댓글 중 하나는 "검사장님으로부터 많은 것을 배웠습니다"인데, 도대체 뭘 배웠다는 걸까? 공산주의자 감별술? 고문조작술? 고영주는 1998년 김대중 정부 출범 후 신공안의 출현으로 공안에서는 밀려났지만, 서울지검 1차장검사, 서울지검 서부지청장, 동부지청장 등 요직을 지냈다. 노무현정부가 들어서고 나서는 청주지검장, 대검 감찰부장을 거친 다음 2005년 4월 서울남부지검장에 임명되었다. 고영주는 나중에 "김대중정부 때 나는 '제거 대상 검사 10걸' 가운데 한 명이었다. 날 내보내려고 비리나 인권 침해 사례 등을 찾았는데 그런 게 없으니까 결국 좌천으로 끝났다"라고 주장했지만 이는 전혀 사실이 아니다. 좌천되기는커녕 요직이란 요직을 다 거쳤다. 전두환·노태우정권 시절 최전성기를 구가한 공안검사였던 고영주는 공안에서 밀려난 후 그 시절의 주목이 그리웠던 걸까. 1998년 이른바 통조림 포르말린 사건의 수사 결과를 대대적으로 언론에 뿌린다. 식품회사가 발암물질인 포르말린을 방부 목적으로 사용해 통조림을 제조·판매했다는 혐의로 식품회사의 사장 등 관련자를 7월 2일 구속해서 8일 기소한다. 같은 달 7일 고영주 당시 서울지검 형사2부장은 출입 기자들에게 '유해식품사범 단속결과'라는 보도자료를 배포하고, 수사 착수 배경, 단속 결과 및 향후 대책 등을 직접 설명하기까지 한다. 그런데 같은 달 23일, 이 난리를 지켜보던 식품의약품안전처(식약청)는 자연 상태의 번데기나 골뱅이에서도 폼알데하이드가 함유되어 있을 수 있고, 자연물질에 존재하는 폼알데하이드에 대한 규제는 없으며 인위적으로 첨가하는 것만을 막고 있다고 입장을 표명했다. 식약처는 "인체에 무해한 천연 폼알데하이드일 가능성이 있고 인위적으로 합성 폼알데하이드를 첨가했다고 단정하기 어렵다"라는 결론을 내렸다. 식품에 대해 무지한 검사들이 전문기관인 식품의약품안전처로부터 아무런 자문이나 의견을 받지 않은 채 기소를 강행하고 수사 결과를 언론에 발표했던 것이다. 그러나 검찰은 기소 이후 제시된 식약처의 의견을 무시했고, 사건을 재검토해서 공소를 취소하지는 않았다. 그로부터 3년 후인 2001

년 서울중앙지방법원 민사합의25부 법정에서는 기소되었던 식품회사의 직원이 증언대에 섰다. "통조림을 담으라고 하시길래 종류별로 맛보시라고 이것저것 골고루 섞어 담았습니다." 1998년 검찰에서 압수수색을 나와 통조림을 박스에 넣으라고 요구했을 때 통조림을 어떤 기준으로 선별해서 넣었는지 묻는 질문의 답이었다. 안영률 부장판사는 그 직원의 순박한 답변에 긴탄식을 했다. 해당 식품회사의 대표는 1심에서부터 대법원까지 모두 무죄 판결을 받은 다음, 국가와 언론을 상대로 손해배상 청구 소송을 제기했고, 위 법정에서는 해당 사건의 변론기일이 열리고 있었던 것이다. 한편 무죄가 확정된 형사판결은 식약청의 의견과 일치했다. 폼알데하이드의 37퍼센트 전후 수용액을 포르말린이라고 하는데, 문제가 된 폼알데하이드는 자연 상태의 식품에도 존재한다고 했다. 법원은 태국산 번데기, 중국산 번데기 등 재료 원산지에 따라 통조림의 폼알데하이드 검출량이 현저한 차이를 보이는 것으로 보아 원료에 본래 함유된 것으로 봄이 상당하고, 인위적으로 첨가한 것은 아니라는 것이었다. 그러나 무죄를 받아봤자 회사는 이미 망했다. 식품업체들의 손해배상 청구 소송에 관하여 대검은 이렇게 입장을 밝힌다. "'국민건강'을 담보로 수사하는 검찰로서는 당시의 드러난 증거로서는 '의심'을 넘어 유죄의 확신을 갖고 있었다고 볼 수밖에 없다. 현실적으로 피해를 본 업자들이 워낙에 영세업자이고 기업 경영에 차질을 빚은 경우라서 문제가 되고 있는 것일 뿐 수사 과정에 어떤 고의·과실이 있었던 것은 아닌 것으로 판단된다." 1998년 7월 7일의 기자회견에서 고영주 검사는 "식품 제조업체들은 자유로운 영업 활동이 보장되는 만큼 그에 상응하는 책임도 함께 부담하고 있다는 사실을 확실히 주지시켜나가겠습니다"라고 당당히 말한다. 검사들이야말로 검찰권의 부당한 행사에 상응하는 책임을 져야 마땅한데 아무도 벌점이나 징계를 받지 않았다. 크고 많은 대과에도 불구하고 검찰을 명예롭게 퇴임한 고영주는 국가정상화추진위원장, 사학분쟁조정위원회 위원, 방송문화진흥회 감사 및 이사, 이사장, 세월호참사특별조사위원회 위원을 맡아 대활약한다. 고영주가 위원으로 있던 당시 사학분쟁조정위원회는 상지대, 세종대, 동덕여대, 광운대, 조선대 등에 구재단이 추천한 인사 다수를 정이사로 선임했다. 비리 재단이 학교 운영권을 회복하는 것을 도운 셈이다. 방송문화진흥회 이사 및 이사장으로 MBC를 망가뜨렸고, 2015년 세월호 특조위에서는 세월호 유가족으로부터 진상 방해를 위한 돌격대 역할을 한다는 평가를 받았다. 박근혜 일곱 시간 공백 조사를 결정하자 다른 여당 측 위원들과 전원 사퇴 기자회견을 열었고, 세월호 유가족들을 떼쓰는 사람들이라고 불렀다. 과거의 잘못에 대해 징계받지 않은 부림 사건의 수사 검사는 2013년에 "노무현정권 때 청와대 부산 인맥이라는 사람들이 전부 부림 사건 관련 인맥입니다. 그러면 전부 공산주의 활동, 공산주의 운동을 했던 사람들입니다. 그렇기 때문에 저는 문재인 후보도 공산주의자이고, 이 사람이 대통령이 되면 대한민국이 적화되는 것은 그야말로 시간문제라고 확신을 하고 있었다"라고 당당히 말한다. 우리가 어설프게 베푼 관용은 장래에 우리가 겪을 고통의 씨앗이 된다는 사실을 여실히 보여주는 사례다.

팩트 체크

"소신에 반하거나 비굴한 짓을 하지 않고도 27년씩이나 근무할 수 있도록 해준 검찰 조직과 검찰 가족들에게 감사드립니다. 대과 없이 명예로운 퇴임을 할 수 있어서 정말로 기쁘게 생각합니다." 2006년 1월 승진에서 탈락한 어느 검사장이 검찰을 떠나면서 쓴 사직 인사다. 그러자 검사의 표본을 보여주서서 감사하고 많이 배웠다는 현직 검사들의 댓글들이 주르륵 달렸다. 누가 보아도 상명하복의 불합리를 따르지 않고 소신껏 행동해온 검사의 글이었다. 이 사직 인사를 쓴 사람은 영화 〈변호인〉의 소재가 되었던 부림 사건의 수사 검사 고영주다. 영화를 본 사람들은 알겠지만 부림 사건은 1981년 9월 독서 모임의 학생과 교사, 회사원을 영장 없이 체포해서 불법 감금 및 고문한 사건으로 부산 지역 최대의 용공 조작 사건이다. 그는 2013년 1월 한 행사에서 '문재인은 공산주의자' 발언으로 유죄 판결을 받았다. 고영주는 김대중 정부 때 자신이 제거 대상 검사 10걸 중 1인이어서 좌천당했다고 주장하지만 서울지검 1차장검사, 서울지검 서부지청장, 동부지청장 등 요직을 두루 지냈다. 노무현 정부 때도 청주지검장, 대검 감찰부장을 거친 다음 2005년 4월 서울남부지검장에 임명되었다. 전두환·노태우 정권 시절 공안검사로 최전성기를 구가했던 그는 언론의 스포트라이트에 익숙한 검사였다. 공안에 밀려나 형사부에 근무하던 그가 야심작으로 내놓은 것이 통조림 포르말린 사건인 이른바 번데기 사건이다. 식품공전이나 전문가의 자문도 없이 수사 결과를 언론에 뿌렸는데 발암물질인 포르말린을 식품회사가 통조림에 방부 목적으로 넣었다는 것이다. 의욕만 넘치고 전문지식이 전무했던 그는 무조건 기소해서 언론의 조명을 받는 것이 목표였던 것 같다. 식품회사 관련자들을 모두 구속하고 기소했는데 식품의약품안전처에서 자연 상태에서도 폼알데하이드가 존재하는데 그 상태에서는 법적 규제가 없으며 인위적 첨가는 금지라고 발표했다. "인체에 무해한 천연 폼알데하이드일 가능성이 있고 인위적으로 합성 폼알데하이드를 첨가했다고 단정하기 어렵다"라는 것인데 시간을 내 식품공전을 들춰봤다면 쉽게 알 수 있는 상황이었다. 그러나 검찰은 기소 이후 제시된 전문기관의 의견을 무시해버렸다. 식품회사는 결국 무죄를 받았지만 회사는 이미 망한 뒤였다. 회사 대표는 국가와 언론을 상대로 손해배상 청구 소송을 제기했다. 그러나 가족을 부양했던 그 회사의 직원들은 일자리를 잃었다. 검찰은 국민건강을 담보로 수사하는 검찰로서 당시의 드러난 증거를 봤을 때 '의심'을 넘어 유죄의 확신을 갖고 있었다고 볼 수밖에 없다고 했는데 전문기관의 자문은 당연히 거쳐야 할 필수 과정이었다. 회사가 망하고 누군가의 인생이 파멸되는데 아무런 반성이 없는 불감증은 대체 어디서 온 것인가. 그야말로 무흠결성을 전제로 하는 검찰 행정인가.

어떤 징계도 없이 퇴임한 고영주는 여러 위원회를 거쳤고 심지어 세월호참사특별조사위원회 위원을 맡기도 했다. 또한 그가 속했던 사학분쟁조정위원회는 상지대, 세종대, 동덕여대, 광운대, 조선대 등에 비리 재단이 학교 운영권을 회복할 수 있도록 도왔다. 이사장으로 MBC를 망가뜨렸으며, 2015년 세월호 특조위에서는 세월호 유가족으로부터 진상 방해를 위한 돌격대 역할을 하고 있다는 평가를 받았다. 그의 2013년 연설이 기가 막힌다. "노무현정권 때 청와대 부산 인맥이라는 사람들이 전부 부림 사건 관련 인맥입니다. 그러면 전부 공산주의 활동, 공산주의 운동을 했던 사람들입니다. 그렇기 때문에 저는 문재인 후보도 공산주의자이고, 이 사람이 대통령이 되면 대한민국이 적화되는 것은 그야말로 시간문제라고 확신합니다"라고 말했다.

어떤 삶은 창조가 아닌 파괴만 한다. 엑스맨이 그렇다.

떠나거나
혹은 싸우거나

여자 그리고 검사로
일한다는 것

4

선택적 정의와 선택적 처벌

좋아하는 시가 있다. '천둥'이라는 제목으로 "너는 너의 인생을 읽어보았느냐. 몇 번이나 소리 내어 읽어보았느냐"라는 짧은 시다. 김홍영 검사의 죽음과 관련해서 모 방송국 제작진과 이야기를 나누고 돌아오는 길에 줄곧 그 시를 떠올렸다. 그것은 시간을 거슬러 올라가 미제 사건을 해결하는 드라마 〈시그널〉에서처럼 '내가 그때 다르게 행동했더라면 다른 사람들의 고통이 덜어졌을까'라는 생각으로 이어졌기 때문이다.

그 시절 가슴에 돌이 얹힌 듯이, 바닥에 닿지 못하고 공중을 유영하는 듯이 두려움과 막막함, 불안감이 압도했다. 왜 내가 이런 취급을 받아야 하는지, 이런 취급을 받을 수밖에 없는지,

어떻게 해야 하는지 답이 나오지 않았다. 일순간에 검사의 위계 질서가 파악된 것은 그해 봄이었다. 임신한 여검사를 생각한답시고 임관한 직후인 초임 여검사 셋을 불러다 놓고 시체를 보고 부검 여부를 결정해야 하는 변사체 검시를 대신 가라 하는 선배 검사에게 우리는 의견을 전했다. "임신한 여검사를 위한 배려는 청 전체에서 마련해야 하지 않느냐. 임신과 출산은 세대를 이어가는 사회적 기능을 하는 건데 여성이 도맡아야 하는 무슨 천형인 것처럼 여검사에게만 맡기는 것은 불합리한 것 같다"라는 의견이었다. 우리 셋은 지극히 합당한 의견이라고 생각했지만 돌아온 말은 "이 못돼 처먹은 가시내들, 이기적인 새끼들"이었다. 선배는 자신의 제안이 거부당한 분노에만 압도되어 있었고, 우리의 생각은 그저 이기적이고 못된 발상일 뿐이었다. 뜻하지 않게 배려를 당한 그 검사도 우리에게 노여움을 쏟아냈다. 자기는 충분히 해낼 수 있는데, 본인이 요청하지도 않은 고려를 하여 조직에 쓸모없는 사람 취급을 하냐면서. 노여움은 항상 약한 사람을 향한다. 같은 공판검사실에 있던, 그 제안을 한 청 수석검사는 저 멀리서 난처한 표정을 짓고 있었다. 선배에게는 감히 항의하지 못하고 우리에게 '못돼 처먹은 분노'를 발산하던 그 검사는 검찰 조직의 말 잘 듣는 어린 양이 되어 2016년 김수남 검찰총장 앞에서 〈캔디캔디〉, 〈로보트 태권브이〉 주제가에 맞춰 앙증맞은 율동을 추고, 2017년 1월 소속 검찰청의 차장검사 성희롱 문제가 불거지자 앞장서서 진화하는 역할을 했다.

언론에 누가 제보했는지를 색출하고, "저희 차장검사님 너무나 좋은 분이신데, 오해가 있었을 뿐입니다"라는 해명 전화를 보도한 기자에게 하도록 시켰다. 제보자 색출에 겁먹은 피해 여검사들은 서로 색출전을 벌이고, 종국에는 거짓말탐지기 조사도 받겠다고 자청했다 하니 실화냐, 방화냐 싶은 어처구니없는 이야기다.

그때는 성희롱이란 말이 통용되지 않았다. 잠들 때 아침이 어김없이 올 거란 사실이 두렵고, 검사장실에 검사장이 있다는 재실등이 켜져 있으면 혹시 부를까봐 가슴이 불안하게 뛰었으나 이런 걸 뭐라 말해야 할지도 몰랐다. 2012년 그 전직 검사장이 한나라당 국회의원에 당선된 것을 보고 할 수 있는 한 힘껏 비아냥을 날려주었다. 지역의 변호사가 룸살롱에서 검사들을 접대했을 때, 눈앞에서 검사들이 유흥접객원을 희롱하는 것을 보며 '저 검사들이 검찰청에서 여직원이나 여검사들을 볼 때 과연 다르게 볼까'라고 생각한 적이 있다. 싫다는 자리에 데려가 놓고서는 나중에는 흥건하게 노는 데 방해가 되었는지 분위기도 모르고 남아 있다고 구박했다. 하급자의 의사 따위는 물을 것도 없었고 감정 따위는 존재하지도 않는 것처럼 거칠 것 없었다. 반면 우리는 눈치를 보고 분위기를 읽고 거스르지 않도록 무한의 주의를 기울여야 했다. 압도하던 불안과 두려움, 가슴 한구석에서 올라오는 분노를 회피하고 회피해서 돌아온 길은 한 젊은 검사의 죽음과 무죄를 무죄라고 했다고 중징계를 받은 검사, 성추행 피해를 언론에 알렸다고 검찰 내에서 만신창이가 된 검사다.

내 인생을 돌아보고 부끄러워 남기는 글이다. 검찰이 외부의 사람을 처벌하는 것으로만 정의와 옳음이라는 자리를 선점하려 하지 말고 그 내부에서부터 옳음을 찾았으면 한다. 선택적 정의와 선택적 처벌은 정의가 아니라 권력의 전횡과 남용일 뿐이다.

팩트 체크

검찰 내부에서 소통은 어떻게 이루어지는가. 임신한 여검사 대신 변사체 검시 자리에 대신 가라는 상관에게 여검사들은 정당한 항의 의견을 낸다. "임신한 여검사를 위한 배려는 청 전체에서 마련해야 하지 않느냐. 임신과 출산은 세대를 이어가는 사회적 기능을 하는 건데 여성이 도맡아야 하는 무슨 천형인 것처럼 여검사에게만 맡기는 것은 불합리한 것 같다"라는 의견이었다. 핵심은 변사체 검시 업무를 여검사에게만 맡기지 말고 남녀 모두에게 업무가 분장될 수 있도록 규정을 마련하라는 것이었다. 그러나 돌아온 것은 욕설이었다. 그리고 임신한 여검사도 핵심을 간과하고 조직에서 쓸모없는 사람 취급을 받았다고 그 분노를 후배 여검사들에게 터트렸다. 이것은 완벽한 소통 부재다. 제

3자의 눈으로 보아도 어리둥절하다. 심지어 그 선배 여검사는 2017년 1월 소속 검찰청의 차장검사 성희롱 문제가 불거지자 앞장서서 언론 제보자를 색출하고, "저희 차장검사님 너무나 좋은 분이신데, 오해가 있었을 뿐입니다"라는 해명 전화를 보도한 기자에게 하라 시켰다고 한다. 소통의 문제가 아니라 검찰 내 위계질서의 문제라는 의문이 든다. 엘리트만 모여 있다는 검찰에서 여검사들의 위치는 어떤 것인가. 보복과 응징의 사례가 무겁다. 한 기업이 잘되려면 외부 고객보다 내부 고객에게 먼저 잘해야 한다는 말이 있다. 법은 누구에게나 공정해야 하며 선택적 정의와 처벌은 권력의 전횡과 남용이 맞다.

무엇이 같고 무엇이 다른가

전 국민, 특히 여성들을 분노케 한 n번방 사건을 둘러싸고, n번방을 물려받아 성 착취물 유포를 멈추지 않았던 '켈리'라는 닉네임의 신 모 씨가 수사에 적극적으로 협조했다면서 징역 1년이라는 어처구니없는 선고를 내린 뉴스 기사를 읽는다. 집단 성폭행과 불법촬영 및 동영상 유포에 가담한 최종훈에게 1년 징역, 2년 집행유예가 선고되었다는 기사도 읽는다.[26]

국민의 분노가 무색할 정도로 가볍디가벼운 형량의 이유가 뭘까? 검찰이라는 조직 안에 있으면, 우월한 성性과 유사한 생

---

26 2020년 9월 24일 최종훈은 최종심에서 2년 6개월의 실형을 선고받았다.

애 경험에 기초하여 그들이 형성한 여성관을 알게 된다.

2005년 4월 부산지검의 어느 형사부 부장검사는 부원들을 청사포에 있는 횟집에 데려갔다. 부장검사와 친한 전관 변호사가 부산에 사건이 있어 내려온 김에 크게 쏜다고 해서 만든 자리였다. 횟집 다음으로는 해운대에 있는 오션타워 지하의 룸살롱으로 부원들을 데려갔다. 그때 그 부의 유일한 여검사가 집에 돌아가겠다고 했지만 붙잡히고 말았다. 룸에 들어가자마자 유흥접객원들을 불러들였고, 검사들은 각자 선택하기 전에 소위 말하는 신고식을 시켰다. 부장검사는 신고식으로 첫 경험, 좋아하는 체위, 가장 최근의 성 경험을 말하게 했다. 그런데 여자들의 첫 경험의 다수가 강간이었다. 어느 유흥접객원은 자동차 보닛 위에서 강간을 당하던 때 올려다본 밤하늘을 이야기했다. 그 자리에 함께한 여검사는 벌판에서 홀로 바람을 맞는 듯 황량하고 슬픈 마음이었지만, 남자 검사들은 키득키득 웃고 있었다. 잠시 후에는 사장이 룸에 찾아왔다. 나중에 엘시티 사건으로 유명해진 이영복이라는 사람이었다. 이영복은 귀한 분들을 모시게 되어 대단히 영광이라면서 편하게 즐기다 가시라고, 술값은 자신이 다 낸다고 했다. 부장검사의 친구인 전관 변호사는 자신이 마련한 자리인데 왜 이러시냐고 이영복과 실랑이를 벌였다.

이렇게 남자 검사들은 자기네만 즐거운 자리에 굳이 여검사를 데려가는 일이 비일비재했다. 심지어 높으신 분들은 자신의 양쪽에 유흥접객원과 여검사를 앉히고는 가끔 내부 회식과 질 편하게 노는 자리를 구분 못 하고 실수를 하곤 했다. 어느 여검 사는 "부장님이 맨날 룸살롱에서 놀다 보니 오른쪽, 왼쪽 구분 못 할 수도 있지"라며 자조적으로 말하기도 했다. 우리는 그저 열등하고 하찮은 사람들이었다.

때로는 선배 검사의 감정 쓰레기통이 되기도 했다. 2020년 3월 말에 사학 비리를 솜방망이 처분한 김청현 교육부 감사관 의 검찰 복귀 반대 기자회견이 있었다. 그 사람이 검사이던 시 절, 나는 그에게 "이 못돼 처먹은 가시내야"라는 소리를 들었다. 임신한 여검사를 생각한답시고 그 여검사 대신 초임 여검사 셋 에게 변사체 검시를 가라고 한 일 때문이었다. 남자 검사들 중 에 "이 못돼 처먹은 새끼야"라는 말을 김청현 검사로부터 들은 사람은 없었다. 또 다른 여검사는 강 모 부장검사에게 술자리 에서 입맞춤을 당하고서 그다음 날에 김청현 검사로부터 외려 면박을 받았다. "은정아, 강 부장님이 아무리 좋아도 네가 그렇 게 가볍게 행동하면 안 된다. 부장님에게 어떻게 입을 맞추냐." 그렇다. 네가 문제 삼으면 나는 이렇게 말할 거라고 미리 제시 한 말이다.

n번방 회원들과 일부 남자 검사들은 여성에 대한 차별 의식 과 혐오를 공유한다. 차이가 있다면 자기 돈이냐, 아니면 남의 돈으로 즐기느냐 정도다. 시몬 드 보부아르가 한 말이 떠오른 다. "억압과 차별이 억압자에게 보증하는 이익 가운데 하나는

그들 중 가장 하찮은 자조차도 우월감을 느낀다는 것이다. 가장 평범한 남자들도 여자들 앞에서는 자신을 반신半神처럼 생각한다." 여성을 자신들의 지배욕을 충족하고 우월성을 확인하기 위한 타자로만 존재한다고 여긴다는 뜻이다. 이것이 바로 2020년 검사들의 일반적인 성평등 의식이다.

팩트 체크

일부 남자 검사들에게 여성은 자신들의 우월성을 확인하기 위한 타자로만 존재한다. 그렇지 않다면 성폭행이나 성 착취, 성관계 동영상을 유포한 남성 피의자들에게 그토록 관대한 처벌을 내릴 리 없다. 심지어 여검사도 동료가 아닌 여자로 취급받는다. 룸살롱에서 일하는 여성과 같이 남자 상사의 옆에 앉아 성추행도 당한다. 서지현 검사가 왜 검찰 간부를 상대로 소송을 벌였는지도 생각해볼 일이다. 같은 검사에게도 여자라는 이유로 성추행을 행하는 그들이 피해를 당한 여성들의 삶이 무너지는 것 따위를 신경이나 쓰겠는가. 이렇듯 검찰은 2020년인 지금도 여전히 남성 중심적 문화에서 벗어나지 못하고 있다.

공정함에 대한 감각

불과 연수원 1기수 위이던 강 검사는 아래 기수의 여검사들에게 군기 반장 노릇을 하였다. 나는 분홍색 블라우스를 입었다고, 달랑거리는 귀걸이를 했다고 야단맞았다. 검은색이나 네이비색만 입으라고, 귀걸이는 귀에 달라붙는 것만 하라고 했다. 계단통에서 붙들려 다른 검사와 직원들도 지나가면서 보는 가운데 야단을 맞은 일도 있다. 우리는 "자기가 안 어울리니까 괜히 샘나서 우리까지 못하게 하는 것 아니야"라고 하면서 뒤에서 투덜거렸다. 나는 그 강 검사와 회식을 같이 하는 게 제일 싫었다. 부장검사나 차장검사 옆자리를 가리키며 "이 검사, 여기 앉아야지"라고 했고, 윗분들 술잔이 비면 채워드리고 식사하시

343

는 것을 지켜보고 젓가락이 자주 가는 접시는 가까이에 놓아드리라고 했다. 부장검사, 차장검사가 그렇게 소중하고 애틋하면 자기가 옆에 앉을 일이지 왜 나를 항상 거기로 밀어 넣고 사사건건 지적을 했을까.

어느 날 어떤 강간 사건의 수사 기록이 경찰에서 수사 지휘차 나에게 올라왔을 때, 강 검사는 기록을 가지고 오라고 했다. 나의 상관도 아니고 왜 기록을 보겠다는 건지 도통 알 수 없었다. 그러나 평소에 항상 지적질을 당한 탓에 주눅 들어 있었던 나는 이유를 묻지도 못하고 공판실로 기록을 가지고 갔다. 강 검사님, 남편분이 변호인이던 그 사건 잘되셨습니까.

나는 그 검사가 서울동부지검에서 후배 검사의 뺨을 올려쳤다는 소문을 들었을 때도 새삼 놀라지 않았다. 후배 검사가 법무부를 거친 잘나가는 검사에게만 점심 메뉴를 물어보고 자신에게는 물어오지 않아 그랬다나. 2016년 이미 반백 살의 나이에 이른 그 검사가 수원지검을 방문한 김수남 검찰총장 앞에서 만화 주제가에 맞춰 무거운 몸을 이끌고 앙증맞은 율동을 했다는 이야기를 들었을 때도 나는 놀라지 않았다. 그리고 또 2017년 초 수원지검의 모 차장검사 성희롱 사건이 언론에 보도되자, 감찰을 맡아 혐의자 조사가 아니라 제보자 색출에 발 벗고 나섰다는 소식을 들었을 때도 마찬가지였다. 그냥 '강 검사가 또 강 검사했나 보다' 했다.

그러나 부산지검에서 금융지주회사 회장의 따님인 윤 모 검사가 고소장을 위조했던 그때 그 윤 모 검사가 소속된 형사5부의 부장이 바로 그 강 검사였다는 소식은 전혀 다르다. '아니, 이 여자가'라는 생각을 하지 않을 수 없었다. 윤 모 검사는 부장실에서 이런저런 지적을 받고 난 다음에 부장실을 나오자마자 부장이 메모해준 포스트잇을 기록에서 떼어내 바닥에 던지고 갔다 한다. 이 밖에도 용납하기 어려운 일이 많았는데 강 검사는 너그럽게 넘어간다.

강 검사의 선택적 군기는 윤 모 검사의 아버지가 원인이었다. 여식을 잘 모셔주면 인사권자에게 "강 검사 사람 참 괜찮더군"이라고 말해줄 수 있고, 혹시 변호사 개업하고 나면 전에 여식을 눈감아준 인연으로 찾아가서 비벼볼 그런 사람을 아버지로 두지 못해 우리는 그렇게 당했던 거다. 그런 강 검사가 다른 검사에게 "우리는 이렇게 열심히 하고 있는데 왜 국민은 우리 검찰을 불신할까요"라고 슬픈 눈을 하고 물었다는 이야기를 들었을 때, 참 기분이 뭣 같았다. 내가 그 자리에서 "바로 당신 때문입니다"라고 해줘야 했는데. 검찰이 정치적 중립을 지키지 못한 게 권력이 흔들어서라는 문무일 총장님, 그럼 현직 검사가 공문서를 위조하고 행사했는데 그걸 봐준 높은 검사들은 누가 흔들어서 그렇게 되었습니까.

검찰이란 곳은 바깥의 신선한 햇볕과 바람이 스며들지 못한다. 지독한 자기중심성에 빠져서 자신들이 오래전부터 공정함에 대한 감각을 폐기했다는 것을 돌아보지 못하는 것이다.

팩트 체크

여자 검사가 여자 검사들에게 남자 상사의 시중을 들게 한다. 심지어 부하 검사가 담당한 사건 기록을 가지고 오라고 하는데 그 사건은 상관의 남편이 변호인이다. 점심 메뉴를 묻지 않았다고 후배 검사의 따귀를 때렸다거나 검찰총장 앞에서 율동을 했다는 것은 진위를 떠나 약자에게 강하고 강자에게 약한 권력지향형 인간의 모습을 드러낸다. 여자 검사에게 혹독한 이 여자 검사가 여자를 성희롱한 남자 상사에 대한 구조 활동에 발 벗고 나선다. 언론 제보자를 색출하고 여검사들이 기자에게 차장검사의 구명운동을 하게 하고 여검사들 스스로 결백을 증명하는 거짓말탐지기 조사를 받겠다고 만든다. 조직을 위해 맹목적인 충성을 바치는 것 같은 이 여자 검사가 그 유명한 부산지검 윤 모 검사의 공문서 위조 사건 때 자세를 달리한다. 윤 모 검사가 평소 튀는 행동을 해도 그 여자 검사는 너그러웠다. 이 선택적 자세는 금수저와 흙수저의 차이라고 느끼게 만드는데 그 윤 모 검사의 아버지가 대단한 재력가로 검찰 상급자와 친밀한 관계였던 것이다. 재력과 권력을 향하는 조직문화에는 남녀가 없고 그 사이에서 약자인 여자들은 더욱 더 불합리한 상황에 몰린다.

이것은 검찰 이야기가 아니다

제본이 잘못되어 똑같은 장이 반복되는 책이 있다면 파손, 불량품으로 보고 누구든 교환하려 할 것이다. 그러나 아무도 교환하거나 새로 만들 생각을 하지 않는, 영원한 불량품으로 남아 있는 조직이 있다. 바로 검찰이다. 조금씩의 변주가 있기는 하지만 검찰의 오류는 영영 바로잡아지지 않는다.

1999년 5월 7일 서울지검 동부지청의 지청장을 비롯한 소속 검사 열 명 정도와 출입 기자들이 점심 회식을 하는 자리였다. 술 취한 박 모 검사는 옆에 앉은 기자를 껴안는 추행을 하고, 나중에는 동부경찰서 출입 기자실까지 쫓아와 "술 한잔 더하자"라고 추근대면서 해당 기자의 가슴을 더듬었다. 경찰서 내에서, 그것도 환한 대낮에 범한 성추행이라니 참 어처구니없지만, 더 어처구니없는 것은 박 검사가 현행범으로 체포되지도 않고 처벌받지도 않았다는 사실이다. 심지어 해당 지청장은 "공론화되면 한국 사회의 특성상 여성에게만 불리하다"라고 발언한다. 이후 변호사 개업을 한 박 검사는 2019년 3월 김학의 별장 성 접대 사건 뉴스에 다시 등장했다. 검찰과거사위원회에 제출된 투서에 의하면 그는 김학의에게 윤중천을 소개한 사람이며, 2013년 김학의 사건 1차 조사 당시 참고인으로 조사를 받았다.

위 추행 사건과 닮은꼴인 2010년 10월 30일의 사건은 우리나라 국민이라면 모를 수 없는 바로 그 일이다. 어느 검사의 부친 장례식장에서 이귀남 법무부 장관을 수행하여 문상을 온 안태근 당시 법무부 정책기획단장은 여러 검사들과 착석해 있던 자리에서 서지현 검사를 추행한다. 이후 서지현 검사가 속해 있던 북부지검의 간부들은 안태근이 너무나 잘나가는 검사라서 공식적으로 문제를 제기하면 서지현 검사만 힘들어지니 개인적으로 사과를 받는 선에서 정리하자고 한 것으로 알려져 있다.

진 모 검사는 고검장이던 아버지와 검찰에서 몹시 잘나가는 매형을 둔 데다가, 통합진보당 해산 청구 사건을 맡은 태스크포스팀에 속해 일하던 당시 황교안 법무부 장관의 총애를 받고 있는 터라 검찰에서 숨만 쉬고 있어도 최소 고검장까지는 간다고 이야기되던 인물이다. 그러던 진 모 검사가 2015년 동료 검사에 대한 강제추행으로 검찰을 그만두게 된다. 그의 장래를 걱정한 검찰 간부들은 징계도, 처벌도 내리지 않았으며 여기저기서 소문을 들은 기자들이 퇴직 사유를 물어오면 부장검사와의 갈등 때문이라고 친절하게 거짓말까지 해준다. 2018년 12월 진 모 검사의 강제추행을 은폐하고 비호한 간부들을 고발하여 고발인 진술 조사를 받게 된 임은정 검사에게 담당 검사가 묻는다. "피해자들이 피해 사실의 노출을 꺼리는데 피해자들의 의사를 존중하여 진 모 검사에 대한 징계나 처벌을 포기한 것이라고 볼 수 있지 않을까요?" 임은정 검사는 "2013년에 강제추행죄에 대한 친고죄 규정이 폐지되었으므로 피해자들 의사와 무관하게 처벌할 수 있습니다. 그리고 진실을 묻는 것은 가해자 좋으라고 하는 것이지 진심으로 피해자를 위한 것이 아니겠지요"라고 주임검사를 엄히 꾸짖는다.

이것은 단지 검찰에만 국한되는 이야기가 아니다. 우리를 오랫동안 짓눌러온 야만과 위선에 대한 이야기다. 야만과 위선은 잘못한 이에게 책임을 묻는 대신 피해자 본인을 위한 것이라 하면서 피해자의 입을 틀어막는다. "공론화되면 여성에게만 불리하다", "공식적으로 문제를 제기하면 너만 힘들어진다"라는 건 염려가 아니다. 떠들면 가만두지 않겠다는 협박이다. 야만과 위선이 사라지지는 않았지만 이제는 적어도 그것에 대해 자유롭게 이야기할 수 있게 되었다. 다 국민 덕분이다.

팩트 체크

한 인간의 도덕 불감증은 특정 사안에서만 나타나는 것이 아니다. 살아가는 동안 모든 판단과 결정에 고루 영향을 미친다. 1999년 5월 7일 서울지검 동부지청에서 여기자 성추행 사건이 일어난다. 지청장을 포함한 검사 열 명이 출입 기자들과 점심 식사를 하는 자리에서 술 취한 박 검사가 옆자리의 여기자를 성추행하고 동부경찰서까지 쫓아가 가슴을 만진 사건이다. 그는 현행범으로 체포되지도, 처벌받지도 않았다. 건설업자 윤중천에게 성 접대를 받은 혐의로 수사를 받은 전 법무부 차관 김학의에게 그 업자를 소개한 이가 바로 박 검사란 제보가 있었고 2013년 김학의 사건 1차 조사 당시 참고인으로 실제 조사를 받았다. 2010년 10월 30일 동료 검사의 부친 장례식장에서 안태근 당시 법무부 정책기획단장이 같은 검사 서지현을 성추행했다. 그것도 여러 검사들이 같이 앉은 자리에서 말이다. 서지현 검사가 문제를 제기하자 간부들은 개인적으로 사과를 받는 선에서 정리하자고 했지만 사과는 없었던 것으로 알려져 있다. 그 안태근 검사는 돈 봉투 만찬 사건에 연루되어 기소되기도 했다. 2015년 4월 진 모 검사는 동료 검사를 성추행했으나 징계도, 처벌도 받지 않았다. 그는 검찰 간부 출신 부친에 유명한 검사 매형을 두고 있었다. 2018년 12월 진 모 검사의 강제추행을 은폐하고 비호한 간부들을 고발하여 고발인 진술 조사를 받게 된 임은정 검사에게 담당 검사는 "피해자들이 피해 사실의 노출을 꺼리는데 피해자들의 의사를 존중하여 진 모 검사에 대한 징계나 처벌을 포기한 것이라고 볼 수 있지 않겠느냐"라고 했다.

강제추행죄에 대한 친고죄 규정은 2013년에 폐지되었다. 피해자들의 의사와 무관하게 처벌할 수 있다. 어느 조직에서도 일어날 수 있는 일이라고 생각하면 안 된다. 국민이 높은 도덕성과 윤리를 검찰에 요구하는 것은 최후의 희망이기 때문이다.

그들의 서사

시어머니가 급작스럽게 돌아가신 지 얼마 안 된 때였다. 유품을 정리하던 중에 서랍에 고이 보관된 편지 한 통을 발견했다. 내가 고심 끝에 써서 딸을 통해 전달했던 편지. 당시의 일이 생생히 떠올랐다.

우리나라에는 유사종교라 할 수 있는 '박정희교'가 있다. 박정희를 반신반인으로 여기고 그의 동상 앞에서 소원을 비는 사람까지 있다고 하니 종교가 아니고 무엇이겠는가. "박근혜 대통령을 왜 못살게 구는 거야. 박근혜가 단원고 학생들더러 그 배를 타고 제주도로 수학여행 가라고 시켰어? 아니면 가기 싫다는 걸 강제로 배에 밀어 넣기라도 했어?" 시어머니가 내게 한 말이다. 내가 상처를 잘 받고 쉽게 삐지고 속이 좁은 사람이라 그런진 몰라도 그 말을 들은 후론 그분이 불편하고 꺼려지기만 했다. 그런데 어느 날 마음속에 이런 소리가 울렸다. "네 마음에 진실로 사랑이 있느냐"라는 말. 오래 참고 온유하며 헛되이 행치 않고 자기를 위해 살지 않고 화내지 않는 그런 사랑이 있느냐는 물음. 이때의 사랑은 절대로 사랑할 수 없는 사람, 원수도 사랑하는 그 사랑이다. 마음속의 갈등과 미움을 이겨내는 노력, 인내 그리고 능동적 의지와 결단에 의한 사랑. 그런 마음속 물음을 계기로 부정적인 감정의 소용돌이에서 벗어나기 위한 한 걸음을 겨우 뗐다. 이해와 공감이라는 걸음을.

경북 성주가 고향인 70대, 일본 유학을 갔다가 사회주의에 경도되어 남로당 경북도당 간부를 지내다 옥살이를 한 시아버지, 연좌제로 육사 퇴학을 겪어야 했던 남편을 둔 사람, 단칸방에서 수도와 화장실을 공동으로 써야 했던 신혼, 장을 싸게 보려고 세 살배기 딸을 걷게 하고 더 어린 아들은 등에 업고 30분 넘게 걸어 포항 죽도시장까지 가던 시절을 겪은 사람. 경제 성장률이 10퍼센트가 넘는 호황기가 이어지며 통장에 돈이 쌓이고 차가 생기고 집이 생겼던 시절, 박정희와 그 자매품 박근혜는 당신에게 자신의 정체성이자 살아온 역사, 생존과 번영을 위한 믿음이 되었다. 더불어 친척과 친구들이 공유하는 사상으로서 인간관계의 기반이기도 했다.

물론 조금 이해하게 되었다고 갈등이 다 끝난 것은 아니었다. 2019년 9월 검찰 개혁 촛불 집회에 나갈 준비를 하고 있을 때 저녁 외식을 함께하자고 전화를 주셨다. 그러고는 집회에 가지 말라고 말리시며 "너는 내가 그렇게 싫다는 짓을 꼭 해야겠니"라고 덧붙이셨다. 그때 나는 시어머니 앞으로 검찰 개혁의 필요성에 대해 소견을 밝힌 편지를 썼다. 그 뒤 집회에 참석했고 편지는 딸이 장어구이 식당에서 시어머니에게 건넸다. 딸은 집안의 위기를 감지하고선 "할머니, 아빠랑 엄마 이혼시킬 거야?"라고 물었다고 했다. 시어머니도 무슨 폭탄선언이 있나 긴장하며 편지를 열어보셨겠지.

이 못된 좌파 며느리 같으니라고 하며 쓰레기통에 당장 던졌을 거라 짐작했던 그때의 편지를 손에 들고 보니 시어머니도 나를 엄청나게 인내하셨고, 손을 뻗으셨는데 내가 그걸 몰라봤다는 생각이 들었다. 편지 한 통을 꺼내 들고 각자가 현재에 이르게 된 삶의 서사를 짚어봤다. 성경에 포도나무의 비유가 나온다. "나는 포도나무요, 너희는 가지로다. 가지가 포도나무에 붙어 있지 아니하면 절로 과실을 맺을 수 없음과 같이 너희도 내 안에 있지 아니하면 그러하리라." 왜 그들이 반듯한 포도나무가 아니라 이만희, 전광훈, 박정희 따위 썩은 포도나무에 붙어 있게 되었는지를 알기 위해서 그들의 서사를 이해해야 한다. 그 속에는 우리 사회의 결핍과 한계가 들어 있으니 말이다.

1978년에 가이아나의 존스타운이란 종교집단이 세운 공동체에서 900여 명이 집단 자살한 사건이 있었다. 미국 사회에서

인종차별을 겪던 인디언과 흑인이 주를 이루고 베트남전에 반대하던 활동가 일부도 참여한 공동체였는데, 미국 하원의원에 의한 조사가 개시되면서 붕괴를 예감한 교주 짐 존스가 구성원들에게 자살을 강요했다. 그들 모두가 반이성적인 광신도였던 것은 아니다. 편견과 차별에 상처받아 평등한 공동체를 꿈꾼 사람들이 다수였다. 그들 중 하나가 남긴 편지를 소개한다. "우리는 이런 종말을 원하지 않았습니다. 살아서 세상에 사랑과 빛을 가져다주고 싶었습니다. 조그만 고양이가 옆에서 나를 바라보고 있고, 강아지가 짖고 있습니다. 새들은 전깃줄에 모여 앉아 있습니다. 이 편지를 보았다면, 부디 존스타운에 관한 이야기를 해주세요. 다들 이해하지 못한다 해도." 죽는 순간까지 삶의 의미를 말하고 자신이 이해되기를 바라는 그 마음이 슬프다. 그들이 살아 있을 때 이해되었더라면 그런 비극은 없었을 테니. 기회가 되었으니 내가 시어머니께 보낸 편지도 여기 소개한다.

어머님께

사람들이 야간에 당직실로 벌금을 내려고 찾아오곤 했습니다. 일당 3만 원으로 환산한 노역장 유치를 당하게 된다는 집행과의 독촉을 받고서 생업이 끝난 야간에 고단한 몸으로 검찰청을 찾던 사람들. 야간에 징수한 벌금 200여만 원을 분실한 당직 직원은 징계를 받기도 했어요. 2008년 9월에 대주건설 회장 허재호의 결심공판에서 검사는 벌금

1,000억 원에 선고유예를 구형해요. 1심에서 벌금형이 반쯤 깎여 선고되었는데, 검사는 항소도 하지 않아요. 선고유예는 극히 경미한 범죄에 구형하는데, 구형 이유는 어이없게도 기업의 부담. 평범한 이웃에 대해선 가계의 부담을 살펴보고 필요한 경우 봐주라는 지침이 있었던가 하면 그런 건 없었어요. 무기력감과 부끄러움에 압도된 마음을 계속 붙들고 있을 순 없어요. 온몸의 신경과 감각이 권력을 얻고 유지하고 확장하는 일에만 쏠려 있는 그들이 절대 바뀔 리 없다고 생각했어요. 인사에 도움을 줄 수 있는 사람에게는 무한대로 비굴해지는 처세에 비웃음을 보냈던 일도 많았지만, "놀고 있네"라는 짧은 말을 내뱉고 그만 잊어버리기로 했어요. 여성 국회의원들과 법무부 소속 여검사들이 모임을 가진 적이 있어요. 후배 검사들을 고양이 쥐 잡듯 하던 선배들이 국회의원들 앞에선 몸을 배배 꼬며 어쩔 줄 몰라 했습니다. 그건 마치 발라당 뒤집으면서 배를 내놓고 쓰다듬어 달라는 강아지를 보는 것 같았습니다. 처음 보는 기자에게 모 정치인을 연결해 줄 수 있냐는 부탁을 하고, 고려대 출신의 새까만 후배 검사를 불러놓고 박근혜 대통령의 올케 서 모 변호사와 친하냐고 비굴한 질문을 하던 검사장도 있었습니다. 그런데 법이 이런 낮은 사람들에게도 친절해야 한다는 걸 생각하면 항상 떠오르는 사람이 있어요. 네가 검사인지 뭔지 관심도 없고, 처세도 눈치도 하나도 없던

유쾌한 할머니였어요. 이웃의 술주정뱅이 할아버지에게 난데없이 망치로 위협을 당한 피해자로 검사실을 찾아온 할머니였는데, 가방에서 편지를 꺼내 내밀었어요. 오래전 미국에 입양 보낸 아들에게 영한사전을 뒤져가며 몇 문장을 정성스럽게 적어내린 편지. "아가씨, 영어 잘하지? 요즘 젊은 사람들은 다 잘하더라고. 이것 좀 봐줘"라고 했어요. 수사관에게 "할머니, 아가씨가 뭡니까?"라고 핀잔을 듣고도 "아이고, 그렇게 안 봤는데 결혼했어요, 아가씨?"라고 하던 할머니. 끝까지 "결혼했어요, 아가씨?"라니, 피식 웃고 말았어요. 법은 이런 약한 이들에게는 매서운 눈초리를 하고, 가진 이들에게는 아양을 부립니다. 그러나 저는 이 모든 역겨운 일을 생각하지 않기로 했습니다. 그런데 2012년 12월에 열에 들뜨고 긴장된 모습으로 저를 찾아왔던 사람이 있어요. 검찰은 그때 죽은 사람의 억울한 누명을 벗기는 것보다는 허울 좋은 무오류의 신화를 지키려 했습니다. 과거에 대한 반성은 현재에 대한 성찰을 요구하니까요. 그래서 그들은 여전히 살아 있는 사람들의 고통도 무시합니다. 저는 무죄를 무죄라고 했다가 '얼치기 운동권 검사', '막무가내 검사', '부끄러운 검사'라는 온갖 화살을 맞은 고슴도치가 되어버린 그 사람의 화살을 하나라도 빼주어야겠어요. 제가 외면했던 그 모든 문제를 온몸으로 부딪히며 피를 뿌리며 걸어간 그 사람이 조금이라도 덜 아프도록. 마음의 소리를 외면하지 않고 바로 보게 해준 그 사람을 위해 저는 거기에 가려 합니다.

팩트 체크

이연주 변호사가 검사에 임용된 후 목격한 검찰은 강자에게 약하고 약자에게 강한 조직이었다. 정의 구현의 최후의 보루라 할 수 있는 사법 조직이 권력과 이익을 위해서 저지르는 행태에 두 눈을 의심하지 않을 수 없었을 것이다. 2012년 12월 온갖 압력에도 불구하고 과거사 재심 사건에 대해 무죄 구형을 한 동료 임은정 검사가 조직 내부에서 어떤 대우를 받는지 목도했다. 무죄 구형으로 징계까지 받은 동료 검사가 5년간의 소송 끝에 징계 취소 확정을 받았지만 그 지난한 과정에서 검찰과 언론이 어떤 가해를 했는지 모두 지켜보았다. 이연주 변호사가 검찰 개혁 촛불 집회에 나가기 전 만류하는 시어머니에게 보낸 편지는 그가 검찰을 떠난 이유 그리고 검찰 개혁에 대한 당위성을 설명하는 짧고 강력한 메시지며 검찰 개혁을 향한 그의 출사표로 읽힌다.

심판할 자격, 처벌할 권리

앞서 언급한 일이지만 더 구체적으로 말하고 싶은 일이 있다. 검사로 임관한 지 5개월쯤 되었을 무렵이다. 열일곱 살의 가출 소녀가 절도죄로 구속된 사건을 배당받았다. 그 전날 당직 검사가 구속한 모양이었는데, 소녀는 지적장애가 있었던 데다 당시 임신까지 한 상태였다. 아이는 노숙을 하면서 따뜻한 밥 한 끼와 잠자리를 준다는 약속이면 누구든지 따라가는 생활을 하고 있었다. 나는 세상을 글로 배웠고, 피의자를 대하는 태도로 알고 있는 바는 사법연수원 검찰 실무 교재의 여러 결정문 예시에 나와 있는 "피의자의 장래를 엄히 훈계하고"가 다였다. 아는 것 없는 신임 검사였지만 배고픔과 추위를 해결할 다른 방법이 없는 그 아이에게 아무짝에도 쓸모없는 훈계를 할 만큼 어리석지는 않았다. 왜 집을 나왔는지, 지금 자신의 몸 상태를 알고 있는지 물어보지도 않았다. 내가 그 아이의 문제를 해결해줄 수 없는 이상 그 아이의 가망 없는 상황을 내 걱정의 리스트에 더하고 싶지 않다는 이기적인 마음에서였다.

글로 배우지 못한 상황은 그 외에도 많았다. 검사장은 자신의 관사 주소를 적어주며 나에게 퇴근 후 그곳으로 찾아오라 했고 단둘이 등산을 가자고도 했으며 어느 일요일에는 호텔 일식당에서 식사하자면서 전화를 걸어왔다. 그뿐만이 아니었다. 차장검사는 자신의 방에 나를 불러놓고 특정 사건의 기소유예를 지시하는 자리에서 그 사건의 청탁을 하는 스폰서와 전화 통화를 했다. "네, 제가 지금 불러서 잘 일러두었습니다. 걱정하지 마십시오"라고. 부장검사는 점심 식사 자리에서 나이트클럽의 사장이 소개해준 젊은 여성과 통영으로 여행 간 이야기를 했다. 지역 유지로부터 호화 요트를 빌려서 다녀왔다고 했다. 그 요트 위에서 자신이 오일을 발라준 여성의 탄력 있고 날씬한 몸과 매끄러운 피부에 대해 상세히도 묘사한 기억이 난다. 그 부장검사는 또 내가 구속하라고 지시를 내린 사건의 기록이 부장실로 올라갔을 때 내가 서명하고 날인한 지휘 명령서 부분을 없애고 자신이 직접 불구속 지시로 바꾸었다. 그런 다음 나를 전화로 불러 서명, 날인을 하라고 지시했다. 그 사건은 고위공직자의 동생이 저지른 음주운전 뺑소니 사건이었는데 그게 벌써 세 번

째 음주운전 적발이었다. 삼진아웃제에 따라 음주운전만으로
도 구속감이었던 데 더해 인명사고 후 도주까지 한 피의자에 대
해 부장은 불구속 결정을 했다.

이처럼 검사장, 차장검사, 부장검사는 하나같이 타인을 처
벌하는 일을 하면서도 자기 행동의 옳고 그름에 대해서는 판단
하지 않았다. 법률의 적용과 집행은 외부를 향한 것일 뿐 본인
들은 거기에서 제외되고 법을 벗어나 있는 것처럼 행동했다. 나
는 우울감에 시달렸고 출근하는 것이 두려웠다. 현실을 생각하
면 할수록 혼란스럽고 불안해 마치 내가 딛고 있던 땅이 조금씩
침식되어 깎여나가는 느낌이었다. 그래서 나는 생각하지 않고
느끼지 않기로 마음먹었다. 그러자 나는 뿌리로부터 물과 영양
분이 공급되지 않는 고목처럼 안으로부터 메말라갔고 현실을
살아가는 감각을 잃어버렸다. 영혼이 몸에서 빠져나간 채 어딘
가를 부유하고 있어 허깨비로 살아가는 듯했다. 결국 나는 검
찰을 떠났다.

시간이 흘러 김홍영 검사가 자살했다. 나보다 몇 배는 더 고
통스럽고 더 깊은 절망감에 빠져 있었을 것이 짐작돼 가슴이 아
렸다. 위의 검사장, 차장검사, 부장검사는 검사장으로 승진하
고 서울중앙지검 검사장이 되고 국회의원이 되었다. 나에게는
세상을 욕할 자격이 없었다. 침묵의 죄를 물어야 할 뿐. 그런
데 더 깊은 절망은 그 후에 찾아왔다. 공익의 개념이라고는 전
혀 없는 욕망덩어리외 천박한 권력자에게 부역한 혐의를 받고

361

있던 검찰이 앞으로도 바뀌지 않을 것이라는 점을 깨달았을 때다. 검사들은 시키는 대로 할 수밖에 없었다고 항변했다. 검사가 쓴, 베스트셀러가 된 어느 책에서 그 검사는 "내가 검찰에 들어온 뒤 이 조직은 늘 추문과 사고에 휩싸였다. 그때마다 뼈를 깎는 각오로 일신하겠다는 발표를 하곤 했다. 그러다 보니 이제는 더 이상 깎을 뼈도 없는 연체동물이 된 것 같았다. 그런 상황을 접할 때마다 늘 죄인처럼 지냈지만, 추문과 아무런 상관이 없는 검사 대부분이 왜 싸잡아서 욕을 먹어야 하는지 의구심이 들었다"라고 적었다. 저 검사는 침묵한 죄와 행동하지 않은 죄를 각성하지 못하고 저렇게 가볍게 보는구나 싶었다. 내 예감은 틀리지 않았다. 그들은 법원에 접수한 압수수색영장을 변호사의 영장 기각 청탁을 받고 법원으로부터 회수하고서는 보관본의 차장 날인을 수정액으로 지운 다음, 결재 중이었는데 직원이 실수로 접수했다는 거짓말을 하고 국회의원의 채용 청탁 비리를 봐주기 위하여 무진 애를 썼다.

죄의 무게를 다는 그들의 저울은 고장 났다. 열일곱 살 가출 소녀를 구속하고 자신의 스폰서와 고위공직자의 동생은 봐주던 그들은 자신들의 범죄에 대해서는 어쩔 수 없었다고 변명한다. 마음이 시리고 아팠다. 나는 몸을 부르르 떨면서 그들에게 사람을 심판할 자격이 있는지, 그들이 다른 사람을 처벌하게 하는 게 옳은지를 자신에게 아프게 물었다.

팩트 체크

공정하게 정의 구현을 실현해야 할 검찰 조직이 부조리한 조직문화를 갖고 있다. 법 적용의 이중 잣대는 강자에게 너그럽고 약자에게 엄격하다. 철저한 상명하복은 조직의 구성원이 판단을 금하게끔 한다. 이 조직은 생각을 해서도, 감정을 가져서도 안 된다. 강력한 남성 중심 문화, 상명하복의 조직문화는 성추행과 성희롱으로 나타난다. 부하 여직원에게 은밀한 만남을 종용하는 검사장, 지역 유지가 소개한 여성과 다녀온 밀월여행을 자랑하는 부장검사. 똑같이 노력해서 올라간 위치임에도 조직에서 남녀는 갑을 관계이자 권력 관계다. 노숙자인 열일곱 살 지적장애 소녀는 임신한 상태로 구속됐다. 거리를 떠도는 소녀에게 가출 원인을 알아보고 구제 방안을 제시해줄 강구는 없다. 주거 부정이라는 구속 사유가 있지만 소녀의 잘못이라기보다 못난 부모의 탓이다. 차장검사는 여검사가 보는 앞에서 스폰서의 청탁대로 사건을 무마했다고 통화하고 부장검사는 여검사가 맡은 사건을 마음대로 고쳐 구속을 불구속으로 바꾼다. 구속이 마땅한 고위공직자의 동생이 저지른 인명사고 음주운전 뺑소니 사건이었는데도 말이다.

여자 검사가 보는 조직은 정상이 아니었다. 약자에게 강하고 강자에게 약한 법은 법이 아니었다. 무엇보다 이들의 무감각에 놀란다. 따라서 그들처럼 판단과 감정을 거세하려 노력했다. 그러나 어떤 이에게는 정당하지 않은 조직에서의 복종과 순응은 죽기보다 힘들다. 저자는 결국 검찰을 떠났고 외부에서 바라본 검찰에 더욱 절망했다. 그리고 깨달은 것이 '침묵의 죄'다. 밖에서 본 검찰은 앞으로도 바뀌지 않을 것이라는 더 깊은 절망을 느낀다. 베스트셀러를 쓴 검사의 책에서 "추문과 아무런 상관이 없는 검사 대부분이 왜 싸잡아서 욕을 먹어야 하는지 의구심이 들었다"라는 내용을 읽고 전직 검사이자, 이 책의 저자는 이렇게 말한다. 그 책을 쓴 검사는 침묵한 죄와 행동하지 않은 죄를 각성하지 못했다고. 법원에 접수한 압수수색영장을 변호사의 영장 기각 청탁을 불법으로 회수하고 국회의원의 채용 비리를 무마하려는 검찰을 보면서 죄의 무게를 다는 그들의 저울은 고장 났다고. 지금의 검찰이 사람을 심판할 자격이 있는지, 다른 사람을 처벌하게 하는 게 옳은지를 자문하며 입을 열기 시작했다. 이 사회에서 엘리트로 인정받던 여검사가 검찰청을 떠날 수밖에 없었던 고뇌와 절망, 이 책은 그곳에서 시작되었다.

결혼의 사회학

사법연수원을 다닐 때 남자 연수생들은 소위 '뚜마담'으로부터 용돈을 받아 주말에 선을 보러 다녔다. 성사되면 사례금을 두둑이 받는 뚜마담들에게는 일종의 투자인 셈이었다. 그 뚜마담들은 정보력이 대단해서 미혼인 남자 연수생의 신상을 전부 확보하고 있었다. 수첩에 출신 대학교, 집안, 사법시험 점수, 외모 등 각 5개 항목에 20점씩 총 100점 만점으로 점수가 따악 매겨져 있다고 했다. 그런 뚜마담이 남자 연수생에게 소개할 여성들을 이리저리 돌리다 보니 남자 연수생들은 훗날 연수원 동기의 결혼식이나 집들이에서 자신과 선봤던 여자를 안주인으로 마주치는 일도 흔했다.

신체 비율과 배 나온 정도가 부장판사급이어서 별명이 '이 부장'이던 연수생이 있었다. 그 사람이 처가로부터 타워팰리스를 신혼집으로 받았을 때 동기들이 "야, 너 잘 팔려갔다"라고 했다. 그렇다면 윤석열 총장은 연수생 시절 뚜마담 수첩에서 몇 점이었을까.

윤 총장의 결혼 전인 2003년부터 2005년 사이의 일이다. 나중에 장모가 되는 최은순과 정대택이란 사람이 오금동 스포츠센터 빌딩의 투자 수익 분배를 두고 분쟁을 벌인다. 2004년 3월에 검찰은 정대택을 강요 및 사기로 기소한다. 그런데 둘 간의 약정서 체결에 관여했던 법무사 백 모 씨는 정대택의 친구이면서도 최은순에게 매수되어 2억 원을 받고 그쪽에 유리하게 위증을 했다고 2005년 9월에 고백한다. 그런데 2005년 8월 11일에 김건희는 2005년 5월에 백 모 법무사로부터 추가로 돈을 요구받아 제공하려던 일에 대해 검찰 조사를 받게 된다. 검사가 "진술인은 어머니인 최은순에게 불리하게 되었다는 이야기를 듣고 백○○로부터 유리한 진술을 이끌어내기 위해 최은순의 지시에 따라 위 1억 원을 백○○에게 주려고 한 것 아닌가요?"라고 묻자 "저는 그 목적보다 백○○를 처음 만났을 때 자신이 자존심에 너무나 심한 상처를 받았다고 하여 위로하려는 순수한 의도에서 사과의 마음으로 1억 원을 가지고 갔던 것입니다"라고 답한다.

상처받은 이에게 1억 원을 순수한 위로의 마음으로 턱 줄 수 있는 사람이라니. 믿기지 않는 일이다. 그렇다면 최은순에게 매수되어 그간 거짓말을 해온 것이라고 고백한 백 법무사에게는 무슨 일이 벌어졌을까. 검찰은 백 씨를 곧바로 변호사법 위반으로 기소했다. 정대택의 말에 따르면 사건이 이렇게 배배 꼬이게 된 이유가 양재택 검사가 영향력을 미쳤기 때문이고, 당시 유학 중이던 자녀를 돌보느라 미국에 거주하고 있던 양 검사의 처에게 최은순의 친척이 2004년 10월 29일에 미화 8,880불을 송금하고 그 후에도 두 차례 더 송금했다는 것이다. 그러나 양재택 검사는 2008년 퇴직해서 영향력이 떨어지게 된다. 이런 결혼 시장에선 본전의 법칙 또는 등가교환의 원리가 작동하는 법. 객관적인 등가가 아니라 심리적인 등가다. 타워팰리스 한 채에 팔려간 이 부장은 처가에 "우리 판사 사위 있소"라는 자랑거리가 된 것만으로도 충분한데, 어떤 처가는 직접 해결사 역할을 해줘야 등가라고 본 것이다. 윤 총장이 그렇다는 건 절대 아니다. 2018년 10월 국정감사에서 "저는 제 장모 사건이 어디에 있는지도 모른다. 해당 검찰청에 물어보셔야지 이건 좀 너무하신 게 아니냐"라고 당당히 말하지 않았나. 표창장 하나로 부들부들하며 법무부 장관 자격이 없다고 하신 분인데 장모를 봐줬다는 의혹이 얼마나 언짢았을까. 그러니 의정부지검 검사들이 열심히 수사해야 한다고 본다. 가짜 은행잔고 증명서 사건은 최은순이 2013년 도합 350억 원의 잔고 증명서를 제시해서 자금을 끌어모았다는 건데, 그 사건 피해자들이 정대택, 백 모 법무사가 어떻게 되는지를 보고는 무서워서 소송도 못 하고 벌벌 떤다고 하지 않는가. 의정부지검 검사들 열심히 해서 장모를 비호한다는 윤 총장 누명을 벗겨드려야 할 것 같다. 공소시효가 목전에 도래한 지금까지 뭐하셨는지는 모르겠지만 아무튼 누명을 확실히 벗겨드려야 할 의무가 있다고 본다.[27]

팩트 체크

한때 결혼 시장에서 사법연수원생들의 인기는 하늘을 찔렀다. 특히 딸을 가진 재력가와 마담뚜, 예비 법조인의 삼각구도는 공고한 아성이었다. 하지만 세상에 공짜는 없다. 본전의 법칙 또는 심리적 등가교환의 원리가 작동한다. 재력과 권력이 혼인으로 얽히면 천하무적이 되는 이유다. 물론 통상적이진 않다. 그러나 검사들의 인맥과 얽히는 사건의 경우 수사 과정을 투명하게 공개할 필요가 있다. 편파적인 수사가 아니라는 것을 증명해야 한다. 윤석열 검찰총장의 경우, 장모의 은행잔고 증명서 사건이 어디 지검에 있는지 모른다고 분명하게 선을 그었지만 피해자들을 인터뷰한 언론 기사를 보면 사위가 검사라 강조해서 믿을 수밖에 없었다는 것이 드러난다. 이 사건은 장모 최은순이 동업자 안모 씨에게 2013년 350억 원의 허위 잔고 증명서를 떼어 와 돈

---

27 2020년 9월 이 사건과 관련해 최은순과 지인의 녹취파일이 언론을 통해 공개됐다.

을 빌려오게 한 사건인데 동업자는 대출을 갚지 못해 파산하고 말았다. 윤 총장의 장모 최 씨는 안 씨가 잔고 증명서를 조작하라고 시켰고 투자금도 가로챘다고 정반대 주장해서 2015년 양쪽의 충돌은 소송으로 이어졌고 재판부는 안 씨가 동업 과정에서 돈을 편취하려 했다는 점 등을 인정해 징역 2년 6개월을 선고했다. 하지만 재판 과정에서 잔고 증명서를 위조한 사람은 최 씨로 드러났다. 이 사문서 위조 사건은 7년 시한으로 만료를 앞두고 재수사에 들어갔다. 사건 담당 지검은 의정부지검이다.

불면의 밤을 다녀간 사람

2019년 10월, 김홍영 검사의 죽음을 되짚는 방송의 제작진과 인터뷰를 한 후, 오래전에 가라앉혀 놓은 흙탕물이 다시 흔들려 진탕이 되어버린 듯한 기분에 빠지고 말았다. 인터뷰 중에도 "그 새끼 나빠요"와 "내가 왜 그렇게 바보 같았을까"를 오갔다. 마지막으로 "검사들이 검찰 조직에 적응하지 못한 자가 퍼뜨리고 다니는 불평, 불만이라고 하던데"라는 질문을 받은 것 같다. 들자마자 툭 튀어나오려던, 그 조직에 잘 적응한 게 무슨 자랑이냐는 말을 일단 누르고 "시각과 경험을 달리하니까요. 그 사람들은 검사장이 관사에 불러 단둘이 있어본 일은 없겠죠"라는 말로 대꾸했다.

그런데 그날 밤 마음에 어둠이 본격적으로 번지기 시작했다. 애초 주말에 등산을 같이 가자고 할 때부터 성적인 의도라고 판단했다. 나 자신이 거미가 다가오는 것을 보고도 옴짝달싹 못 하는 거미줄에 걸린 벌레같이 여겨졌다. 그 비참함과 무기력함을 벗어나기 위해 내가 오해한 것이라고 오해해버리기로 작정했다. 검사장이 관사의 주소를 알려주며 불렀을 때, 왜 부르시느냐고 묻지도 못했다. 용건을 의심하는 투로 들리면 검사장이 불쾌해할까 봐. 강한 자는 약한 자를 마구 짓밟지만, 약한 자는 나쁜 놈의 감정까지 배려한다. 가장 친한 검사에게 털어놓았을 때 그 사람이 해줄 수 있는 것은 검사장실에 들어가서 해야 하는 당직 대면 보고를 대신하는 것 외에는 없었다. 결국에는 예감이 맞는다는 게 확인되고, 애초 감지한 대로 행동했다면 이렇게 되지 않았을 것이라고 자신을 책망했다. 그러나 뒤따르는 "너도 내가 어쩔 수 없었던 것 알면서 왜 이러니"라는 자기방어, 그리고 상대방에 대한 분노까지 더해 마음은 갈기갈기 흩어진다.

김홍영 검사는 이런 불면의 밤을 몇 밤이나 보냈을까. 자책과 자기 방어, 상대방에 대한 분노가 무한 도돌이표로 변주되는 황량하고 거친 밤을. 그때 답이 나오지 않는 자기 파괴적인 과정을 수천 번 거치고 나는 그만 마음이 너덜너덜해지고 말았다. 나는 얼굴을 보는 것조차 두려워 간간이 돌아오는 당직 보고를 동료에게 부탁했는데, 홍영이는 매일 대면하고 결재를 받아야 하는 지신외 부장이었다. 나는 내 문제가 공식적인 방법으로 해결

될 수 없다고 감지했을 뿐이지만, 홍영이는 자신의 첫 형사부장이던 김형렬과 또 다른 검사 진동균의 성추행이 아무렇지도 않게 무마되는 것을 겪고 자신을 구제할 수 있는 길이 없다는 걸 확신했을 것이다. 그 무기력감을 나와는 비교조차 할 수 없다.

불면의 밤 끝에 몽롱한 아침을 맞았지만, 슬프고 아픈 감각은 무뎌지지 않았다. 당시 김진모 검사장, 조상철 차장검사는 김홍영 검사의 죽음에 대한 조사에 대해 평검사들에게 진술서 내용 중 김대현 부장과 관련한 내용을 고치라고 종용했다. 임은정 검사가 2018년 법무연수원 강의에서 우리 모두가 김홍영 검사의 죽음에 책임이 있다고 했다. 그러자 강의를 듣던 검사들은 홍영이 죽음을 이용하지 말라고, 우리가 왜 가해자냐고 항의했다. 사람들이 참 잔인하다. 이런 잔인한 사람들이니 '사시오패스'라 불려도 어쩔 수 없다. 이런 잔인한 사람들이 모인 조직이니 스스로 바뀌리라고 절대 생각하지 않는다.

팩트 체크

2016년 서울남부지검에 근무하던 김홍영 검사가 33세의 나이로 자살했다. 과도한 업무와 스트레스라고 유서에 썼는데 조사에 따르면 상사의 상습적인 폭언과 폭행에 시달렸다고 한다. 당시 그 일로 인해 상사였던 김대현 부장검사는 해임 처분을 받았다. 그런 그가 변호사 사무실을 열었다고 한다. 변호사법에 따르면, 징계 처분에 의해 해임된 뒤 3년이 지나면 변호사가 될 수 있다. 김 전 부장검사는 2016년 해임 뒤 3년이 흐른 2019년 8월 서울지방변호사회에 변호사 등록 신청을 냈다. 대한변호사협회는 '유족에 용서를 구하고 동의를 구해오라'라고 요구했지만, 김 전 부장검사는 이를 이행하지 않았다. 결국 변호사 등록 신청에 관한 판단 기한(등록 신청일로부터 3개월)이 지나면서 김 부장검사는 변호사 자격을 얻게 됐다. 검찰에서 왜 자살 사건이 일어나고 성추행 같은 일이 일어나는가. 거미가 오는 것을 보고도 꼼짝 못 하는 거미줄에 걸린 벌레의 상태. 무력감 때문이다. 권력의 힘이 그런 것이다. 그런데 그 권력은 올바른 권력이 아니다. 약자에게 강하고 강자에게 약하며 자신의 이익만 추구하는 권력은 정의로운 것이 아니다. 내부의 동료들은 인사에 불이익을 받을까 봐 침묵을 지키거나 나아가 강자의 편에 선다. 검사가 되면 제일 먼저 양심과 감정을 잃는다는 것이 사실인가.

분투하는 사람에 대한 경의

어느 봄날의 순간이었다. 지하철역에서 우연히 만나 법원 내부를 거쳐 사법연수원까지 같이 걸어가는 중이었다. 서로 잘 모르고 별달리 할 말이 없던 터라 어색했다. 법원 화단에 핀 철쭉이 참 예쁘다는 말을 겨우 꺼냈다. 그런데 그 사람은 손을 들어 자기 얼굴과 내 얼굴 밑에 꽃받침을 만든 후에 "여기 저 꽃보다도 아름다운 존재가 있는데 뭘 그러시나요"라고 너스레를 떨었다. 일순간에 사람의 경계심을 지우는 참 신기한 사람이었다. 자기를 우스꽝스럽게 만들어서 남을 편하게 해주고, 자기를 낮추어 남에게 다가오는 사람이었다.

사법연수원 수료 후에는 바쁘게 지내던 터라 일 년에 몇 번

만나지도 못했다. 법무부에 전보되고, 그 후로 서울중앙지검에 있다는 소식에 '와, 우리 은정이 잘나가네'라고 생각했다. 그런데 2012년 12월 오랜만에 연락을 해와 점심을 같이 먹는 자리에서 가슴이 내려앉는 이야기를 들었다. 피고인 윤길중의 재심사건에서 공안부 입장인 백지 구형 대신 무죄 구형을 할 결심을 털어놓은 것이다. 먼저 진행된 공범들의 재심 사건이 이미 대법원에서 무죄로 확정되었고 그래서 윤길중의 무죄 선고가 확실함에도 무죄 구형을 허락하지 않는 이유는 현재의 검찰권 행사에 대한 성찰로 이어지기 때문인 것 같다고 했다. 과거의 검찰권 행사가 잘못되었다고 반성하는 것은 현재의 검찰권 행사를 바로 세우겠다는 약속을 동반하는 것인데, 그럴 용기도, 의지도 없고 제 발 저린 마음에 회피하는 것 같다고도 했다. 실제로 무죄 구형 후 검찰 간부가 "니가 무슨 자격으로 사과를 하냐"고 역정을 냈다. "자네가 그 시절이었으면 별수 있었을 것 같나"라고 어이없게 말하는 부장검사에게 "아니요, 저는 싸웠을 것 같습니다"라고 했다고 한다.

2014년 이 땅을 딛고 사는 것도, 여기서 벌어진 일을 목도하는 것도 너무나 가슴 아플 때 나는 일본으로 떠났다. 그곳에서는 우리 사회가 마치 흐려진 유리창을 통해 보는 것처럼 보였고, 그래서 고통을 둔하게 느낄 수 있었다. 그런 평화로운 날들이 계속되었다. 싱크대를 상하로 마구 흔드는 지진을 두어 번 겪자 지진에도 익숙해졌다. 난생처음 두꺼비를 보기도 했다.

마당에 내놓은 쓰레기봉투 사이로 들어가 비를 피하고 있는 두 꺼비를 보고 어떤 소주 상표와 똑같다고 생각했다. 진공청소기의 먼지 통에 들어가 먼지를 뒤집어쓰고 있던 도마뱀붙이를 꺼내서 뜰로 내보내며 '다시는 거기 들어가지 마라'라고 속으로 말하며 보내주었다. 그런데 옥상에서 빨래를 널던 어느 날 툭 마음에 차올랐다. '미친년, 그 길이 죽을 길인 걸 알면서도 그 길을 가냐'라고 생각하자 마음이 아렸다. 공원을 자전거로 달리던 어느 날, 그 사람 생각이 떠오르자 가슴께가 아파 자전거 페달을 밟는 것을 멈추어야 했다. 그러나 연락을 하지는 않았다. 말뿐인 위로가 무슨 도움이 될까 변명했지만, 실은 안온한 일상에 고통을 들이고 싶지 않았던 것 같다. 그러나 내게 나쁜 일이 벌어졌을 때는 내가 먼저 연락했다. 몇 번이고 진심으로 위로를 받았다. 참 염치없게도 그랬다.

사람을 진심으로 대하는 사람은 누구라도 알아본다. 그 검사가 기소하여 처벌을 받은 60대 노인이 복역을 마친 후 찾아왔다. 수녀원에서 운영하는 고아원에서 자랐고 처음으로 저지른 절도죄 전과가 낙인이 되어 계속 나쁜 길로 가게 되었지만, 이제는 절대로 나쁜 짓을 하지 않겠다는 약속을 검사에게 하고 싶어서 들렀다고 했다. 그 노인은 나쁜 짓을 하는 친구들이 손을 내밀었는데 거절했다고 자랑하며, 또 일자리를 얻었다고 알리며 그 후에도 연락을 했다.

김홍영 검사의 자살 후 김 검사의 검사 재직 기념패를 들고 그 부모님을 찾아간 것도 바로 그 사람이다. 서로 얼굴을 들여다보고 있자니 죽은 아들 생각밖에 안 떠올라서, 마음이 아프자 몸도 아파져서 가족끼리 서먹하던 그런 날들이 있었던 것 같다. 김 검사의 어머니는 그 검사가 나오는 뉴스와 방송 그리고 팟캐스트를 챙긴다고 한다.

핍박과 멸시와 고통을 견디며 새로운 세상을 열어 보이는 사람이 있다. 외롭게 분투하는 그 사람에게 경의를 표하는 마음으로 이 글을 쓴다.

팩트 체크

임은정 검사는 재치와 유머 감각이 뛰어나서 상사들이 술자리에도 자주 동석시킬 만큼 친화력이 좋다고 어느 글에서 본 적이 있다. 그런 임 검사가 서울중앙지검에 근무하던 2012년 12월 '윤길중 진보당 간사 재심 사건'에서 백지 구형 상부의 지시를 어기고 무죄를 구형해 정직 4개월의 징계를 받았다. 2017년 임 검사는 소송 끝에 정직 징계를 취소한다는 대법원 판결을 얻었다. 북한에 동조한 혐의로 1961년 혁명재판소에서 15년형을 선고받은 윤길중 전 진보당 간사 재심 사건에서 임 검사는 무죄를 구형했는데 백지 구형하라는 상부의 명령을 거부했다. 백지 구형은 '법과 원칙에 의한 판단'을 구하는 것으로 검사는 의견을 진술하지 않고 사실과 법률 적용에 대한 판단을 전적으로 법원에 맡긴다는 뜻이다. 임 검사는 재판 당일 사건을 재배당받은 다른 공판 검사가 법정에 출입하지 못하도록 검사 출입문을 잠근 채 재판에 들어갔다. 문밖에는 메모지 한 장을 붙여두었다. "징계청원 글 게시판에 올려두었고, 난 무죄 구형할 것이다." 그런데 이 일이 있기 전, 저자를 만나 자신의 결심을 미리 털어놓았다. 먼저 진행된 공범들의 재심 사건이 이미 대법원에서 무죄로 확정되었고 윤길중의 무죄 선고가 확실함에도 무죄 구형을 허락하지 않는 이유는 현재의 검찰권 행사에 대한 성찰로 이어지기 때문인 것 같다고 얘기한다. 그 사건 이후 검찰 상관들이 임 검사에게 취한 조치는 복수혈전에 가깝다. 정직 4개월을 받은 것도 부족해서 검사 적격심사에서 특정사무감사까지 받았다. 적격심사란 '직무 수행 능력이 현저히 떨어지는 등 검사로서 정상적인 직무 수행이 어렵다고 인정하는 경우' 심사를 통해 해당 검사를 강제 퇴직시킬 수 있다는 검찰청법 조항이다. 상사의 폭언과 폭행 등으로 자살한 김홍영 검사의 부모님도 찾아가기까지 한 임은정 검사. 이 글은 불합리한 현실에 분투하는 임 검사를 향한 저자의 찬가다.

임은정 검사는
왜 홍반장이 되었는가

임은정 검사는 어떠한 연유로 '어디선가 누군가에 무슨 일이 생기면 틀림없이 나타나는 홍반장'이 되었을까. 그 얘기를 하려면 김홍영 검사 사건을 언급하지 않을 수 없다. 김홍영 검사가 자살한 후, 법무부는 2016년 6월 10일 김대현 부장검사를 고검 검사로 발령 낸다. 그러면서 '문책성이 아닌 본인 희망에 따른 인사'라고 친절하게 감싸주기까지 한다. 그 부모는 5월 30일 서울 남부지검에, 6월 1일에는 대검찰청과 청와대에 진상규명을 요구하는 탄원서를 제출했는데, 여기에 아랑곳할 검찰이 아니잖는가. 대검 감찰은 서울 남부지검이 이 사건을 자체 조사하게 히는데, 김대현 부장검사에 대한 지휘·감독 책임을 추궁당할 김진모 검사장과 조상철 차장검사가 사건을 공정하게 조사할 리가 없는 것은 당연하다.

한편 김진모 검사장은 서울동부지검 부장검사 시절 부원이던 검사의 품위손상 행위로 징계를 받은 적이 있다. 징계가 반복되면 인사에 불리한 데다가 검사장이 되면 구르는 낙엽에도 조심하는데, 그가 "날 잡아 잡슈"하면서 이 사건의 진실을 그대로 드러낼 가능성이 전혀 없었다. 김진모 검사장과 조상철 차장검사는 김대현의 언행에 대해 진술서를 쓴 검사들을 일대일로 불러 타이른다. "이 새끼, 저 새끼가 무슨 욕이냐. 언론이 과장해서 떠드는데 부화뇌동하지 말라"라고. 그때 누군가가 임은정 검사에게 도움을 요청하고 그래서 임은정 검사가 김진모와 조상철에게 사건 은폐를 당장 멈추라고, 대검 감찰에 있던 조기룡에게 남부지검에서 일어나고 있는 일들을 알리면서 대검이 직접 조사할 것을 요청했다. 결국 대검은 7월 1일에 감찰에 착수해서 같은 달 27일 김대현에 대해 열일곱 가지의 비위행위가 확인되었다고 발표한다. 6월 11일과 7월 1일 사이에 무슨 일이 더 있었을까. 김홍영 검사의 부모가 언론을 통해 진상 규명을 호소하면서 6월 27일 언론에 제법 크게 다뤄지고, 사법연수원 41기 동기들도 김 검사를 위해 나서자 어쩔 수 없게 된 것이다. 검사들, 임은정 검사가 왜 온갖 일에 얼굴을 들이미느냐고 비난하지 말고, 왜 검사들은 부장검사, 차장검사, 검사장에게 부당한 일을 직접 항의하지 못하는지, 사건을 덮고 뭉개려고 서울남부검찰청에 조사를 맡긴 게 뻔히 보이는데 왜 그때 한마디도 하지 않았는지 그걸 먼저 반성해야 한다. 그 부모가 슬픔도 추스르지 못한 채 사과를 받아야 할 사람들에게 우리 아들의 죽음을 밝혀달라며 사정하고 다녀야 한다는 것이 가엾지도 않은가.

　반동의 시대에 쓰러져간 불행의 끝판왕인 칠레의 대통령 아옌데는 쿠데타군이 쳐들어오는 최후의 순간에 대통령 경호대를 내보낸다. 그리고 피델 카스트로가 선물한 소총을 들고 최후까지 저항하다 살해당한다. 그의 마지막 연설의 일부는 이렇다. "지금이 분명 여러분께 연설할 수 있는 마지막 기회일 겁니다. 이 역사적 갈림길에서 저는 시민들의 충심에 제 생명으로 답하겠습니다. 우리가 수천, 수만 시민들의 소중한 양심에 심어놓은 씨앗들은 일격에 베어 쓰러뜨릴 수 있는 게 아님을 확신합니다. 저들은 힘을 가졌습니다. 저들은 우릴 노예로 만들 수 있습니다. 하지만 어떤 범죄 행위로도, 무력으로도 사회의 진보를 막을 수는 없습니다. 역사는 우리의 것입니다." 아옌데를 보라. 반동 세력에 살해당할 위기에서도 역사의 진보에 대한 믿음을 버리지 않는다. 그런데 우리가 기껏 검찰의 반동에 절망한다면 그건 정말 부끄러운 일이다. 그리고 우리에게는 홍반장이 있지 않은가.

팩트 체크

임은정 검사는 왜 검찰 내부의 적이 되었을까. 2012년 고 윤길중 재심 사건 때 검찰 상부의 백지 구형 주문에도 불구하고 무죄 구형을 했던 임은정 검사는 정직처분 4개월의 징계를 받았지만 징계처분취소소송을 제기해서 승소 확정 판결을 받았다. 윤길중 사건은 지난 1961년 5·16군사정변으로 권력을 잡은 박정희정권이 조작한 대표적인 시국 사건이다. 진보당 간사였던 윤 씨에게 반공임시특별법 위반 혐의로 징역 15년이 선고됐지만 유족의 재심 청구로 지난 2012년 무죄로 판결 났다. 그 사건에 무죄를 구형한 이가 임은정 검사다.

2016년 부장검사 김대현의 횡포로 자살한 남부지검 김홍영 검사 사건은 부모가 청와대에 탄원서를 제출하면서 드러났다. 당시 대검은 이 사건을 남부지검에서 자체 조사하게 했는데 검찰 상부에서 담당 검사들의 진술서를 보고 사건을 무마시키기 위해 진술 변경을 요구한다. 이때 임은정 검사가 남부지검 검사장과 차장검사인 김진모와 조상철에게 사건 은폐를 멈출 것을 요구하고 대검 감찰에 수사 진행을 알리며 대검에서 직접 조사할 것을 요청했다. 이 일로 대검이 직접 감찰에 착수해 문제의 부장검사 김대현의 비위행위를 밝히게 된다. 2016년 김대현은 해직 처분을 받았다. 그때 상부의 눈치를 보던 검사들을 대신해서 목소리를 높였던 이가 임은정 검사다. 왜 그녀가 검찰에서 소신대로 구형해도 징계를 받는지 알 것이다. 상명하복을 거부한 자, 이른바 괘씸죄에 걸린 것이다. 검찰 내부에서 온갖 공격을 받으면서 아닌 걸 아니라고 말하는 임은정 같은 검사가 더 있다면 아직 희망은 있다. 그리고 의인은 많을수록 좋다.

내가 검찰을 떠난 이유

2020년 12월 2일 초판 1쇄
2020년 12월 18일 5쇄 발행

지은이   이연주
논평   김미옥
펴낸이   박영미
펴낸곳   포르체

출판신고 2020년 7월 20일 제2020-000103호
전화 02-6083-0128 | 팩스 02-6008-0126

ⓒ 이연주(저작권자와 맺은 특약에 따라 검인을 생략합니다)
ISBN 979-11-971873-2-2 03300

KOMCA 승인필

포르체는 여러분의 소중한 원고를 기다립니다.
porchebook@gmail.com